媒体治理与投资者保护
理论与实证研究

Media Governance and Investor Protection
Theoretical and Empirical Research

张娆 著

东北财经大学出版社
Dongbei University of Finance & Economics Press
大连

图书在版编目（CIP）数据

媒体治理与投资者保护：理论与实证研究 / 张娆著. —大连：东北财经大学出版社，2019.12

（墨香会计学术文库）

ISBN 978-7-5654-3689-5

Ⅰ．媒… Ⅱ．张… Ⅲ．传播媒介-管理-研究 Ⅳ．G206.2

中国版本图书馆CIP数据核字（2019）第218893号

东北财经大学出版社出版

（大连市黑石礁尖山街217号 邮政编码 116025）

网 址：http://www.dufep.cn

读者信箱：dufep@dufe.edu.cn

大连永盛印业有限公司印刷 东北财经大学出版社发行

幅面尺寸：170mm×240mm 字数：218千字 印张：11.75 插页：1

2019年12月第1版 2019年12月第1次印刷

责任编辑：王 莹 王 斌 责任校对：吴 奂

封面设计：张智波 版式设计：钟福建

定价：42.00元

教学支持 售后服务 联系电话：（0411）84710309

版权所有 侵权必究 举报电话：（0411）84710523

如有印装质量问题，请联系营销部：（0411）84710711

前　言

投资者保护不仅影响着公司获得外部融资的难易程度和公司价值，而且还决定着一国资本市场的兴衰成败。投资者保护的主流观点是强调市场机制、法律机制、管制机制、文化机制的作用。尽管媒体在投资者保护中起着重要作用，但是现有研究主要是以西方成熟的市场经济国家为背景，鲜有文献关注转轨经济背景下的媒体对投资者保护的治理效应。为此，本书系统地研究媒体治理对投资者保护的影响机制、参与主体及边界条件，并基于我国上市公司数据，实证检验转轨经济背景下媒体的治理效应，从而拓展和深化媒体治理与投资者保护的现有研究。

本书的研究内容主要包括三个方面：一是基础理论研究，重点研究媒体治理影响投资者保护的作用机理、执行主体和作用边界；二是实证研究，主要基于中国上市公司的相关数据对上述理论假说做进一步的实证检验；三是政策研究，依据前面的理论和实证研究结论，结合我国上市公司的媒体治理现状，提出相应的政策建议。

与研究内容相对应，本书的重要观点主要体现在以下三个方面：

第一方面，理论研究观点。其主要包括：（1）媒体治理主要通过两种机制对投资者保护产生影响。一是信息机制，媒体通过权威而又独立的报道，使投资者形成正确的投资理念，克服"理性的无知"带来的后果；二是声誉机制，媒体的声誉机制通过三种路径发挥作用，即促使政治家（政府官员等）完善和有效实施相关法律法规、影响公司董事和经理人的社会声誉和公众形象、迫使公司董事和经理人维持"好"声誉。（2）媒体监督具有公共品的性质，那么如何克服"搭便车"问题是媒体发挥治理效应的另一个不可回避的重要问题。现代社会存在的激励相容的组织或个体，成为媒体实施公司治理角色的"买单者"，这些组织或个体包括机构投资者、以营利为目的的媒体、包括证监会和证券交易所在内的监管当局、民间组织或行业协会等。（3）媒体治理在投资者保护方面的作用会受到以下情景的限制：①媒体的偏见，在传播信息的过程中，其释放的信息具有自身的特质性和有偏性，从而会导致媒体偏见；②媒体的独立性，是指媒体是否保持独立，其独立程度将影响媒体治理作用的发挥。

第二方面，实证研究观点。其主要包括：（1）媒体治理对投资者保护程度有显著正向影响，即媒体治理程度越高，投资者保护程度越强。（2）媒体治理对投资者保护的影响主要是通过信息机制和声誉机制发挥作用，但相对于声誉机制而言，信息机制发挥的作用要更强一些。（3）与不存在国有股的上市公司相比，在存在国有股的上市公司中，媒体治理和投资者保护程度的关系更强。（4）与机构投资者持股比例较高的上市公司相比，在机构投资者持股比例较低的上市公司中，媒体治理对投资者保护程度的影响更强。（5）与不存在境外持股的上市公司相比，媒体治理对境外持股上市公司投资者保护的正向影响更强。（6）媒体治理对国有企业和非国有企业投资者保护都有积极影响，但与非国有企业相比，媒体治理对国有企业投资者保护程度的影响更强。（7）与处于市场化程度较高环境中的企业相比，在处于市场化程度较低环境中的企业中，媒体治理和投资者保护程度的影响关系更强。（8）与处于垄断行业的企业相比，在处于非垄断行业内的企业中，媒体治理对投资者保护程度的影响更强。（9）正面报道和负面报道都对投资者保护有积极影响，但与负面媒体治理相比，正面媒体治理和投资者保护程度的影响关系更强。（10）中央媒体和地方媒体均能显著提升投资者保护程度，但与地方媒体相比，中央媒体对投资者保护程度的正向影响更强。（11）市场导向型媒体和政策导向型媒体都对投资者保护有积极影响，但与市场导向型媒体相比，政策导向型媒体对投资者保护程度的正向影响更强。

第三方面，政策启示。其主要包括：（1）研究成果显示，媒体治理在投资者保护中扮演着重要作用，因此，上市公司的监管机构应该关注媒体的功能，并将其纳入投资者的保护体系。（2）监管机构在发挥媒体的治理效应时，应特别关注媒体的属性，比如，中央媒体报道、政策导向型媒体报道，其治理效应可能更强。（3）由于媒体的治理效应对于不同类型企业而言也存在差异，比如，对于国有企业或处在市场化程度较低区域的企业而言，媒体发挥的治理作用可能更大，这可能也意味着媒体治理可以作为市场化机制、政府干预等的替代机制发挥作用。（4）为了更有效地发挥媒体在资本市场中的作用，建议通过剥离转制或整体转制等方式进一步推进新闻媒体的市场化改革，还原媒体通过信息扩散和声誉机制而发挥舆论监督的本质。

本书的成果的学术价值主要体现在：（1）现有研究主要关注诸如市场机制、法律机制、管制机制和文化机制等标准的投资者保护机制，鲜有文献从媒体角度研究投资者保护问题，而本书研究成果从媒体治理角度考察其对投资者保护的影响，弥补了现有研究的不足。（2）现有研究主要是在西方成熟市场经济国家背景下考察媒体治理的效应，且尚未得出一致性的结论，而本书研究成果通过关注我国转轨经济背景下媒体对投资者保护的治理效应，试图厘清媒体治理的作用机理。到目前为止，还没有学者对此做过系统研究。（3）本书研究成果表明，与成熟的市场经济国家相比，转轨经济背景下媒体对投资者保护的治理效应可能会更复杂一些。对于不同性质的企业而言，媒体的治理效应还取决于其发挥作用的机制（信息机制或声誉机制）、执行主体（机构投资者、监管当局、行业协会等）和其他情景因素（如媒体自身属性特征等）。

　　本书的研究成果的应用价值和社会影响主要体现在：我国的公司治理建设主要侧重于立法方面，并且尚处于不断完善之中。本研究结论意味着，加强媒体的监督作用可以很好地推进公司治理建设。实际上，诸如基金黑幕的揭露、蓝田造假案的披露等，都已经表明我国媒体治理的重要作用。不过，我国公司发展方面的许多问题也限制了媒体发挥作用，比如公司股权结构不合理；从媒体自身来说，经营环境竞争不充分，所有权不合理等，这也可能会抑制媒体治理对投资者保护的效应。

目　录

第1章 绪 论

1.1 研究背景与研究意义

1.1.1 研究背景

投资者保护对于资本市场繁荣和企业发展与成长来说，具有十分重要的意义。首先，投资者保护影响企业融资的难易程度（LLSV，1998），当投资者保护程度高时，不仅可以获得较多的外部融资，还能够在一定程度上降低外部融资成本，例如，La Porta et al.（1997）指出，投资者保护程度较高的企业可以有效避免企业管理层对股东利益的侵占，这能够有效提升外部投资者对企业进行融资的意愿，从而扩大了企业的融资市场；Demirgue-Kunt & Mnaksimovie（1998）指出，投资者保护可以有效地制约内部管理者的投机主义行为，降低企业的违约程度以及因违约而支付的补偿金等；姜付秀等（2008）通过对中国上市公司进行实证检验发现，投资者保护程度越高，企业通过股权方式获得融资付出的成本越低。其次，投资者保护能够有效提高会计信息质量，例如，Leuz et al.（2003）指出，投资者保护程度越高，越能够有效降低内部管理者将股东收益转为私有收益的可能性，限制管理者的盈余管理行为，提升企业加工并对外提供的会计信息质量，而较高质量的会计信息不仅能够实现企业各种资源的有效配置，还能够促进企业投资效率的提升，提高企业的发展能力（Biddle et al.，2009；于文超、何勤英，2013）。因此，对投资者保护的影响因素的研究已逐渐引起研究学者的关注。

目前，研究学者主要从以下几个方面考察投资者保护的影响因素：

第一，法律层面。较好的法律环境能够有效地保护投资者，使他们在对企业进行投资时，个人的利益能够得到有效保护（LLSV，1999，2000）。研究指出，法律越完善的地区，投资者保护程度越高（沈艺峰等，2005；程敏，2009；陈海声、梁喜，2010）。

第二，审计层面。Jesen & Meckling（1976）认为，企业是一系列契约的综合体，契约的不完备性造成投资者与公司之间存在信息不对称，为了防止管理当局的道德风险及降低市场中的逆向选择，需要一种机制来缓解信息不对称问题，独立审计便充当了此角色；Klapper et al.（2002）、王艳艳和于李胜（2006）指出，外部审计和法令约束具有替代作用，在法令约束比较差的环境下，外部审计可以作为法令的替代机制来保护现实的和潜在的投资者，从而达到保护投资者的目的；李青原和王永海（2007）发现，具备独立性的审计师可以通过负责监督查处公司发生的内部人转移或掠夺公司现金流量的方式实施保护外部投资者的作用。

第三，文化层面。Stulz & Williamson（2003）研究指出，文化对企业债权人的权利影响程度更强。

第四，管制层面。张育军（2004）认为，中国证监会在证券市场发展初期起到了保驾护航的作用；章铁生（2008）研究发现，在公司上市中拥有巨大利益的地方政府为争取到更多股票发行资源和保住之前形成的"壳资源"价值以及为避免未来受到股票发行规模缩减的惩罚，事实上成为对中小投资者利益进行保护的一种隐形保险，若上市公司违规行为可能损害中小投资者利益，与当地所属上市公司利益关系密切的地方政府往往是弥补投资者损失的最重要的决策影响者，有强大的激励实施积极救助，使得中小投资者受到某种程度的保护；黄建中（2009）认为，证券中介机构是证券市场的主要参与者，肩负着保护弱势股东利益的天职。

第五，公司层面。现有研究主要是从公司信息披露机制（王治安等，2008；蓝文永，2009）、公司章程（吴磊磊等，2011；郑志刚等，2011）、投资者关系管理（高平、朱志标，2010）等方面考察公司层面对保护投资者的影响因素。

尽管研究学者分别从公司外部层面（法律、审计、文化、管制等）和公司层面考察投资者保护的影响因素，但是忽视了公司外部层面的一个重要的监督力量——媒体。媒体具有较强的治理效应，一方面，从媒体抑制行为方面讲，媒体治理能够有效降低企业内部人和企业以外的会计信息使用者获得和使用的会计信息的不对称水平（严晓宁，2008），有效遏制企业高管的财务重述行为（戴亦一等，2011）、抑制盈余操纵行为（卢碧，2012；权小锋、吴世农，2012）、通过社会舆论力量约束关联高管行为（吴超鹏等，2012）、识别管理层薪酬操纵（Core et al.，2008）、有效抑制国有上市公司高管的在职消费（翟胜宝、杨德明，2014）、拉低高管的薪酬水平（姜凌，许润发，2014）、降低掌控控制权的管理者的私人收益（Dyck & Zingales，2004）、抑制合谋行为（闫邹先，尚秋芬，2008）、抑制管理层进行有损公司价值的并购行为（Liu & McConnell，2012），约束大股东利益掏空行为（陈红等，2014）等；另一方面，从媒体促进行为方面讲，媒体治理有助于公司改正其腐败和滥用职权的行为（Dyck et al.，2008）、促进董事会效率的提高（Joe et al.，2009）、促使上市公司更换高质量的审计师（戴亦一等，2013）、提高信息披露质量（邓俊、欧阳爱平，2012）、提升高管离职率（Farrell & Whidbee，2002）、完善股权激励计划（肖淑芳等，2014）、催生企业的经济社会责任意识（饶育蕾、王攀，2010；郑志刚等，2011；许楠、闫妖姿，2013）、承担较多的社会责任（徐莉萍等，2011；陶莹、董大勇，2013；谢志明，2014；陈晶璞、李艳萍，2014）等。那么，媒体治理是否会对投资者保护产生影响？如果能够产生影响，媒体治理对投资者保护产生作用的影响机制又是什么？在不同的情境下，媒体治理对投资者保护的影响程度又会有怎样的差异？

因此，本书主要关注媒体治理对投资者保护的影响作用。目前，已经有几位学者致力于媒体治理对投资者保护的研究，譬如徐莉萍和辛宇（2011）研究表明，作为宏观的、外在的治理环境的一个重要构成部分，媒体在股权分置改革中施展着十分重要的治理作用。研究指出，媒体关注水平越高，治理环境越好，"公司治理溢价"越高，信息环境和信息质量越能够产生保护效应，非流通股股东攫取的私有利益则会越小，中小流通股股东所面对的信息危害水平越低，与此相对应，持有流通股的中小股东们所给出的实际对价的要求价格也越低。反之，持有流通股的中小股东们会向那些得到媒体关注水平较低的公司的持有非流通股的股东们提出要求，以求获得更高水平的对价。同时，媒体披露程度和媒体披露的信息多寡可以明显影响以至强化持有非流通股的股东们对真实对价所产生的正向相关关系。进一步研究表明，媒体拥有的或产生的这些公司治理职能的展现，主要是通过提高持有流通股的中小股东们对股改的投票进行积极介入的热情，从而使其自身拥有的意见更有可能在利用投标结果进行的分类表决决策中获得体现来实现的。李焰和王琳（2013）认为，声誉是一种重要的投资者利益保护机制，其以声誉理论为基础，从整体和动态的角度，提出一个新的概念——声誉共同体，构建了在媒体发挥监督作用的机制下，声誉对投资者利益庇护机制的研究框架，并以五粮液为例对此框架进行解析。任广乾（2014）认为，在转型经济进程中，的正式制度的失灵或制度作用发挥的低效能致使媒体监督作为一种法令外的替代机制出现在公司治理中并施展着重要作用，媒体监督能够降低内部信息持有者和外部信息需求者——投资者的信息不对称水平，促进公司治理效率的有效提高。任广乾（2014）还指出，通过媒体监督产生的信息制造功能，对公司治理中出现的管理层和外部会计信息使用者信息不对称的现象进行不同程度地解决，媒体关注的介入可以迫使公司管理层改变行为方式方法，媒体监督会利用声誉机制通道实现对投资者做出的理性或合理的决策行为进行指导和引路的作用。尽管这些学者从媒体具备和发挥的公众信任力、对公司公共关系的协调力、理顺和维护的努力以及符合核心价值观的共同社会价值取向等方面总结了媒体监督非正式治理的作用，但是他们一方面并未对企业的投资者保护的内涵作出详细解释，即未说明媒体治理影响投资者保护是通过什么机制起作用的，是声誉机制还是信息机制，抑或是二者兼得；另一方面，并未确定对投资者保护较为有效的测量指标，因而无法全面而准确地发现媒体治理和投资者保护之间的内在关系。

正是在上述制度和文献背景下，本书系统地研究媒体治理对投资者保护的影响机制、参与主体以及边界条件，并基于我国2004—2013年沪深A股非金融上市公司数据，实证检验转轨经济背景下媒体的治理效应，这样有助于拓展和深化媒体治理与投资者保护的现有研究。

1.1.2　研究意义

本书的学术价值主要体现在以下几点：（1）现有研究主要关注诸如市场机制、法律机制、管制机制和文化机制等标准的投资者保护机制，鲜有文献从媒体角度研究投资者保护问题，而本研究从媒体治理角度考察其对投资者保护的影响，弥补了现有研究的不足；（2）现有研究主要是在西方成熟市场经济国家背景下考察媒体治理的效应，且尚未得出一致性的结论，而本研究通过关注我国转轨经济背景下媒体对投资者保护的治理效应，试图厘清媒体治理的作用机理。到目前为止，还没有学者对此做过系统研究；（3）与成熟的市场经济国家相比，转轨经济背景下媒体对投资者保护的治理效应可能会更复杂一些。对于不同性质的企业而言，媒体的治理效应还取决于其发挥作用的机制（信息机制或声誉机制）、执行主体（机构投资者、监管当局、行业协会等）和其他情景因素（如媒体自身属性特征等）。

本书的应用价值和社会影响主要体现在：我国的公司治理建设主要侧重于立法方面，并且尚处于不断完善之中。本研究结论意味着，加强媒体的监督作用可以很好地推进公司治理建设。实际上，诸如基金黑幕的揭露、蓝田造假案的披露等，都已经表明我国媒体治理的重要作用。不过，我国公司发展方面的许多问题也限制了媒体作用，比如公司股权结构不合理；从媒体自身来说，经营环境竞争不够充分，所有权结构不够合理等，也可能会抑制媒体治理对投资者保护的效应。

1.2 研究内容与章节安排

1.2.1 研究内容

本书的研究内容主要包括三个方面：一是基础理论研究，重点研究媒体治理影响投资者保护的作用机理、执行主体和作用边界；二是实证研究部分，主要基于中国上市公司的相关数据对上述理论假说做进一步的实证检验；三是政策研究，依据前文的理论和实证研究结论，并结合我国上市公司的媒体治理现状，提出相应的政策建议。本书研究内容如图1-1所示：

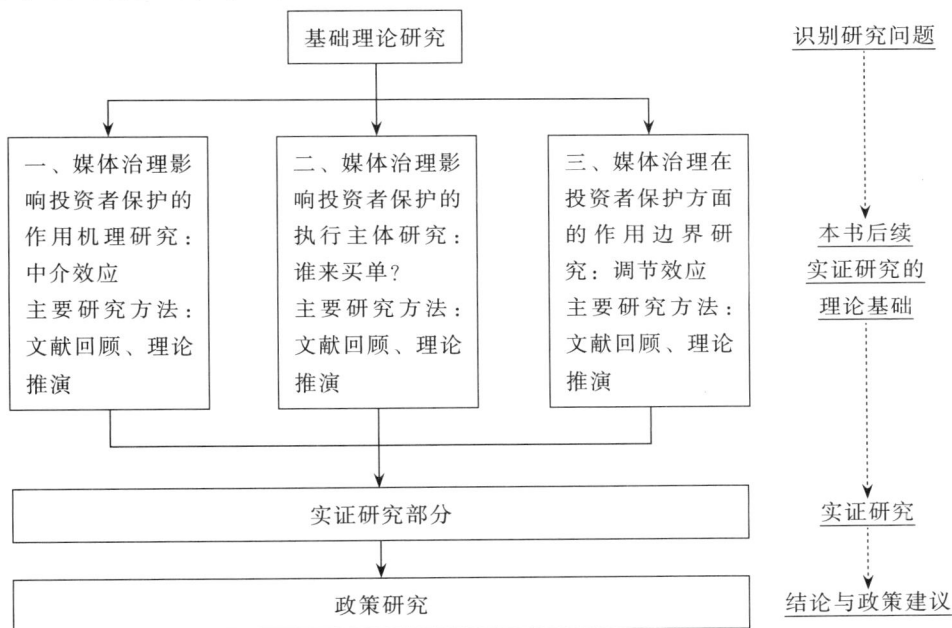

图1-1 研究内容示意图

1.2.2 章节安排

具体的章节内容安排如图1-2所示：

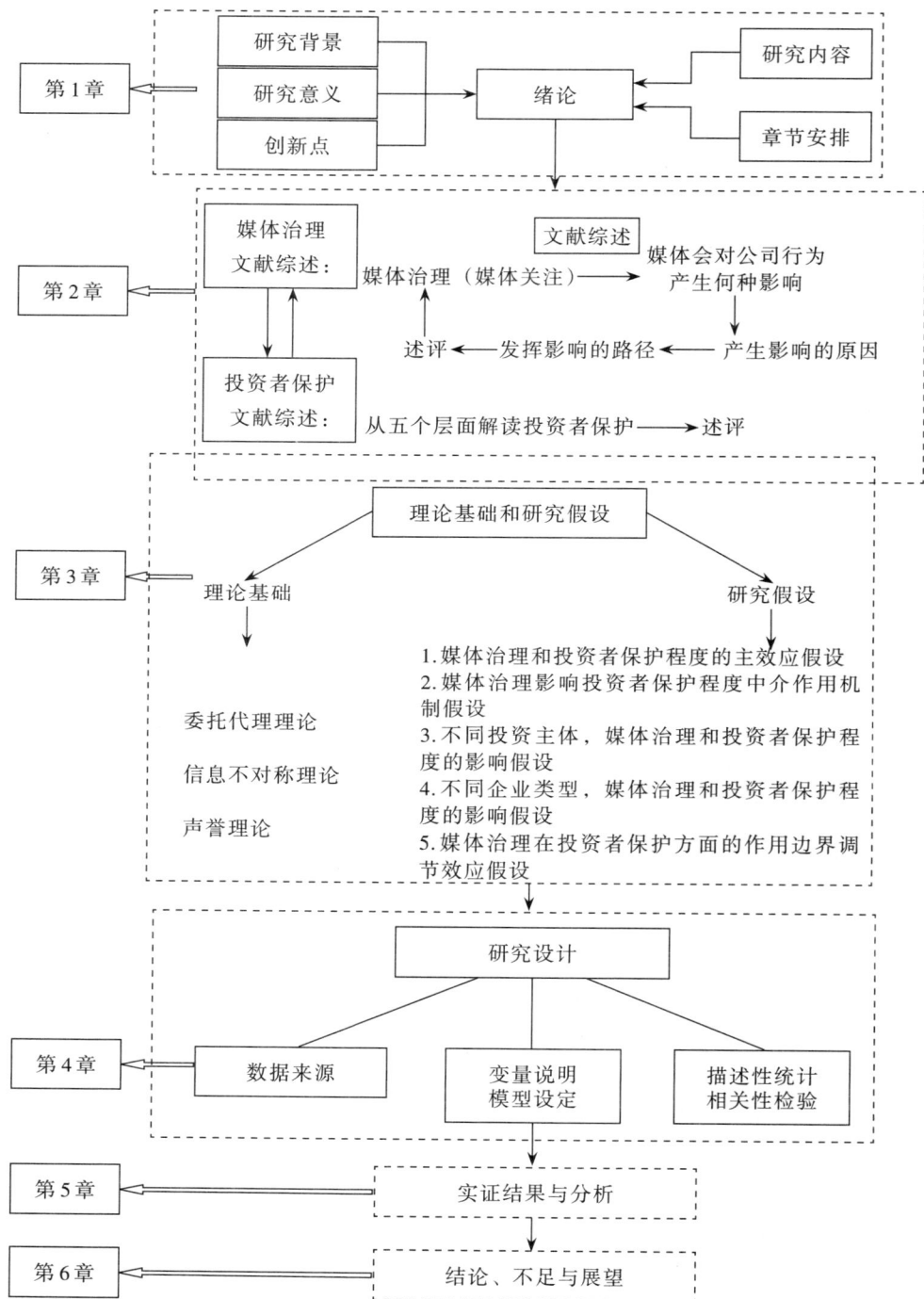

图1-2 章节安排示意图

1.3 创新之处

本书基于我国的转型经济背景和我国上市公司的相关数据，系统、深入地考察媒体治理对投资者保护的影响和作用机制。其可能的创新点如下：

（1）研究视角的创新性。现有研究主要关注标准的投资者保护机制（如法律机制、审计机制、文化机制、管制机制和公司治理机制等），很少有从媒体角度研究投资者保护问题的文献，而本书就是从媒体治理角度考察其对投资者保护的影响，这在研究视角上有一定的创新性。

（2）研究内容的创新性。现有研究主要是以西方成熟市场经济国家为背景考察媒体治理的效应，且尚未得出一致性的结论，本书通过关注我国转轨经济背景下媒体对投资者保护的治理效应，试图厘清媒体治理的作用机理。到目前为止，还没有学者对此做过系统研究，这在研究内容上有一定新意。

（3）研究观点的创新性。从一般意义上讲，与成熟的市场经济国家相比，转轨经济背景下媒体对投资者保护的治理效应会较大；从具体意义上讲，媒体的治理效应取决于企业发挥作用的机制（信息机制和声誉机制）、执行主体（国家、机构投资者和境外法人）和其他情景因素（企业性质、市场化程度、垄断行业、媒体报道内容以及媒体性质等）。

第2章　文献综述

2.1　媒体关注→媒体治理

随着媒体规模的快速膨胀，媒体关注的领域已经不再局限于政府行为领域，而是向公司行为领域拓展。与此同时，有关媒体关注对公司行为产生影响的研究也不断增多，研究的内容也从现象表面深入到问题的本质，例如，由对公司行为的直接影响演变到间接影响；由研究媒体关注对公司行为产生影响的路径到分析影响的作用机理；由研究媒体关注，演变为研究媒体监督，进而探讨媒体治理，研究脉络由表及里，逐步深入。相关文献可以从以下三方面进行梳理。

2.1.1　媒体关注会对公司的多种行为产生影响

关于媒体关注的早期文献主要集中于媒体对政府的关注以及对政府行为产生的影响（Besley & Prat，2006）。近年来，一些学者发现：财经媒体和一些非财经类的公众媒体，既没有上市公司的投票权又不是上市公司的所有者，不需要也没有承担向上市公司的董事会成员和以经理人为代表的管理层支付薪金的契约，但是，这些财经媒体和非财经类的公众媒体却越来越关注上市公司的行为，并且这些媒体对上市公司的多重报道和由此而产生的关注行为已经对上市公司的行为产生了影响。在本书中，我们经过进一步整理和分析，将媒体关注对上市公司的行为产生的影响分为以下两类：

1.媒体关注会抑制上市公司的某些行为

上市公司的财务状况和经营成果等主要以披露财务报告信息（财务报告中包含会计信息和部分非会计信息）的方式对外发布，根据上市公司信息披露的被动和主动情况，通常将其对外披露的信息分为被动的、强制性的、约束性的信息披露和主动的、非强制性的、较灵活的信息披露，两种不同信息的披露共同构成了上市公司的常态信息披露环境。现有研究表明，上市公司披露的比较高质量的会计信息以及比较完善的信息披露环境能够：（1）降低管理层的寻租机会和基于理性经济人假设而产生的自利心理和出现的自利行动与作为；

（2）降低内部信息加工持有者与外部会计信息需求使用者的会计信息和非会计信息的不对称水平；（3）优化企业各种资源（货币资源、实物资源、人力资源、信贷金融资源等）的分配和提高企业进行投资决策并实施投资计划取得合理投资回报的效率；（4）保障证券市场能够有效施展其优化各种资源配置的功能（Biddle et al.，2009；刘立国、杜莹，2003；黄世忠，1999）。近年来，有学者发现，随着媒体关注水平的逐渐提高，上市公司的信息披露环境得到改善，公司披露的会计信息和非会计信息质量都有所提升，内外部信息不对称程度有所降低（严晓宁，2008）、会计信息透明度提高（王新安、张春梅，2016）、业绩预告违规概率降低（黄晓蓓、郑建明，2015），企业社会责任的负面报道显著地提高了会计信息质量（王帆，2016），对会计信息进行的财务重述行为会被有效遏制，尤其是针对产生较为严重经济影响及后果的非技术问题的财务角度的重述行为和处于内核中心的、比较重要的会计信息指标进行的财务角度的重述行为，遏制效果更佳（戴亦一等，2011）。尽管公司管理层会基于获取期待的高额薪酬的动机和原因、来自资本市场的压力和需求而产生的动机和原因以及基于遵循或者不违反监管层的监督管理或主动规避监管等动机和原因等对会计信息进行盈余操纵（王克敏、王志超，2007），但权小锋和吴世农（2012）研究发现，媒体关注程度和水平的提高会压制管理层准备实施的、主观的盈余管理，甚至是盈余操纵行为，同时，卢碧（2012）根据议程设置理论，进一步解释了媒体报道具备形成一种"盯住效应"的潜在可能，对由于"契约摩擦"与"沟通滞涨"形成的公司经营方面的盈利和剩余利润的管理行为产生一定的压制作用。并且，针对上市公司的管理层，媒体关注不仅对管理层的盈余管理行为产生抑制，还通过强大的社会舆论力量约束关联高管行为（吴超鹏等，2012）、识别管理层薪酬操纵（Core et al.，2008）、和市场化进程共同起作用调整高管薪酬水平（曹越等，2016）、减少控股股东的"掏空"行为（李明、叶勇，2016）、通过增大管理层基于税收激进的机会主义行为成本抑制税收激进（田高良等，2016）、有效抑制国有上市公司管理层利用职务之便而实施的在职消费行为（翟胜宝、杨德明，2014；王新安、张春梅，2016）、拉低高管的薪酬水平（姜凌、许润发，2014）、降低控制权的私人收益（Dyck & Zingales，2004）、抑制合谋行为（闫邹先、尚秋芬，2008）、抑制管理层进行有损公司价值的并购行为等（Liu & McConnell，2012）。

另外，针对上市公司的投融资行为和其他行为，媒体关注也产生了一定的约束力。朱学义和谭雪萍（2014）研究发现，媒体监督能对上市公司进行的投资行为的非效率和低效率进行抑制，同时，媒体监督对非国有性质的上市公司的抑制力和约束力要更强一些。在上市公司的融资行为的引导或约束限制方面，媒体的负面报道是否会抑制企业融资呢？研究结果表明，媒体关注对企业进行债务融资影响最大，股权融资次之，商业信用融资影响最小（曾焱鑫，2014）。伍中信和徐小航（2015）以2009—2014年我国具有国有性质的上市公司为研究对象，基于内部治理和外部治理的双重视角研究发现，内部控制的存在及发挥作用和媒体治理的治理作用的施展对企业进行投资中的扩张行为的抑制约束效能在发挥影响方面存在互相补充的关系，这一效能的发挥能够有效地抑制企业扩大投资规模的行动，将内部控制的实施和媒体关注两者进行整合，这将成为公司治理的一个重要途径。张艳和王秀丽（2012）通过以2009—2010年153家在创业板上市的公司作为研究样本进行实证分析发现，媒体关注程度与在创业板上市的首次公开发行股份的公司实施的盈余管理程度呈显著负相关的关系，即媒体关注的程度和水平越高，样本公司在创业板首次公开发行股份时采取的盈余管理或者是盈余操纵的程度及可能性越低。公司上市后，一旦被媒体关注或被媒体监督（主要体现为媒体的正面报道和负面报道），则对被曝光的上市公司的股价有向下的影响、产生下行压力，其累计超常收益率出现负漂移现象（曾焱鑫，2013），大股东的利益"掏空"行为也被约束（陈红等，2014）。冉明东等（2016）研究发现，媒体关注或媒体的监督行为会减弱由于股权制衡而带来的出现在注册会计师审计程序中的审计收费溢价效应。

2.媒体关注会促进上市公司的某些行为

客观公正、如实报道、及时透明、以提高市场信息质量为宗旨的媒体关注，其深入性、系统性和权威性得到保证，传播力和渗透力强、激浊扬清的正面形象会给上市公司带来正面影响，促进上市公司规范行为、做出好行为。比如，媒体关注有助于公司改正其腐败和滥用职权的行为（Dyck et al.，2008）、促进董事会效率的提高（Joe et al.，2009）、促使上市公司更换高质量的审计师（戴亦一等，2013）、提高信息披露质量（邓俊、欧阳爱平，2012）。当公司业绩不好时，媒体关注提升了高管离职更替概率（Farrell & Whidbee，2002）。肖淑芳等（2014）也发现，报道内容偏向于负面的媒体关注程度或媒体关注水平越高的公司，越是比较倾向于对公司高管和全员持股计划的股权激励的方案计划进行修改、更正、调整或重新制定，以回应媒体的质疑，完善自身的激励管理机制。Farrell & Whidbee（2002）研究发现，媒体治理程度较高的上市公司中，当公司绩效较差时，高级管理者离职和更换的可能性会更高。Joe（2003）通过考察指出，受媒体负面报道的影响，上市公司审计师更容易对财务报表等出具"非标准无保留审计意见"。Dyck & Zingales（2004）以1999—2000年39个国家、412个控制权转变行为作为研究样本，研究结果表明，媒体治理程度和企业控制人私有收益显著负相关，也就是说，媒体治理能够监督并降低公司内部控制人或公司管理层（生产经营活动的实际控制者）的私有利得、收获和获利。Miller（2006）以及 Dyck et al.（2008）的研究指出，有效的媒体治理能够帮助甄别与曝光企业内部的会计造假等欺诈行为。Joe et al.（2009）对美国的一些公司进行考察研究发现，媒体对这些公司进行的报道，能够显著提升这些公司董事会较为低下的效率。Liu & McConnell（2012）以 1990—2010 年发生的 636 次大型并购事件为考察样本，结果指出媒体治理程度越高，高管越不可能进行对公司价值损害程度大的并购行为。李培功和沈艺峰（2010）选择了《董事会》在 2004 年评选并公开刊登的 50 家拥有或设置最差"董事会"的上市公司作为研究对象，研究发现媒体关注的程度或媒体监督的水平越高，公司对自身产生的违规行为进行主动改正和调整的可能性就越大。郑志刚等（2011）以 2003—2004 年 278 家上市公司为样本研究发现，媒体负面报道程度越高，上市公司第二年绩效水平改善的程度越高。贺建刚和魏明海（2012）指出，媒体进行的偏负面的新闻报道对于上市公司的大股东出现的行为具有约束和压制的作用，这一作用具有显著的积极影响。彭桃英和汲德雅（2014）、谢永珍和朱彩婕（2016）分别使用不同的样本进行研究，一致发现，媒体监管在审计委员会设置、会议次数、高管激励对公司内部控制重大缺陷修复中，调节作用显著，不仅能够对公司治理产生积极的作用，还能够针对上市公司存在的内部控制缺陷进行披露与修复。

上市公司是公众公司，从社会获取资本和各种资源并实现经济利益，承担经济责任。在这方面，媒体关注对上市公司经济责任的履行起到推动的作用，饶育蕾和王攀（2010）选取 2006 年年中至 2008 年年中上市的 246 家首次公开发行股票的上市公司作为研究对象，实证检验发现，在样本公司中，首次公开发行的股票被媒体施以高度关注，其新股的发行价格也会相对进行较高的定位和实现，媒体关注的程度和水平对首次公开发行的股票产生短期累积超额收益的影响是正向的。郑志刚等（2011）研究发现，财经媒体对上市公司进行的报道中，偏负面新闻的报道与该上市公司下一个经营周期的业绩改善呈非常显著的正相关关系。许楠和闫妹姿（2013）研究发现，媒体关注的程度和关注水平的高低能够对被关注的企业的绩效产生显著的正相关影响。李小荣和罗进辉（2015）选取 2003—2012 年中国 A 股上市公司作为研究的对象和样本，发现媒体关注的增多可以显著提高公司未来现金股利支付的意图和愿望以及现金股利的实际支付水平。汪丽等（2014）选取我国 2006—2011 年的 632 个行业属性是制造业的上市公司作为研究样本，发现这些上市公司的无形资产的研发强度的高低对公司业绩波动的敏感程度受到媒体关注和媒体监督程度高低的影响。

上市公司往往将寻求实现公司价值最大化或股东财富最大化作为目标，但与此同时，也承当着社会责任，对上市公司的利益相关者负责。上市公司在履行社会责任的时候，不仅要受公司内在经济动机的驱动，也极大地受到外界的影响，其中，媒体关注就是推进企业社会责任履行的外界压力之一。陶莹和董大勇（2013）研究发现，报道内容偏重政策导向的媒体关注、报道方向是正面和中性的报道对被报道企业的社会责任信息的公开披露能够产生显著的、积极的正相关影响。谢志明（2014）研究发现，媒体报道能显著促进企业环境管理行为。陈晶璞和李艳萍（2014）验证了媒体对企业的高度关注，有助于企业积极对自然环境等进行管理，从而保证企业的环境绩效表现会相对较好一些。徐珊和黄健柏（2015）选择上海证券交易所的上市公司作为研究对象确定研究样本，以利益相关者理论为研究的切入点，采取熵权法反映上市公司承担的社会责任的指标权重的赋值，然后通过指数法测算上市公司的社会责任，最终研究发现，媒体关注和媒体监督的程度与水平对上市公司社会责任的践行会产生显著的正向影响。

媒体关注对上市公司慈善责任的承担和实行也会产生影响，徐莉萍等（2011）重点考察了媒体关注或媒体监督对上市公司自愿进行的捐赠行为是否产生影响，将进行捐赠的上市公司样本和没有实施捐赠行为的上市公司样本混合在一起进行回归分析发现，媒体关注对上市公司自发地做出捐赠行为会产生显著的正向影响，这说明来自舆论的可能压力明显地提高了上市公司捐赠的可能性。

2.1.2　媒体关注对公司行为产生影响的原因

为什么媒体关注会对公司的某些行动和做法产生影响？这个问题的实质，是对媒体的监督作用或治理作用进行探究。

媒体关注的早期文献已经表明媒体对政府行为有监督作用（Besley & Prat，2006），同样在媒体揭露上市公司不当行为、公开上市公司丑闻、甄别和曝光上市公司的会计犯罪等欺诈行为之时，媒体对于上市公司的监督作用也已体现（Miller，2006；Dyck et al.，2008）。周文然（2013）基于信息挖掘、媒体偏度、路径有效性、高管私利动机、高管风险偏好五要素分析媒体的监督机制，认为前三个因素同时实现则代表媒体发挥了监督功能。于忠泊等（2011）研究发现，控制其他因素之后，越多的新闻报道伴随着越严重的盈余管理行为，虽然新闻媒体能够发现、揭露上市公司的盈余管理行为，但是没有纠正盈余管理的功能，这一研究证明了媒体关注或媒体监督具有监督作用，没有证明媒体关注或媒体监督具有治理作用。姚益龙等（2011）对中国快速消费品行业67家公司作为对象研究发现，媒体的监督作用通过经营途径效应、财务途径效应和公司治理途径效应的合力大小发挥作用，进而影响企业绩效。罗进辉（2012）以2006—2009年沪深A股非金融类上市公司为研究对象，指出媒体治理能显著降低上市公司中的代理成本，并且发现股东和管理层之间、股东与股东之间存在的代理成本越高，媒体关注的可能性越大；熊艳等（2011）研究表明，媒体作为存在于上市公司外部的监管方式，在完善我国资本市场的外部环境方面可以发挥作用；杨德明等（2012）研究发现，媒体不易被各种关系所收买，可以发挥"变隐性契约为显性契约"的作用，在监督财务造假方面，媒体关注可以施展重要的监督职能。

随着对媒体关注的监督作用进行不断深入的研究，人们发现，媒体除了具有揭露上市公司不当行为、曝光上市公司丑闻和犯罪行为的监督作用之外，媒体关注还有另外一项重要功能，即可以通过曝光上市公司丑闻和犯罪行为，对上市公司的行为产生影响，对上市公司的公司治理结构进行改善，从而抑制丑闻、不当行为、甚至犯罪行为的发生，使上市公司的经营更加规范化、有效化，保护出资人的利益，这些正是媒体治理作用的体现。

不过，通过对媒体关注的治理作用展开大量研究后，却得到两种不同的结论。

1. 媒体关注具有治理作用

Dyck et al.（2008）选取 1999—2002 年间的俄罗斯上市公司作为研究对象，研究这些样本公司的中小投资者利益被内部人进行利益侵害的程度与当时西方媒体对样本公司不当行为甚至是丑闻进行披露或揭露的关系，发现西方媒体的披露或揭露行为的确起到促使这些俄罗斯的样本公司对其公司治理进行改善的作用；Joe et al.（2009）选取了《美国周刊》杂志在 1996 年、1997 年和 2000 年公布的拥有美国最差董事会的公司为样本进行研究，发现媒体关注或媒体报道对上述样本公司的低效率的董事会的报道会产生促进低效率的董事会提升或改善其效率，进一步地促进样本公司价值的增加；李培功和沈艺峰（2010）选取一个非常独特的样本作为研究对象首次分析我国媒体的治理效应，结果发现媒体在改善公司治理水平和投资者权益保护方面能够施展积极作用，随着偏重于负面的新闻媒体报道内容和数量的递增，上市公司违反法律法规的行为也随之发生变化并呈现出递减的趋势。同时，将媒体按照不同特征的分类方式进行分类后研究发现，与偏重于政策导向性质的媒体报道相比较，偏重于或者是倾向于市场导向性质的媒体报道对于上市公司产生的治理作用会更加积极有效。此外，对上市公司出现的事件或丑闻进行的后续深度报道和报道揭露的内容涉及严重侵害投资者利益的上市公司违反法律法规制度等事件的报道也会产生显著的公司治理效果。随后，围绕媒体关注具有的公司治理作用的多项研究陆续展开：杨德明和赵璨（2012）挖掘我国上市公司中存在的高管薪酬契约中天价薪酬与零薪酬等薪酬乱象并存的背景，实证研究发现，在促使高管薪酬契约的设计和薪酬发放趋于合理方面，媒体关注可以发挥治理功能；李培功和沈艺峰（2013）更细致地分析发现，当媒体向读者提供上市公司的职业经理人领取薪酬的可靠的、准确的数据时或者当媒体报道的内容对读者而言是非常具有冲击力的、轰动性质的或极度重大的内容报道时，被媒体报道的上市公司会针对媒体的报道或批评进一步地调整并完善公司的薪酬契约和设计涉及薪酬的公司政策或提出章程的修改建议，上述研究验证了我国媒体对上市公司职业经理人的薪酬契约所起到的公司治理作用；杨德明（2011）研究发现，媒体关注会通过对注册会计师、上市公司实施民间审计的这个路径关注、报道和监督，形成并施展其治理功能；权小锋和吴世农（2012）认为，媒体关注有效抑制了上市公司管理层出现的盈余操纵行为，从而提高了会计信息质量并最终提升了市场对与上市公司盈余构成信息的定价效率，减少了应计误定价情况的出现；叶勇等（2013）研究发现，媒体关注或媒体监督在公司治理中确实施展了重要的治理作用，媒体关注已经成为公司治理的重要构成部分；牛枫（2015）通过对双汇"瘦肉精"事件进行考察，发现即使媒体报道的内容是有偏颇的，但媒体关注和媒体监督仍然可以发挥其具备的公司治理功能，媒体报道内容的偏颇会产生"轰动效应"，这一后果将给上市公司的管理层造成巨大压力，触动管理层及时停止违法违规行为的进行，从而展现媒体关注的治理功能和作用；李冬昕和宋乐（2016）发现，媒体关注和媒体监督作用的施展可以对上市公司的风险承担能力产生影响，也就是说媒体关注发挥的治理效应越大，越有助于加强和提升上市公司进行投资决策过程中的风险耐受和风险选择的偏好，从而使得上市公司勇于主动追寻、承担和介入更多的具备一定风险性或风险性较高的投资项目。这说明在一定程度上，媒体关注和媒体监督能够发挥外部治理职能；谢雅璐和王冲（2014）通过研究发现，媒体跟踪能够降低上市公司股价面临的剧烈下跌的风险，并且有些上市公司本身的信息不对称的程度就比较高，这种情况下，媒体关注和媒体监督的治理功能更为显著；冉明东和贺跃（2014）研究发现，媒体关注通过对审计师鉴证行为产生影响，某种程度上可以发挥其对上市公司进行治理的功效；薛有志等（2014）研究发现，公司IPO前，媒体可以通过信息传播降低信息不对称，在信息不对称程度较高的公司中，媒体的治理效应更加明显。

随着媒体治理作用研究的不断深入，学者们发现，媒体关注度高的公司，其产生的生产力效率、完成的上市公司财务业绩与上市公司承担的社会责任均明显增加；同时，上市公司管理层进行的盈余操纵或盈余管理行为、衡量大股东掏空的关联方交易事项以及违反法律法规的行为均明显降低（孔东民等，2013）。学者们纷纷验证媒体关注在我国上市公司展现的各类行为的每一个层面上都体现了明显的公司治理功能（戴亦一等，2011），同时有学者通过研究发现，媒体治理对非国有性质的上市公司的治理效果要强于对国有性质的上市公司的治理效果（肖作平、黄璜，2013），信息不对称程度较高的公司中，媒体的治理效果更为显著（谢雅璐、王冲，2014），媒体治理效应的实现并非易事，可能要取决于信息挖掘、媒体偏度、路径有效性、高管私利动机、高管风险偏好等五因素同时满足（周文然，2013）。

2.媒体关注不具有治理作用

Fang & Peress（2009）对媒体关注程度的高低和股票投资回报率大小之间的关系进行了检验，发现与被媒体高度关注的公司相比较，被媒体低度关注的公司的股票投资回报率有着更高的回报。Chen et al.（2009）也发现了媒体关注的负面作用，其通过研究得到，如果对上市公司进行非正常的媒体关注，这种做法将会夸大上市公司的定价偏差。同样，我国的一些学者也得出了媒体关注不具有公司治理作用的结论。比如，贺建刚等（2008）研究了上市公司五粮液2003年之后发生的关联方交易和现金股利的发放，通过连续追踪分析，得到尽管存在媒体关注和监督，但五粮液的大股东仍然可以借助其拥有的控制权恣意实施利益输送行为并达到利益输送的目标，并且随着媒体关注的增多，大股东的违规利益输送行为也没有表现出明显的改善或者进行缓解的痕迹和现象，媒体关注在这个案例中并没有起到影响或阻挡公司大股东掏空公司行为的治理效应；卢碧（2013）研究发现，在我国现有环境中，媒体对我国上市公司进行报道的数量和内容越多，越会促使上市公司管理者进行盈余管理行为，媒体关注在这个研究中尚未充分施展其外部治理作用。另外，孔东民等（2013）认为出于商业利益等原因，媒体很难站在完全客观中立的立场，也很可能会迎合大众需求而倾向于报道不实新闻，制造"轰动效应"（Core et al.，2008），带来媒体报道的偏差（李培功，2013），甚至会被利用，比如，公司在并购谈判期间会向媒体提供信息以影响媒体报道进而达到提高公司股价的目的（Ahern & Sosyura，2014），业绩不佳的公司在IPO过程中会向媒体付费以获得媒体的有偿沉默（方军雄，2014），国有企业或支付更多寻租费用的企业与本地媒体存在合谋进而导致媒体报道存在偏差（孔东民等，2013）。因此，媒体报道并不是独立的，会受到各方面利益的影响，这些都会导致媒体关注不会发挥治理作用。

综上所述，媒体关注是否能够显现公司治理的作用，并没有达成一致或研究结果尚未一致。其原因可能是媒体在传播信息的过程中，会基于成本效益原则对付出的成本和取得的收益进行权衡，从而最大化地实现其自身经济收益或其他收益。媒体为了实现自身的收益目标，往往会选择性质比较严重或者事件涉及的金额很大这类从质上、量上均存在治理问题的重大事件，进行有偏向的或负面的新闻报道，或者该新闻媒体受到某一利益集团的影响，导致有选择的报道、部分报道或不报道，其释放的信息可能具有一定的偏误，而以往的研究对媒体的这种行业属性产生了忽视。并且，现有文献主要是基于单案例和小样本（比如违规）进行研究，致使结论不够稳健。另外，媒体治理发挥作用也并非是无边界的，其影响力可能会受到媒体的报道内容、媒体的所有权结构、媒体报道类型等因素的限制。以往的研究对于这些情景的限制并未做出系统全面的考虑，在做实证检验时只做了部分检验，致使一刀切地得出媒体有治理功能和无治理功能的不同结论。

2.1.3 媒体如何对公司行为产生影响

多项研究表明，为了赢得社会声誉和获得商业利益，媒体有动机并且有动力去关注并监督广泛存在于各公司中的丑闻、违法违规行为以及其他治理问题。我国的大政方针和法律法规制度的逐步改善与完善会激发媒体产生追求、建立自身声誉机制的动机和力量，从而使得媒体关注更好地发挥媒体监督和媒体治理功效（醋卫华、李培功，2012）。但是，众所周知，即使媒体通过传播媒介传递出对公司的关注或对公司丑闻的曝光，其本身也不具备法律执行的强制效力，不能通过媒体的报道而强制要求公司的管理者对曾经做出的不良行为或发生的负面事件进行更正或改变，那么媒体关注或媒体监督是通过什么机制采取什么方式发挥其作用和效能的呢？总结归纳现有的研究文献，我们发现媒体治理作用的发挥主要通过以下两种机制来实现。

1. 信息机制

随着信息时代的到来，新闻媒体已逐渐成为投资者获取企业信息、了解企业动态的重要渠道（Dyck & Zingales，2002）。媒体在资本市场中担当和扮演着非常重要的角色，它能够有效地促进企业相关信息的合规制作和合理披露、汇集和扩散，较大程度上降低信息搜寻成本，使得人们较为便捷地获取所需信息（Becker& Murphy，1993；Fang & Peress，2009）。路透社一篇关于Activision公司的报道中，作者通过采访公司管理者和财务分析师，向企业的投资者和潜在投资者提供合理预测企业未来盈余能力的盈利预测信息或者提供经过分析的、能够较为合理地反映公司有价证券对应的内在价值的证券价格信息。这说明媒体的存在能够增加市场上的信息量，提醒投资者关注公司发生的一些重大事件，并在一定程度上缓解上市公司和投资者之间的信息存在的不对称现象。具体而言，只有通过媒体正式报道和披露、公开发布过的信息，才可以称得上是真正意义和被公认的能够被公众进行使用的公共信息，而这些公开发布的信息也比较容易被公司现有投资者和潜在投资者（尤其是现有的中小投资者）等公

司信息的使用者接受、阅读、消化、吸收、理解和应用到决策中。对于投资者
保护来讲，真正做到投资者保护的实质性工作是要尊重、保护和充分维护投资
者知情的权利，降低信息提供者和信息使用者之间信息不对称的程度。但由于
存在高昂的信息搜寻成本，现存投资者和潜在投资者只能选择获取特定的、部
分的公司信息，并保留对其他信息的无知是合乎理性，即投资者的"理性的无
知"，而媒体通过具有权威性而又相对独立的媒体报道，使公司的投资者建立
并形成正确的投资理念，克服"理性的无知"带来的不良后果，使得投资者更
能够通过较为有价值的信息选择是否对公司侵害行为采取措施。Fang & Peress
（2009）研究指出，媒体关注有效性程度的提升可以帮助投资者获得价值性更
高、质量更好的信息，可以有效降低交易的信息风险；Dyck et al.（2008）基于
1999—2002 年间俄罗斯上市公司作为研究的样本公司，考察媒体报道与中小投
资者利益侵害之间的关系，研究发现投资基金的游说更可能使得西方媒体更多
的报道俄罗斯公司对投资者进行侵害的嫌疑，降低公司投资者和公司之间的信
息不对称程度，从而能够有效抑制企业内部腐败和职权滥用的行为，提高公司
治理的有效性。吴超和薛有志（2016）以 2009—2014 年 IPO 的公司上市前的信
息市场为研究对象，研究公司上市前一年媒体报道与 IPO 首日换手率之间的相
关关系，结果发现媒体关注度会显著正向影响 IPO 首日换手率，该研究以一个
清晰的信息市场作为样本选择来源，排除其他信息主体的干扰，证实了媒体在
信息市场中的信息中介角色。对于投资者而言，股价的波动是非常重要的，获
知相关信息至关重要。媒体具有信息传递功能，媒体报道是否可以影响股价变
动，不同阶段学者所得结论不同（宋子博，2015）：De et al.（1996）通过对宏
观经济报道以及股票指数变动关系的研究发现，媒体只是一个单纯的信息载
体，其在股价波动之中所起的作用微乎其微。但是，由于该研究均立足于半强
势或强势市场之上，市场价格可以部分反映或者完全反映企业所有公开信息，
所得结论并不具有推广性，特别是对于处于弱势有效的新兴市场而言。随着对
资本市场认知的不断完善，对媒体报道研究的不断深入，越来越多的研究表
明，媒体可以有效地缓解市场主体间的信息不对称，提高信息透明度与信息披
露质量，证明了媒体的信息传递功能对资本市场的影响；Shiller（2005）通过
对六十年中的多次金融危机事件进行研究，认为媒体报道虽然未直接导致股价
的大幅下跌但是引起了投资者对股价震荡以及经济形势的热切关注，间接加速
并激化危机的进展程度；Fang & Peress（2009）认为，媒体的相关报道会提高
投资者对公司价值的认知与辨认程度，可以使市场定价更为准确；Tetlock &
Macskassy（2008）研究发现，媒体报道可以引发投资者关注，提高企业的信息
透明度，降低企业的融资成本。

2. 声誉机制

媒体公司治理角色的实施途径是通过影响声誉实现的（Dyck & Zingales，2002）。郑志刚等（2011）基于我国上市公司的数据，在实证分析中控制了影响企业业绩的各种潜在因素的前提下，研究发现企业下一个营业周期或会计周期的经营业绩改善在很大程度上来自于经理人对自身声誉的珍视和保护，从而会认真对待媒体发布的关于本企业的偏负面性质的新闻报道，并进一步地积极进行企业业绩改善，媒体对上市公司的负面报道与公司下一期的业绩改善存在显著正相关关系。这一研究的重要意义在于，为媒体治理通过发布针对公司行为等的负面报道来影响公司职业经理人的声誉从而扮演和施展公司治理角色提供了间接的证据。杨德明等（2012）进一步证明，媒体公司治理角色实际上是间接发挥作用的，媒体治理功能的发挥需借助一定的存在于媒体本身之外的外在"路径"，一旦媒体之外的外在"路径"（比如外部监督约束机制或声誉机制）丧失或者不发生效力，媒体治理的功能也随之丧失。黄雷等（2012）也分析出，媒体通过对公司偏负面的消息进行关注和报道，进而施展公司治理的功能。

现有研究发现，以下三种途径能够对声誉产生影响。首先，媒体关注对政治家（议员、政府官员等）产生影响，媒体对公司违法违规行为的报道和曝光能够有效吸引政治家们的关注，令其修改并有效实施公司法等相关法律法规。这是因为政治家们如果对于媒体大范围或深度追踪报道的公司违法违规事项无动于衷，可能会严重损害他们在公众心目中的形象和地位，并最终在换届或民主选举等行政职务变更时危及其未来可能继续或进一步晋升的政治生涯（Besley & Coate，2001）。其次，媒体关注会对公司的董事会成员（或职业经理人）发挥作用，令其建立并维持"好一些"的董事（或职业经理人）的声誉。按照Fama（1980）、Fama & Jensen（1983）等的研究结果，经理人未来的薪酬取决于现在的所有者（也就是股东）和未来的所有者对职业经理人是否实施了严格履行委托代理责任的印象和信念，为了获得较高的薪酬契约和长远的收益、避免未来的薪酬损失，职业经理人可能会选择暂时放弃进行公司内部交易的时机和可能出现的获得私利的机会，为了建立并形成该职业经理人是一个"好"职业经理人的声誉。最后，媒体关注将对公司董事会成员（或职业经理人）的社会声望和名誉以及出现在公共场合的公众形象产生影响。这些公司的高层为了防止或尽可能规避他们在日常的人际交往过程中出现的负面形象甚至是尴尬，他们会非常努力地在各种情况下塑造自己的名誉、建立声望并保持良好的正面形象。Robert Monks 在《华尔街日报》刊登一则广告来提醒和催促希尔斯·罗巴克（Sears Roebuck）董事会的各位成员应该改进希尔斯公司经营管理的故事（Dyck & Zingales，2002）就是一个经典的案例。在 1992 年 4 月的一期《华尔街日报》上，刊登了这样一则广告：以"希尔斯毫无作为的资产"作为标题，下边占用整个版块刊登了希尔斯·罗巴克董事会所有成员剪影，其中还分别列举了广告发布人对公司董事应承担的希尔斯企业业绩平淡的责任所进行的判断。出钱刊登该广告的是希尔斯企业中持不同意见的、表现积极的一个股东，该股东的另一个身份是著名的公司治理方面的专家和编著 EMBA 教材《公司治理》的作者之一 Robert Monks。这则广告随着报纸的出售而传递到社会公众视野中，希尔斯公司的董事会成员们纷纷表态——应该接受并采纳 Monks 的建议。在希尔斯公司的这则公告发出的当天，希尔斯的股票价格上扬，较之前上涨了 9.5 个百分点，在随后的一年中，希尔斯的股票继续保持向上增长的趋势，持续上涨了 37 个百分点。其著作的合作者 Minow 对此事的评论是"直到今天，希尔斯的董事会成员们依旧非常憎恨 Monks，因为 Monks 在《华尔街日报》刊登的那则广告致使希尔斯董事会的董事们在当地的乡村俱乐部从那时一直到今天，仍然受到知情者们的嘲讽和讥笑"。Monks 在后来对希尔斯广告进行总结时指出，该广告之所以能够产生一定的效力，是因为："我们是在和他们的朋友，他们的家庭，还有和他们的职业有关系的人讲话。凡是在报纸上看到这则广告的人都会对广告进行阅读和研究，这样造成的结果是只要读过它的人都会对其进行理解。只要理解了这则广告的用意和目的，阅读者就会寻找合适的机会向他能够遇到的希尔斯董事会成员进行询问"（Rosenberg，1999；Dyck & Zingales，2002）。

2.1.4　关于媒体关注→媒体治理的研究述评

大量的研究围绕媒体关注是否会促进上市公司的"好行为"和抑制上市公司的"坏行为"进行展开，这些研究主要是验证媒体关注的监督作用。

近年来，研究媒体治理功能的文献陆续出现，然而，不管是西方文献，还是刚刚起步的国内文献，还远未得出一致性的研究结论，其原因可能是媒体在传播信息的过程中，会基于成本效益原则对付出的成本和取得的收益进行二者的权衡从而以最大化的努力实现其自身经济收益或其他收益。媒体为了实现自身的收益目标，往往会选择性质比较严重或者事件涉及的金额很大这种从质上、量上均存在治理问题的重大事件进行有偏向与负面的新闻报道，或者该新闻媒体受到某一利益集团的影响，导致有选择的报道、部分报道或不报道，其释放的信息可能具有一定的偏误，而以往的研究对媒体的这种属性特征并未考虑。并且，现有文献主要是基于单案例和小样本（比如违规）进行研究，致使结论极不稳健；另外，媒体治理发挥作用也并非是无边界的，其影响力可能会受到以下因素的限制：（1）媒体的报道内容，媒体报道内容主要可以分为正面报道和负面报道，而不同的报道内容所产生的效果也不同；（2）媒体的所有权结构，媒体可以分为中央媒体和地方媒体，不同媒体报道的侧重点可能不同；（3）媒体报道类型，基于市场导向型的媒体报道和偏重于政策导向型的媒体报道，其产生的影响效果可能不同。以往的研究对于这些情景的限制并未系统、全面的考虑，在做实证检验时只做了部分检验，致使一刀切地得出媒体有治理功能和无治理功能的不同结论。

除此之外，在研究媒体发挥的治理功能时，媒体治理作用机理尚未厘清。现有研究试图寻找媒体发挥治理功能的双重机制——信息机制和声誉机制究竟如何发挥作用。但这一内容仅有部分国内外文献涉及，尚待深入研究。

2.2 投资者保护

投资者保护的重要性已经毋庸讳言：它不仅影响公司获得外部融资的难易程度（LLSV，1998）和公司价值（LLSV，2002），而且还决定一国资本市场的兴衰成败（LLSV，1998，2000）。关于投资者保护的研究比较丰富，学者们已经从不同角度解读如何保护投资者。

2.2.1 从法律层面解读投资者保护

从法律层面来看，Coase（1960）提出，当交易成本存在时，交易自由无法为产权人提供产权保护，需要依靠法律手段使交易成本带来的影响最小化。法律的吓阻功能（Bentham，1983）可以有效降低公司代理人的道德风险和逆向选择风险，从而保护委托人的利益，法律与投资者保护密切相关（La Porta et al.，1998，2006；DeFond & Hung，2004）。世界各国政府的监督管理部门制定多项法律法规来保护现有投资者和潜在投资者，尤其是重点保护中小投资者拥有的权力和利益，学者们也因此将一个主权国家（或者部分地区）适用的法律（比如公司法、证券法或商法）中对现有投资者和潜在投资者（尤其是中小投资者）权力和利益的保护性质条款及这些保护性质条款的具体实行或执行情况（如 La Porta et al.，1998；Leuz et al.，2003；Xu et al.，2008）定义为投资者保护。

LLSV（1999，2000）发现，一个好的法律环境和较为完备的法律体系可以有效地保护潜在的为企业提供资金的资金提供者，促使这些潜在的资金提供者有意愿为证券市场注入资金支持，因此而形成的结果是扩大了股票市场的规模；而在对投资者进行保护程度比较差的国家里，相对于大股东而言，中小股东面临着来自于大股东盘剥利益的风险，所以这些中小股东的意愿是用比较低的价格申购公司公开发行的股票，这种情况会致使公司失去向社会公众公开发行股票、进行资金融入的吸引力，所以在对投资者权益进行法律保护比较差的国家，其股票市场规模也较小，公司难以获得想要融入的资金，这就影响了公司的生产经营发展和价值的创造。在我国，中小投资者的法律保护经历了一个从不够完善到逐步建立健全并进行完善的过程（沈艺峰等，2005）。章铁生（2009）以我国因进行虚假性质的陈述而受到证券民事诉讼的上市公司为研究对象，验证了我国投资者保护证券民事诉讼的有效性；陈海声和梁喜（2010）运用中国 2004—2007 年发生并购之后其转移了所有权的 191 家上市公司作为研究对象，验证 2006 年《中华人民共和国公司法》（以下简称《公司法》）的调整及全国范围内开始的股权分置改革、发生并购活动之后的控股股东出现的掏空动机，发现跟之前相比较，结果的确有所降低，《公司法》的调整对上市公司中小股东投资者的法律保护有所加强；程敏（2009）基于"捆绑理论"，研究中国的企业到海外成熟市场上市募集资金，必须遵守上市地严格的法律法规、公司治理和信息披露要求，通过研究发现，在海外上市筹资的公司，其现金股利的分配，不论是分配的可能性还是真实分配的力度都比在国内上市的公司现金股利分配的强度要显著增强。海外市场严格的法律法规和约定俗成的习惯、有效的市场监督、良好的信息披露规则等提高了对投资者的保护水平。

2.2.2　从审计视角解读投资者保护

从审计视角来看，对外部投资者的保护不仅可以通过改善法律环境来实现，也可以通过强化外部独立审计机制来完成。

审计可以保护投资者的理由是：企业是一系列契约的综合体，契约的不完备性造成投资者与公司之间存在信息不对称，为了防范管理当局的道德风险、降低市场中的逆向选择，需要一种机制来缓解信息不对称问题，因此，独立审计便充当了此角色（Jesen & Meckling，1976）。La Porta et al.（1997，1998，1999，2000）大量的研究成果显示，在一些投资者保护程度比较高的国家中，出现或持续存在的代理问题是通过包括会计、审计等在内的公司治理机制来解决的，会计、审计在其中的角色是为委托人、代理人提供可靠的合约基础，审计的角色降低了企业和外部投资者之间的信息不对称。Klapper et al.（2002）研究发现，在法律环境比较差的独立主权国家中，企业的外部审计机制对投资者保护起到的作用会得到更大的发挥，因为在依靠法律对投资者的权力和利益进行保护的国家中，如果法律发挥的保护作用程度比较低，那么在这样的环境里，企业的外部审计机制或外部审计功能的发挥可以作为代替法律的替代机制，施展投资者保护功能，从而达到保护投资者的目的。王艳艳和于李胜（2006）通过建立模型并进行分析，将国家层面的法律制度变量和度量会计师是否具备独立性的变量加入模型之中、引入到投资者保护程度的考察过程，研究企业所处的法律环境、注册会计师实施审计的独立性与要达到的投资者保护之间的关系，研究结果表明，对投资者实施保护排名第一位的是国家层面的立法，也就是法律制度；对投资实施保护排名第二位的是民间审计层面的注册会计师实施的独立审计，当一个国家的法律法规制度不够健全和完善，企业的法律环境比较薄弱的时候，来自民间审计的注册会计师独立审计可以作为替代机制，代替法律向投资者提供权力和利益的保护。李青原和王永海（2007）也验证了具备独立性的注册会计师可以通过负责监督查处公司内部人（或者是管理层）实施转移或者掏空公司的现金及现金等价物的方式来实施对外部投资者权力和利益的保护。

2.2.3　从文化层面解读投资者保护

20世纪90年代，一些主权国家开始重视从法律层面对投资者实施保护，开始并持续进行了连续的大规模的法律体系和法律制度的改革，以达到或改善对投资者的权利进行法律保护力度和水平。然而，这些改革的结果无一例外是令人失望的（Black et al.，2000；Glaeser、et al.，2001）。随着研究的逐步深入，研究者们逐步认识到，国家重视从法律层面对投资者实施保护，开始并持续进行了大规模的法律体系和法律制度的改革是非常正确的做法，但是只将投资者享有的权力和利益写入法律条款是远远不够的，我们仍然要研究更深层次的问题以寻求更佳的解决办法（Berkowitz et al.，2003），这一事实让研究者们获得灵感，去寻求这个问题的不同的阐释方式。Stulz & Williamson（2003）从文化视角对该问题进行研究，给出了与之前研究不同的阐述和解释，设计文化变量的代理变量——宗教和语言，选取49个国家作为研究的样本，实证研究发现，对于不同的主权国家对其投资者进行保护存在差异影响因素和原因进行研究时，不能忽视不同国家客观存在的文化方面的差异。

2.2.4　从管制层面解读投资者保护

中国证监会为处于初期阶段的中国证券市场的发展起到了保驾护航的作用（张育军，2004）。如果上市公司违规，侵犯中小投资者利益，证监会除了可以对上市公司的违规行为实施不同金额的罚款，将上市公司列入特别处理或者将违规严重的上市公司进行摘牌的惩罚，以及对有关中介机构和人员采取市场禁入、罚款，甚至可以将有关涉案人员移送司法机关进行刑事制裁。

此外，各级地方政府也为初期阶段的中国证券市场的发展起到了保驾护航的作用。章铁生（2008）研究发现，在公司上市中拥有巨大利益的地方政府为争取到更多股票发行资源和保住之前形成的"壳资源"价值以及为避免未来受到股票发行规模缩减的惩罚，无形中变成了一种保险，而这种保险是隐形的，该隐形保险的作用是保障中小投资者的利益，若上市公司出现了违规行为，影响或可能损害到广大中小投资者的权益，与当地所属上市公司利益关系密切的地方政府往往是弥补投资者损失的最重要的决策影响者，地方政府有强大的激励、积极救助作用，使得中小投资者受到不同程度的保护。

张宗新和朱伟骅（2007）选取了我国违法违规的上市公司作为研究样本，检验证券监管的处罚效率，通过研究发现，我国的监管部门对上市公司与证券有关的违反法律法规的行为在当时缺乏应有的监督力度和约束能力，对上市公司与证券有关的违反法律法规的行为惩罚不够及时，丧失了时效性，没有发挥应有的震慑作用，威慑力不够。采用世界银行数据对主要市场经济国家的证券监管进行指标量化和证券监管效率国际比较时发现，我国证监会主导的证券监督管理效率比国际平均证券监管效率水平低，我国的投资者被保护的程度较低、被保护的水平也较差。于是，一些学者开始探讨设立怎样的机构能够更好地实施投资者保护。黄建中（2009）认为，证券中介机构作为我国证券市场的主要参与者之一，担负着保护弱势股东权力和利益的责任，并以此为天职。但在实际操作中，受选聘机制与约束机制的影响，再加上二者的不同步和错位，直接导致较多的证券中介机构普遍出现或产生较多"变节不忠"的现象，这一现象的出现直接导致我国中小投资者本来就处于的弱势地位和困难的处境变得雪上加霜。为了保护中小股东的权益使其拥有话语权，同时令证券中介机构能够真正地进行独立执业，我们可以结合我国的实际情况成立中国投资者协会，并由中国投资者协会行使职能进行中介机构的选聘工作，以期待由此来改进我国证券市场（主要是股票市场）的博弈机制，保护中小投资者。另外，近年来社会公共利益理念发生了回归，社会上出现了应该确认个人投资者作为金融消费者的地位、并相应的享受金融消费者应该拥有的权利，这些呼声和观点日渐高涨，随之而来的是应该建立一个专门的、针对个人投资者的投资者保护机构行使权力来保护投资者的权力和利益的新提法。张春丽（2011）认为，在我国证券市场上进行证券交易的过程中，接受证券市场提供的金融服务的个人投资者拥有金融消费者和投资者的双重属性，但是目前实行的民事规则和对证券市场的行为进行监管的法律无视个人投资者拥有和具备的金融消费者的性质，致使证券市场上针对个人投资者进行的投资者保护几乎变成不可能的现实，因此我国应该建立专门的、针对个人投资者保护的机构并行使保护个人投资者的权力。刘志远和李海英（2009）认为，机构持股在平衡企业所有权和控制权方面具有一定的意义，研究者选取我国上市公司 2003—2005 年的数据作为研究对象，选取上市公司的盈余质量作为衡量的变量指标，实证检验了在我国的资本市场中，机构投资者持股对投资者保护产生的影响。该项研究最终发现，如果分析全样本的实证结果，则机构投资者持股对于投资者的保护会产生负面的影响，但在进行样本的划分时发现，在具有民营性质的上市公司中，机构投资者的持股行为会对投资者的保护会产生正面的影响。

2.2.5 从公司层面解读投资者保护

从公司层面来讲，投资者保护问题主要源于上市公司内部人（即控股股东和管理层等）与外部人（投资者）之间的信息不对称。一般来说，上市公司（公众公司或有价证券的发行者）对存在于公司内部的生产经营活动、财务的状况、各种风险的水平、公司的获利能力等相关方面的状况和具体指标会比一般的投资者理解得更加全面、详细甚至是准确；而对于投资者而言，其拥有或获得信息的主要途径是上市公司对外公开报送的各种会计报表和研究现状并进行分析以提供预测的报告等相关资料，然而，投资者获得的这些信息实际上往往难以保证信息的客观性、准确性、及时性和完整性。基于此，上市公司与其投资者之间存在的信息不对称是最为普遍、最为显著和最难以进行控制的，同时，该结果能够对投资者进行投资决策的做出产生具有一定实质性的影响，它的存在可产生严重的投资者保护问题，具体表现有：（1）投资者和上市公司之间存在着信息不对称，该客观存在的事实可能会导致道德风险问题的产生，从而削弱对投资者进行保护的程度；（2）上市公司管理层和内部人拥有非常宝贵的公司内部的各种信息，这种信息资源可以令他们拥有机会得到超额的报酬和回报，同时会造成其他的公司外部投资者不能获得超额的报酬反而可能会遭受到损失。王治安等（2008）构建了一个扩展分析框架，利用企业理论和信息经济学的相关理论，对公司信息披露机制在投资者保护中的功能定位及其发挥作用的基本路径进行分析；蓝文永（2009）继续研究证券市场信息的披露机制、投资者保护、市场信息不对称程度的影响，研究结果表明，上市公司的信息披露、信息公平是保障投资者利益、实现证券市场各种资源能够优化配置的重要关键点。

另外，公司章程也可以起到保护投资者的作用。郑志刚等（2011）从公司章程条款设立的角度研究了公司层面法律规章制度在投资者权利的保护方面的作用；吴磊磊等（2011）也通过理论分析发现，公司章程是一种非常有效的小股东自我保护机制，并通过对2003—2008年A股中自主在本公司的章程中设置了累积投票条款现象进行研究，实证研究结果显示并验证了在这种情况下公司内部人占用资金的情况显著偏少，小股东的权力和利益能够得到保护。

公司还可以通过建立良好的各类投资者的关系管理方式以达到实现投资者保护的目的。高平和朱志标（2010）认为，投资者关系管理是一个提升投资者保护程度的重要方法和途径，可以从三个方面入手：首先，对投资者的关系进行明确管理，这属于公司战略理念；其次，要对现存的会计信息披露的制度进行完善，更加注重自愿性信息披露；最后，应增强上市公司和各类投资者之间进行的互动和沟通。

2.2.6　关于投资者保护的研究述评

关于投资者保护的主流观点强调法律机制（LLSV，2000；2008）、审计机制（Jensen & Meckling，1976）、文化机制（Sultz & Williamson，2003）、管制机制（Stigler，1971）等的作用。这些制度在西方成熟的市场经济国家发挥了重要作用，也是学术界普遍认可的标准的投资者保护制度。Dyck & Zingales（2002，2004）开始关注其他一些投资者保护制度，如公众舆论压力、工会压力、政府通过税收实施来执行监督、媒体关注等。但在这些"非主流"的投资者保护制度中，媒体的治理效应至关重要，因为，现代媒体在一定程度上拥有引导社会舆论的权力，通过报道内容对新闻当事人产生一定的压力，这种舆论产生的监督压力能够适当地降低甚至去除权力过度，同时缺少相应的约束机制而导致的各种侵害投资者利益的行为；此外，公众舆论、工会和政府部门施压于投资者保护水平差的企业，是需要依靠媒体的信息披露和声誉机制。尽管媒体在投资者保护中起着重要作用，但是从媒体角度系统的研究投资者保护的文献并不够丰富。

2.3　媒体治理与投资者保护

大约用了60年的时间，在全世界范围内，股份有限公司的股权结构由最初的普遍性分散逐步转化为相对集中，公司治理关注的主要矛盾也由经营者和所有者之间代理问题产生的冲突向公司大股东与广大中小股东出现并持续存在的利益方面的分歧进行转变，与这个转变相配合的是公司治理的主要目标也发生了转变——保护中小股东利益成为重要的目标。Shleifer & Vishny（1997）将公司治理直接定义为投资者如何保证其投资安全并得到回报的方式与手段，根据这一定义，我们将公司治理定位于投资者利益的保护，那么，媒体的公司治理作用的发挥也将有效促进投资者的保护。

对于媒体治理和投资者权益的保护进行系统研究的文献并不多。徐莉萍和辛宇（2011）通过对在股权进行分置改革以及在流通股的股东进行分类表决的制度下媒体关注能够发挥出来的公司治理作用和职能进行考察分析，研究表明，媒体作为公司宏观层次治理环境中的一个重要组成部分，在我国股权分置改革进程中有着重大而深远的意义，行使着重要的公司治理职责并施展作用。在实证研究中，研究者对已经发现的其他现存影响因素进行控制以后，研究发现媒体关注的程度越高，治理所处的环境越好，"公司治理的溢价"因素水平越高，公司所处的信息环境和制作并发布的各种信息的质量越有保证，持有非流通股的股东拥有的私有利益越偏小，持有流通股的中小股东们面临的各类信息风险越偏低，中小股东们提出并要求的实际中的股票对价也会同方向的相对调低。与之相反，持有中小流通股的股东们会向被媒体实施关注但程度相对比较低的公司持有非流通股的股东们提出更高的对价。同时，进一步关注实际对价发现，较为鳞集的媒体关注和披露的水平能够比较明显的影响甚至可以做到强化非流通股持股对产生的实际对价造成的正向的相关性影响。研究者利用分组的方式进行回归分析，回归结果表明，媒体施展的公司治理的作用和职能仅仅是存在于持有流通股的中小股东表示对实际给出的对价的满意度是高度满意的研究对象和样本之中。接下来的研究结论是媒体治理的相应公司治理作用和职能的施展主要是对持有流通股的中小股东们参与股改的投票积极性和热情进行调动与提高，从而进一步令持有流通股的中小股东们的意见可以更有可能出现在股改的分类表决中，令其公司治理的职能得以实现。李焰和王琳（2013）认为，声誉是一种重要的投资者利益保护机制，但与法律机制相比，有关研究却相对滞后。他们以声誉理论为基础，从整体和动态的角度，创造性地提出声誉共同体概念，构建了媒体监督下声誉对投资者利益保护机制的研究框架，并以五粮液为例对此框架进行解析。任广乾（2014）认为，在转型经济中可能出现或已经出现的正式制度的失灵或低效会致使媒体关注或监督成为一种法律法规制度以外的替代性质的机制存在于公司治理中，并施展重要职能和作用，媒体关注和监督可以有效地对公司外部的投资者的信息不对称的情况和程度进行降低，对公司的治理效率进行提升。该研究将媒体关注和监督与公司治理的耦合机理相结合，分析并研究媒体关注和监督在公司治理的作用实现中发挥出来的对投资者的利益保护，指出公司治理中存在的信息不对称问题，可以对媒体监督的信息挖掘和制造功能进行较为有力的缓解，以迫使公司的管理层对违法违规或不良的行为进行改变，此时对投资者做出的决策行为提供支持并发挥引导作用的治理作用的发挥主要通过的路径是声誉机制。

综上所述，该研究是将媒体的公信力、公司建立公共关系的努力程度以及媒体和公司的共同的社会价值取向等不同方面进行结合，总结出对媒体监督可以发挥非正式的公司治理作用的各类因素，最后与我国目前的实际情况相结合，深入分析媒体监督遇到的困难境地，提出提高我国现存的各类媒体监督如何在公司治理和实施投资者权益的保护中更有效地发挥其作用的意见和建议。牛枫（2016）选择2009—2012年在深圳中小板上市和同一时期没有通过上市审批的公司作为研究对象，探讨媒体监督在公司首次公开发行股票的进程里所发挥出来的投资者权利的保护效能。结果发现，媒体监督对与公司首次公开发行股票审批、股票发行价格的确定及首次公开发行股票出现的抑价都产生了显著的影响。媒体监督的程度越强，公司首次公开发行股票审批不通过的概率越大，股票发行定价和首次公开发行股票的抑价情况越少。

上述研究部分的关注了媒体在投资者保护中的作用：（1）作为对投资者关注的公司相关信息进行披露的信息载体，媒体向资本市场和各类投资者传递各种相关的公司信息；（2）媒体通过公司行为进行有作用、有效果的外部治理和监督，保护投资者的利益。但是，对于媒体治理和投资者保护，在理论方面，尚待全面的深入研究、还需要建立一个一般性的分析框架，明晰媒体治理对投资者保护的影响机制（中介效应）、介入主体（谁来买单）、影响边界（调节效应）以及转轨经济背景下媒体的治理效应；在实践方面，需要用中国上市公司的相关数据对上述理论框架做进一步的实证检验，总结出更加一般性的结论，并结合我国上市公司的媒体治理和各类投资者利益的保护现状，提出相应的政策建议。

第3章　理论基础和研究假设

3.1　理论基础

3.1.1　委托代理理论

对于现代股份制企业来说，两权（企业的所有权和企业的控制权）分离成为其典型特征（Berle & Means，1932；Alchian & Demsetz，1972；Jensen & Meckling，1976；Fama，1980；Fama & Jensen，1983；Jensen，1993）。在这种股份制企业之中，企业所有者（即股东）拥有企业的所有权，所有者向企业提供资金，不参与企业的经营管理，可以获取企业经营管理成果，拥有企业财富保值增值的剩余索取权；企业的管理层作为代理人与所有者签订契约，主要负责管理企业运营并在事先签订的契约范围内开展生产经营管理活动，获取所有者支付的薪酬，享受对应职务带来的在职消费，并承担向委托方如实地报告受托责任的执行过程及其结果的义务（Fama & Jensen，1983）。两权（所有权和控制权）的分离机制，可以很好地将企业经营管理中遇到的各种风险有效地转移给企业的管理者，并通过存在的市场化的各类竞争机制促进管理者之间进行有效竞争，从而使得有能力、有才华的管理者脱颖而出，并运用其企业经营管理经验和本领处理企业经营过程中遇到的各种事项，依照所有者的利益管理企业追逐利润，对企业的资产进行合理的价值保持和价值增加，最终实现并提升股东的利益。随着现代股份制企业的建立和迅猛发展，这种两权分离机制被学术界视为一种比较有效的组织形式（Alchian & Demsetz，1972；Fama，1980）。1983年，Fama & Jensen指出，企业的控制权可以被细分为两个层次，其一是决策的管理层次，主要关乎企业的开始和实施；其二是决策的控制层次，关乎对企业项目启动的批准以及对其进行的监督等。在两权分离以前，企业的投资者也就是所有者拥有完整意义的所有权和决策管理权及控制公司经营管理的权力；两权分离之后，一般情况下，企业股东对企业的决策仍具有决定作用，但是由于受到一些条件的制约，股东将企业的决策权委托给企业的董事会并保证董事会能够最大化股东的利益。进一步，董事会接受所有者的委托，将企业的决策管理权下放给企业的管理层，仅保留企业的决策控制角色。企业股东和管理者之间自愿拟定契约，由管理者管理控制企业，股东为管理者支付薪酬，股东拥有企业的所有权，管理者拥有企业的经营权，由此产生了委托代理关系。

但是在这种关系中，由于所有者和代理人之间的目标函数存在差异，二者之间的风险偏好不一致，而出现了代理问题，有时代理问题会比较严重。具体而言，作为代理人的管理层，拥有企业较为完整全面的经营信息，使得其在信息上具有优势，而作为企业所有者的股东因不经常参与企业的运营管理，不了解企业的运营管理状况和生产活动，最后获得的资料可能只是一些被修改了的、真实性较低的年度财务报表，而股东对报表背后隐藏的、使得股东利益受到损害甚至是严重损害的管理者偷懒散漫、在职消费、资金的滥用和掏空等行为知之甚少。另外，企业向外界公布的财务数据主要是反映过去发生的交易或事项，以财务报告为信息载体对外报送。尽管财务报告的披露具有一定的及时性，但是财务报告的制作需要一定的时间，即便是在监管机构允许的合理披露时间（通常是财务报告对应的年度结束后，新一年度的前四个月之内）对外发布财务报告，其发布的财务报告也存在滞后性。在信息化高度发达的今天，所有者如果长期获取的都是滞后信息，必将处于劣势，这样会使得作为委托人的所有者和作为代理人的企业管理层之间存在严重的信息不对称，而这种客观存在的信息不对称，使得所有者对管理层的监管存在不足，并且由于这种信息不对称，会使得管理者即使做出有损所有者利益的行为也不易被所有者察觉，再加上管理者大多符合理性经济人假设，理性经济人假设的最主要和最显著特征是自利，由此可见，现实的信息优势和自利的潜在影响促使管理者会希望自身目标效用最大化，包括追求较高的在职消费、声誉、权力地位和建立企业帝国等，而非完全依照股东利益利用学识技能实现企业利益最大化，当作为委托方的所有者和代理方的管理者之间的目标函数差异逐步变大，便会出现较为严重的代理问题，从而使得企业面临较高的经济成本（Alchian & Demsetz，1972；Jensen & Meckling，1976）。因此，研究学者开始寻找降低该经济成本的方法，学术界为此也提出了最优契约理论，试图通过制定有效契约帮助股东降低和管理层之间的代理成本，解决股东和管理层之间的冲突（Ⅰ类冲突），或者将媒体作为所有者和经营者关系管理的重要客体，将其发挥信息传递和外部监督的作用（Craven & Marston，1997；潘功胜等，2008）介入到关系管理中，以达到揭示管理层会计丑闻、有效降低控制权的私人收益等目的（Dyck & Zingales，2004；Miller，2006；Dyck et al.，2008），缓解代理问题。

3.1.2　信息不对称理论

信息不对称理论是由阿克尔洛夫在 1970 年首次提出的，主要是指在市场上的各类经济活动进行中，信息不对称的情况非常普遍，各类在市场中存在的人员对某一特定信息的了解和掌握是存在一定差异的：对于信息了解和掌握的比较充分的人员，往往可以令自身处于相对有利的处境，而对于信息了解和掌握得比较薄弱甚至是匮乏的人员，则将置身于不利的境地。在存在信息不对称现象的市场中，信息具有传递成本高、获取途径少等特点，使得在资本市场中的行为主体之间拥有或获取信息的数量和质量不一致，很可能会出现影响到市场机制发挥对资源进行配置的作用，影响其效率的发挥，从而导致拥有信息优势的信息持有者在市场交易过程中可以获取较多的剩余资源，出现了因为多方拥有信息的力量对比过于悬殊而导致可以由市场配置进行分配的利益分配结构发生严重的失衡情况。根据信息不对称理论，企业投资者和其他的外部信息使用者在获取企业内部经营管理信息和企业未来发展前景信息以及判断信息准确性方面都存在缺陷，交易中拥有信息优势的一方为企业的经营者也就是代理人，不具信息优势的一方是企业的所有者也就是委托人，企业的经营者即代理人掌控着大量的企业内部信息，所有者特别是中小股东和其他的外部信息使用者在获取这些信息时比较困难，这就使得企业投资者和其他的外部信息使用者之间出现较大的信息方面的不对称问题，并且委托人（即所有者）和代理人（即经营者）在进行无休止的信息博弈。

媒体作为一种新兴崛起的社会力量，其发挥的信息中介作用可以成为解决信息主体之间产生的信息不对称问题的关键渠道，更进一步的，媒体对公司信息进行收集、处理并利用媒体自身建立或置入的新闻网络环境以及从事媒体行业练就的职业敏感来取得被关注的公司的内部治理情况，将这些具体情况制作成信息通过媒体介质传播给经济社会的广大信息使用者，从而能够比较显著地对广大信息使用者包括投资者和债权人等的信息环境进行维护和改善。同时，对于处于公司以外的投资者来说，将内部人或公司内部的投资者以及大股东与公司外部的中小股东之间存在的信息不对称等现象进行改善（苏汾，2015）。作为信息的制造者和传播者，媒体的信息中介角色是信息传播机制发挥作用的基础，同时也是对企业行为产生影响的基石。信息传播机制是指信息向外界传播的途径、形式、方法以及过程等环节，这一环节主要包括信息发送者、传播路径、传播渠道、传播介质以及信息接收者等，伴随着时代的进步，媒体在社会中的角色变得越来越重要，在生活中的许多的信息都是借助于媒体获得的。同时，媒体的传播方式也在不断变化，原先的报纸信息可以快速地转变成为当今的电视、网络的数字信息等。作为信息传播的媒介，媒体也对信息广泛传播的进行和不断发展起到了重要的作用。由于媒体具有真实性和不可违背的原则，所以客观事实成为媒体传递新闻的主要方法（胡欣荣，2005）。因为信息的真实性会对媒体的声誉产生重要的影响（郑志刚，2007），所以媒体报道的新闻层面的客观可验证性和真实可信性很重要。目前我国新闻法律制度还存在不足，法律对媒体报道新闻真实性的约束力度还比较薄弱，而媒体报道新闻的真实性和客观性主要还是受声誉的制约。随着媒体市场的竞争逐渐激烈，不实的新闻不仅非常容易造成信息接受者（媒体受众）的流失，而且还对媒体自身的声誉产生影响，而低声誉的媒体必将被竞争激烈的市场所抛弃。所以，为了维护自己的声誉和长远的发展，媒体都会尽可能对发生的事件进行客观如实的报道。依据信息不对称理论，相对于企业及管理层，企业投资者尤其是中小投资者所获取的信息具有严重的不对称性特征，而作为客观真实报道新闻的媒体，为信息弱势群体提供了低成本获取信息的机会，因此，作为信息传播媒介的媒体成为有效降低信息不对称程度的渠道。Dyck et al.（2008）研究指出，西方媒体对企业侵害投资者行为的报道，降低公司投资者和公司之间的信息不对称程度，从而能够有效抑制企业内部腐败和职权滥用的行为，提高公司治理的有效性。Chen et al.（2009）发现，媒体作为信息中介为广大社会公众提供价值较高的信息，有助于降低高管与企业投资者之间存在的信息的不对称程度，提升投资者保护程度。徐莉萍和辛宇（2011）研究发现，媒体关注的程度越高，治理所处的环境越好，"公司治理的溢价"因素水平越高，公司所处的信息环境和制作并发布的各种信息的质量越有保证，持有非流通股的股东拥有的私有利益越偏小，持有流通股的中小股东们面临的各类信息风险越偏低。目前，我国已经逐步进入大数据时代，新闻媒体对各类企业信息进行的报道日益增多，市场上各种信息的加工和流动速度都显著加快，其内容和披露的事项也变得更加宽泛。基于日新月异发展的互联网科学技术，有效降低了各类信息的流通成本，并扩大了信息被传播的途径和原有的传播范围。随着对外部各类信息进行监督管理的手段日臻完善，企业的经理人或管理层以及企业的大股东们对内部信息进行不披露或隐瞒越来越困难，外在的信息使用者获取企业信息资源和各类信息披露方式和途径会得到进一步的增加和改善。同时，随着来自市场外部的针对企业信息关注度的增加和提升，新闻媒体会受到激励而更有动力和动机去积极主动地寻找和取得与被关注公司的生产经营情况相关的各种信息，从而为自身的利益取得做出贡献，无形之中，这种做法也会同时增加媒体对被关注企业的各类信息进行公开报道的新闻数量（苏汾，2015）。陈红等（2014）选取深圳证券交易所的上市公司作为研究对象样本，探讨媒体的公司治理机制，研究结果表明随着广大媒体对上市公司的运营信息进行数量方面的增加报道甚至是曝光，公司管理层拥有的控制权获得的私利会减少，公司大股东实施的掏空行为也随之减少，公司的治理水平会得到有效的提升。研究证明，媒体是通过提高被关注企业的各类信息透明度以达到有效的改善现存代理问题，进而实现公司治理效能的发挥。

3.1.3　声誉理论

声誉是指声望、名誉，一般意义上的声誉是社会公众对某主体（个人或组织）的总体评价。现代汉语词典将声誉定义为"声誉是在社会上流传的评价"，美国传统词典将声誉定义为"声誉是公众对某人或某物的总体评价"，在线牛津英语词典将声誉定义为"声誉是公众对于某人性格或其他品质的总体评价"，这些都表达出同样的含义（雷宇，2012）。由此，可以总结出声誉的三个内涵：第一，声誉所指的评价不是某一个人做出的，而是公众或者社会做出的。郑也夫（2001）指出，个人的记忆总是受到社会的影响，被社会记忆所塑造。从这个意义上说，声誉就是众人的印象，声誉信任机制就是从众的心理机制；第二，声誉是面向过去的。Sztompka（1999）指出，声誉只意味着过去事迹的记录，郑也夫（2001）也指出，声誉是一个人、一个组织、一个机构的浓缩的历史。在此基础上，声誉还蕴含着主体行为具有某种一贯性（Sztompka，1999）；第三，声誉所指的评价是总体评价。Sztompka（1999）指出，虽然主体的声誉可能局限于某一领域，但也可能有一般化的声誉。经营者的声誉是指对经营者拥有的能力、创造的经营绩效或业绩、公众关系的维系以及对于契约或承诺进行履行的水平和社会地位的评价。企业声誉是企业本身各种特征合并在一起而形成的复合表象，该声誉形成于社会的各阶层成员推论的其对企业各层利益相关者以及企业自身的信任和依赖程度的论证过程（金立印，2009），是消费者预测企业未来行为的基础，受企业直接控制和捏造的可能性较小（Fombrun & Riel，1997）。

经济学中对声誉的研究主要通过声誉机制模型来解释，Fama（1970）首次将声誉引入经济学领域，指出即使企业的内部缺少激励行为，企业高级管理者也会基于未来职业发展和前途以及外部的市场给予职业经理人的压力（或者是声誉的维护）进行考虑，而会努力地为企业服务。Fama（1980）认为，存在竞争压力的职业经理人市场中，经营者薪酬即市场价值的高低取决于其曾经任职的公司所创造的业绩，但是不受短期绩效影响，而从长期发展和价值确定来看，经营者或者说是职业经理人应该并必须对自身的言行担负完全意义的责任。基于此，即使没有显性的薪酬激励合约，经营者也有积极努力工作的动力，因为保持这样的工作动力和目标可以建立、保证或改善该经营者在职业经理人市场中的个人声誉，从而保证该经营者未来收入的提高。随后有学者延续了Fama的研究，认为建立并保持良好的职业经理人声誉会提高该经营者在职业经理人市场上的能力，在关于薪酬和位置的讨价还价过程中更加受益，对经营者行为具有非常正向而积极的鼓励和激励作用，而较差的职业经理人声誉则会影响甚至导致经营者职业经理人生涯的结束，约束了经营者的机会主义行为。1982年，Kreps & Wilson提出了标准的声誉理论，而后Fudenberg & Levine（1992）通过假定客户可以对企业行为的噪声信号进行感知对声誉理论进行了完善，指出声誉不仅可以增强企业做出承诺的可信度和力度，而且有助于为关注可以获得的长期受益和利益的行为人提供一种保障和激励，尽管这种保障和激励可能是隐性的，但可以保证短期承诺行为的有效性，因此为了获得长期利益，行为人会尽可能地为自己塑造良好的声誉，并积极地对其他投机行为人进行惩罚，所以声誉可以成为显性合约的替代品。

从理论分析角度来看，法律机制和声誉机制是维护和保持市场经济或准市场经济有秩序运行的两个基本的、重要的机制。与法律机制相比较，声誉机制的成本更低一些，社会中只依靠法律机制来单独解决问题的作用总是有限的，声誉机制的出现弥补了法律机制的缺陷，一些无法通过法律控制的问题，利用声誉机制能够得到良好的效果。例如，对于企业而言，在资本市场上建立并维护企业良好的声誉是要付出一定代价和成本的，例如投入广告和履行社会责任，但回报也是显著的，具有良好声誉的企业在资本市场上的融资更为有利，融入资金的能力更强，并且付出或承担的融资成本会更低一些。银行贷款业务的审评也遵循 5C 原则，如果该企业的经营者具有良好的个人品质、以往的还贷记录良好，并且具有一定的经营管理能力，获得贷款的可能性就增大；但如果该企业的经营者个人品质较差，只借不还，或者公司经营状况糟糕，银行对于这样的企业就会保守放贷。因此，企业拥有的声誉是企业本身拥有或控制的无形资本，较好的声誉是其能够立足于市场、谋求良好发展并在激烈的竞争中获得优势的重要法宝。

在投资者保护方面，声誉具有显著的约束作用，Dyck & Zingales（2002）指出，声誉机制是法律之外保护投资者利益的关键力量，他们认为媒体的负面报道能够有效增加事件的可知性，触发行为人的声誉机制，发挥保护投资者利益的作用。Dyck & Zingales（2008）也指出，媒体报道有关污染主体的信息能够引起较大的公众舆论压力，并具有较强的影响力，而后通过构建声誉理论模型，发现媒体传播范围越大，社会公众对企业各方面信息的了解程度越高，高管就越有可能对环境绩效予以提高。国内学者郑志刚（2002）通过总结和提炼现有的声誉机制研究指出，声誉机制的实施途径有受害人自己实施惩罚和社会中其他成员对违规者实施惩罚两种，一般情况下，由于个体的交易伙伴不断发生变化，所以受害者本人实施惩罚的力度较小；若是由社会中其他成员对违规者实施惩罚，惩罚效果会更大一些。对于企业来讲，一旦出现因投资者保护力度不足而被媒体报道出来，就会造成企业的声誉危机，不仅会被资本市场上的其他投资者注意到，还会被企业的利益相关者（如政府等）注意到，在这种情况下，就会使得企业声誉形象受损，严重影响企业发展，并且声誉主体知名度越高、历史越久远、所积累的声誉价值越高，在负面舆论下声誉受损成本越大，所以声誉主体维护声誉的动机也就越强烈，维护声誉的行为也就越积极（李焰、王琳，2013）。

3.2 研究假设

3.2.1 媒体治理和投资者保护程度的主效应假设

从20世纪90年代开始，国内外经济学界的研究者们通过选取多个国家对投资者保护获得的经济效益进行研究，取得了一些成果和共识，进一步促使投资者保护研究向前推进，大量研究学者考察投资者的法律保护制度、所有权和控制权制度以及行政管制制度，在一定程度上为投资者保护构建了一套比较完整的制度框架。但是对于市场经济正在转型的我国来说，这些投资者保护制度框架还具有一定的不完备性。首先，对投资者实施保护的法律法规制度不够完善，例如出现了一些侵害中小投资者权益的行为，而这些行为并没有完全违反法律规定，即使是违反了法律法规，由于审判时间长、处罚力度弱，投资者在判决后获得的补偿也十分有限，这会削弱投资者保护力度（贺建刚等，2008）；同时，再完美的法律法规制度如果得不到执行或没有完全执行，也无法达到之前立法的主要目的。执法不力比没有法律可能带给投资者更大的伤害和损失。因为投资者很容易了解到某项法律是否存在，但对于该项法律的执法是否是有力的或者是有效率的，投资者想要事先做出判断是比较困难的。也就是说，如果投资者事先知道或了解某项可能要遵循的法律法规不存在，那么他自然而然地会采取相应的措施来应对该项法律法规制度的缺失；但是，投资者们是很难在对企业进行投资之前全面合理确定现有法律法规制度的执行效率和执行力度的，如果经过前期调研，他们了解到该项法律的确存在并相信可以在这项法律法规的保护下进行投资，后续经营中出现需要使用该项法律进行保护和维权的事项时，若该项法律不能提供应有的保障，只是写在纸面上的法律条款，那么投资者在可能已经遭受沉重的投资损失的同时，投资的信心也受到打击（姜国华等，2006）。其次，尽管政府管制在一定程度上能够有效维护投资者的利益，例如Daouk et al.（2005）从不同的角度研究了证券市场监管做得比较好的国家的上市公司，发现这些上市公司的融资成本比证券市场监管做得不够好的国家的上市公司的融资成本要低，对投资者利益实施保护的效力更强。但是Shleifer & Vishny（1993）研究发现，政府管制容易产生利益集团的寻租和官员腐败，比如在商业行为中可以具体体现为拥有公共权力的机关和其工作人员在进行和该商业有关联的行为中收取贿赂并为商业行为的某一方带来不当利益或者公共权力机关收取不合理的费用甚至行政不作为等（姜国华等，2006），这会使得政府管理在一定程度上难以发挥作用（陈冬华等，2008），并且政府的处罚措施有时不仅不能够有效保障投资者利益，还有可能损害投资者的利益，使投资者保护成为一纸空文（陈国进等，2005）。正是上述制度的不完备性，使得人们需要寻找一种行之有效的替代机制，来更好地保护投资者利益（Cheffins，2001）。Rajan & Zingales（2003）也认为，在提高公司治理有效性方面，需要寻找其他的制度机制来进行补充。目前，研究者指出，作为一种同时具有监督效率和效果的舆论载体——媒体，在一定的程度上能够替代上述不完备的制度，在投资者保护方面起作用。具体来讲，媒体治理影响投资者保护主要通过监督作用来体现。

由于现代媒体在一定程度上拥有引导社会舆论的权力，通过报道内容对新闻当事人的心理产生一定的压力，这种舆论监督压力能够消除权力的过度行为和因为缺少应具备的约束而出现的各种各样侵占和损害投资者利益的行为，例如Farrell & Whidbee（2002）研究发现，媒体治理程度较高的上市公司中，当公司绩效较差时，高级管理者离职和更换的可能性会更高；Joe（2003）通过考察指出，受媒体负面报道的影响，上市公司审计师更容易对年度财务报告出具非标准无保留意见；Dyck & Zingales（2004）以1999—2000年39个国家412个控制权转变行为作为研究样本，结果表明媒体治理程度和企业控制人私有收益存在显著负相关关系，也就是说，媒体治理能够监督并降低公司的内部控制人为自身谋取的私有收益；Miller（2006）以及Dyck et al.（2008）研究指出，有效的媒体治理能够帮助甄别与曝光企业内部的会计造假等欺诈行为；Joe et al.（2009）通过考察发现，媒体对企业内部报道能够显著提升董事会的效率；Liu & McConnell（2012）以1990—2010年发生的636次大型并购事件为考察样本，结果表明媒体治理程度越高，高管越不可能进行对公司价值损害程度大的并购行为；沈艺峰（2010）选择了《董事会》在2004年评选并公开刊登的50家拥有或设置最差"董事会"的上市公司作为研究对象，研究发现媒体关注的程度或媒体监督的水平越高，公司对自身产生的违规行为进行主动改正和调整的可能性就越大。这在一定程度上说明我国媒体在改善公司治理水平、保护投资者权益方面发挥着积极的作用；徐莉萍和辛宇（2011）考察发现，媒体治理关注程度越高，持有流通股的股东在股权分置改革中支付的对价就越低；郑志刚等（2011）基于我国上市公司的数据，在实证分析中控制了影响企业业绩的各种潜在因素的前提下，研究发现企业下一个营业周期或会计周期的经营业绩的改善在很大程度上来自于经理人对自身声誉的珍视和保护，从而会认真对待媒体发布的关于本企业的偏负面性质的新闻报道，并进一步积极地进行企业业绩改善，也就是说，媒体对上市公司的负面报道与公司下一期的业绩改善存在显著正相关关系；罗进辉（2012）以2006—2009年沪深A股非金融类上市公司为研究对象，结果表明媒体治理能显著降低上市公司中的代理成本，并且发现股东和管理层之间、股东与股东之间的存在的代理成本越高，媒体关注的可能性越大；杨德明和赵璨（2012）基于2006—2009年上市公司5 513家非金融上市公司为考察样本，结果发现媒体治理在薪酬乱象中会产生监督的作用，而且只有在政府相关管理部门进行介入的情况下，媒体才能够起到监督的作用，发挥其治理效应。另外，在本研究中，我们借鉴现有研究（王克敏、陈井勇，2004；Ang et al.，2000；武常岐、钱婷，2011；郑志刚等，2011；叶康涛等，2007；王鹏，2008；郑国坚等，2013；郑国坚等，2014）的做法，将投资者保护程度通过三个指标即审计意见类型、管理费用率和大股东资金占用率来进行测量，作出以下假设：

假设1：媒体治理与投资者保护程度正相关，即媒体治理能够提升投资者保护程度。

3.2.2 媒体治理影响投资者保护程度中介作用机制假设

现有研究（Fang & Peress，2009；徐莉萍、辛宇，2011；李焰、王琳，2013）指出，媒体可能会通过以下两种机制参与治理。

1.信息机制

媒体在资本市场中扮演着非常重要的角色，它能够有效地促进信息披露、汇集和扩散，较大程度上降低信息搜寻成本，使得人们较为便捷地获取所需信息（Becker & Murphy，1993；Fang & Peress，2009）。具体而言，只有通过媒体正式报道和披露、公开发布过的信息才可以称得上是真正意义和被公认的能够被公众进行使用的公共信息，而这些公开发布的信息也比较容易被公司现有投资者和潜在投资者（尤其是现有的中小投资者）等公司信息的使用者接受、阅读、消化、吸收、理解和应用到决策中。对于投资者保护来讲，真正做到投资者保护的实质性工作是要尊重、保护和充分维护投资者知情的权力，降低信息提供者和信息使用者信息不对称的程度。但由于存在高昂的信息搜寻成本，现存投资者和潜在投资者只能选择获取特定的、部分的公司信息，并保留对其他信息的无知是合乎理性，即投资者的"理性的无知"，而媒体通过具有权威性而又相对独立的媒体报道，使公司的投资者建立并形成正确的投资理念，克服"理性的无知"带来的不良后果，使得投资者更能够通过较为有价值的信息选择是否对公司侵害行为采取措施。Fang & Peress（2009）研究指出，媒体关注有效性程度的提升可以帮助投资者获得价值性更高、质量更好的信息，可以有效降低交易的信息风险；Dyck et al.（2008）以1999—2002年俄罗斯上市公司作为研究的样本公司，考察媒体报道与中小投资者利益侵害之间的关系，投资基金的游说更可能使得西方媒体更多的报道俄罗斯公司对投资者进行侵害的嫌疑，降低公司投资者和公司之间的信息不对称程度，从而能够有效抑制企业内部腐败和职权滥用的行为，提高公司治理的有效性。在信息高速运转的当今社会中，人们需要使用媒体获取所需要使用的信息，这些媒体主要包括报纸、广播媒体、电视终端、网络终端等不同的外在形式，这些媒介形式发挥收集、整理信息并将这些信息加工并传播给社会公众的中介作用，媒体已经变成人们在日常的生活中不可缺失的一部分。另外，与曾经的社会体制下人民使用流言蜚语、道听途说、家长里短等方式来进行信息的传播进行比较，现代媒体不仅具有较低的信息收集成本，还增强了信息的准确性和可信性。一方面，因为这些被大众认可的媒体要么使用具有较高专业知识水平的记者和编辑，要么借助于聘请各行各业的专家学者对信息进行专业的评论，来完成对原始信息的深入加工和后续处理；另一方面，因为媒体公开发布的各类信息在法律上具有可被证实的特性，而且在立法范围内（如设立诽谤法等新闻立法的主权国家里），媒体向外发布的各类信息的客观真实性会受到法律法规制度的约束，同时媒体向外发布信息的客观真实性还受媒体本身具备的声誉的影响，所以，只有向社会公众提供客观、真实并可靠的信息，并建立和取得"发布信息真实"的声誉，这样的相关媒体才可以得到社会公众的持续支持。正因为媒体具有上述特点，使得它不仅成为除政治和市场约束力量之外的一种重要配置机制，还具有强大的引导公众话题以及舆论导向的权力。

2. 声誉机制

与法律法规机制相比，声誉机制是一种可以以更低的成本来维持市场交易秩序的机制，对法律法规机制有一定的替代性。媒体的多方面报道使得公司的董事会以及管理层更多地关注于自己好的声誉。现有研究（Fama，1980；Fama & Jensen，1983）指出，管理层人员工资或薪酬水平会受到企业的所有者（即股东）和未来的所有者（即雇主）对职业经理人是否能够严格地履行委托代理责任的信念的影响，为了避免长远的经济成本过大而造成企业的损失，可以激励管理层减少进行内部交易的机会，形成他是一个"好"管理者的声誉；李焰（2011）研究发现，媒体报道所导致的独立董事申请辞职的行为是由其声誉水平决定的，即越重视自己声誉的独立董事在被媒体进行负面报道后申请辞职的概率越大。这从独立董事的角度说明，媒体在公司治理中的监督和管理作用是通过声誉机制发挥作用而产生的；Dyck & Zingales（2002）指出，声誉机制是法律之外保护投资者利益的关键力量，他们认为媒体的负面报道能够有效增加事件的可知性，触发行为人的声誉机制。其具体表现为，媒体报道影响公司高管的声誉，提升他们对声誉的重视程度，迫使他们努力维护好自己的声誉，由于他们的薪酬、职业等取决于当前公司的投资者（股东）以及未来公司的投资者（股东），一旦他们出现不良的声誉，就有可能降低薪酬、被迫离职，还有可能使得声誉受损，所以，在媒体治理程度较高的公司中，高管会更加重视自己的声誉，而声誉重视程度使得他们会更加注重投资者的利益保护，从而更好地提升投资者保护程度。基于上述分析，我们作出如下假设：

假设 2：信息机制在媒体治理影响投资者保护程度中起着中介作用，也就是说，媒体治理通过影响信息不对称程度，来达到影响投资者保护程度的目的。

假设 3：声誉机制在媒体治理影响投资者保护程度中起着中介作用，也就是说，媒体治理通过影响高管对声誉的重视程度，来达到影响投资者保护程度的目的。

3.2.3 不同投资主体，媒体治理和投资者保护程度的影响假设

媒体监督具有公共品的性质，那么如何克服"搭便车"问题是媒体发挥治理效应的另一个不可回避的重要问题。比如前文中提到过的 Robert Monks 在《华尔街日报》刊登一则广告来提醒和催促希尔斯·罗巴克（Sears Roebuck）董事会的各位成员改进希尔斯公司经营管理的故事（Dyck & Zingales，2002）就是一个最为经典的案例，Robert Monks 的行为让我们看到，具有公共物品性质的媒体关注和媒体监督在向社会提供信息产品的过程中不可避免地遇到所谓的"搭便车"问题。那么，成功而有效地克服媒体监督向社会提供信息产品时的"搭便车"问题就提升为媒体监督发挥其具备的公司治理效能的一个必要条件。按照 Dyck & Zingales（2002）的研究结果，现代社会存在的激励相容的很多组织或单个的个体，都可能成为媒体监督、施展其公司治理的职能和角色的买单者，这些买单者最主要的是公司的投资者，例如国家、机构投资者以及境外股东，那么受不同的投资主体的影响，媒体治理和投资者保护又会存在怎样的关系呢？

国家持股的存在是我国上市公司的一个重要特征，国家持股成为媒体监督、充当公司治理角色、施展公司治理职能的买单者，主要源于我国市场经济还不够完善、处于经济转轨过程中，国家持股作为一种生产经营组织形式同时具有追求盈利性质的法人和具备公益性质的法人的特点，为追求国有资产的保值增值和实现国家调节经济的目标及调和国民经济、地方经济的各个方面发挥关键作用。国家持股的企业更易获得政府赋予的资源补助、技术补助和人才供给，拥有国家股的上市公司更容易和媒体建立关系，并且这种关系也会进一步使得媒体加大对其进行大幅报道，进而使得媒体报道成为一种约束，在保护国家或地方政府对上市公司投入的国有资产的同时，也起到充分保护投资者的作用。在市场经济建立和逐步完善、经济条件不够发达的现状之下，国有经济的主导地位越加明显（Djankov et al.，2010），媒体治理受到国有股的影响越明显，产生的正向投资者保护程度越高。

机构投资者在我国资本市场的发展过程中经历了从无到有、从小规模到占据半壁江山的状态。在我国资本市场发展的初期，散户成为资本市场主要的投资者，那时并没有出现真正意义上的机构投资者。然而，当时以个人投资者为绝对的投资主体的散户主导的投资者结构，被认为是影响和导致我国证券市场出现大

幅度的波动和大规模的投机行为等不良现象的主要原因。与此同时，国际资本市场发展经验和制度安排显示，机构投资者具备分辨上市公司质地好坏的本领，并且能够按照其判断的该上市公司的真实价值完成相应的股票价格的确认，从而实现资源配置的有效减少或消除股市泡沫、保证市场的平稳和稳定发展的作用。有鉴于此，2000 年中国证监会提出"超常规发展机构投资者"的战略，并将其作为改善我国资本市场的重要举措。2004 年初，在《国务院关于推进资本市场改革开放和稳定发展的若干意见》文件中进一步指出，希望机构投资者能够介入并对我国股票市场的现存投资者结构进行改善，助推上市公司的发展。在一系列政策刺激下，近些年以基金为代表的不同来源的机构投资者在我国资本市场中得到迅速发展。证监会公布的数据显示，到 2010 年底，机构投资者持有的流通市值比例已达到一半以上。随着近些年认识的不断深入，人们开始发现，除了稳定股市的功能外，机构投资者还可以利用其专业化优势，积极参与到公司治理之中——通过监督上市公司管理层的经营运作，使上市公司的经营管理更加符合规范并提高效率。麦肯锡咨询公司研究显示，机构投资者参与公司治理对增加企业价值的贡献程度很大，贡献率为 20% ~ 40%。除经济收益外，还享有信息收益（李维安、李滨，2008）。Prows（1990）研究表明，财务账面价值反映的信息非常片面，很难反映公司拥有的人力资本、核心竞争力、渠道和无形资产等方面有价值的信息，机构投资者只有积极参与上市公司的内部治理，才有可能获得比较充足的真实信息，从根本上扭转和改善投资者利益遭受损害的局面。由此可见，引入不同来源的机构投资者可以有效解决股东在对董事会成员和职业经理人进行监督时可能出现的大多数股东"搭便车"的问题，同样它也可以成为完善上市公司内部治理结构的实施办法。所以，机构投资者成为媒体监督的买单者，不仅是由于持有股份的机构投资者是公司治理有效性提升的最大的受益者，还与媒体治理、媒体监督为不同性质的机构投资者提供了一种相对低成本的渠道来限制公司投机行为有关。

境外投资者的引入，源于 2005 年商务部、证监会等五部委联合制定发布的《外国投资者对上市公司战略投资管理办法》，其目的是维护证券市场秩序，引进境外先进管理经验、技术和资金，改善上市公司治理结构（石凡等，2009）。Cho（1990）、Hermes & Lensink（2003）等学者认为，外资银行进入我国会影响和刺激我国国内银行降低原有成本、提高经营效率，促进我国国内银行经营管理水平的持续提高和监督管理能力的逐步加强。Eller（2006）对中东欧的 11 个国家 1996—2003 年的投资数据进行研究，结果发现来自于国外的直接投资会加剧国内金融机构、部门之间的竞争态势，但可以提高国内金融机构和金融部门的盈利能力、经营效率和利润增长率。Choi & Hasan（2005）进行的研究结果也表明，来自境外的战略投资者能够积极而有效地对韩国本国的银行业改革发挥一定的作用。Khanna & Palepe（1999）以国外金融机构为视角，分析了外资的持股对本国上市公司的治理情况产生影响的相关关系，研究结果表明，境外股东尤其是来自于经济比较发达的国家的股东投资者，可以带来充足的资金，对本国的上市公司施以较高水平的监督和管理，引入先进的技术、理念和经营方式，提供产品和技能方面的支持与合作，产生良好的合力效应和合作效益，并提高被投资公司的创新能力和风险控制能力。这种引入境外投资者的方式有利于保护中小投资者并提高公司治理的实施效率。Campbell（2002）持有与之前研究得出结论相似的观点，认为来自国外的投资者会将国内的企业与国外的世界市场链接和联系起来，促使被投资企业遵循国际会计准则、接受国际市场和境外投资者的关注、改善股权结构，并且给国内企业的经营管理者们带来来自于境外投资者的更多的监督管理和由于监督管理的增强而产生的压力，以达到抑制国内企业中大股东侵害和占有中小股东利益的行为。来自境外的投资者（股东）是否具有动力来积极参与被投资公司的公司治理，也取决于境外投资者持有被投资公司的股份比例的大小，当境外投资者持股的数量达到一定比例时，境外投资者采取"用脚投票"的方式会加大其成本，这将致使境外投资者选择转向参与被投资公司的内部治理并充分发挥其经验和应用一定的方式积极的影响和监督其他的国内控股股东。目前，在我国上市公司持有股份的境外投资者，不仅包括普通的境外投资者，还包括拥有较强经济实力和雄厚经营背景的外资法人股东和个人股东等非金融机构，由于这些境外投资者持有股份的规模比较大并且与被投资企业之间几乎不存在或较少存在直接的或潜在的相关业务往来关系，因此这些境外投资者能够有效地约束国内企业的控股股东出现的利益侵吞和占有行为。我国的一些学者对于我国引进境外的投资者给国内企业带来的影响进行了一些研究，姚铮和汤彦峰（2009）通过对新桥投资即来自于美国的投资者收购我国上市公司深发展的案例进行分析，发现美国新桥投资的持股和控股对深发展的经营状况和资产质量在一定程度上有了改善，进一步地提升深发展的公司价值。吴念鲁（2006）研究发现，我国的国有商业银行通过引进境外战略合作伙伴产生了非常好的双方合作效果和收益，并加快我国商业银行的改革，促进公司治理结构的完善，提升国有商业银行的国际竞争力。许小年（2005）认为，引进外资的确会对我国国有的商业银行的经营行为进行改变，并且这个改变的途径是不可替代和不可更换的。肖彦和张莉（2008）将我国股份制的国内商业银行引入境外战略投资者的前后财务数据变化进行分析，实证结论是在引入境外战略投资者之后，我国国内商业银行的财务状况的确得到了改善和优化。冯伟等（2008）的实证研究发现，境外战略投资者对国内商业银行的经营效率是提供了一定程度的改善支持，只是这种积极的改善效应还需要进一步提升。

基于此，本研究作出如下假设：

假设 4：在存在国有股的公司中，媒体治理对投资者保护程度的正向影响更强。

假设 5：在机构投资者持股的公司中，媒体治理对投资者保护程度的正向影响更强。

假设 6：在存在境外法人股的公司中，媒体治理对投资者保护程度的正向影响更强。

3.2.4　不同企业类型，媒体治理和投资者保护程度的影响假设

1978 年，我国开始从高度集中的计划经济体制向市场经济体制转轨，力求建立产权清晰、制度成熟的市场经济体制。随着经济的发展和综合国力的提升，市场经济进程也不断加快。但由于我国行政区域广阔，各省级行政区域的自然资源、人力资源和经济资源条件不一致，地理位置、交通发达程度、市场活跃程度差距较大，政治、经济、历史和人口等因素影响不同，这些客观存在的差异导致各省级行政区域的市场化进程不同（夏立军、方轶强，2005；唐雪松等，2010）。据樊纲和王小鲁（2011）从政府与市场的关系、非国有经济的发展、产品市场的发育、要素市场的发育、市场中介组织发育和法律制度环境等五个方面对中国各个省级行政区域的市场化程度进行比较分析得出的每一年、每个地区的市场化指数可以看出：某些省份，特别是东部沿海省份和处于政治经济中心地位的行政区域，市场化进程已经取得了实质性进展；而在另外一些非沿海和经济不够发达的省份，其经济活动中存在的非市场因素还占据着相当重要的位置并发挥阻碍作用。这一现状，导致处于市场化程度水平不同的行政区域的企业在生产经营过程中容易出现一些经营方式和企业行为方面的差异。比如，与处于市场化程度较低地区的企业相比，处于市场化程度较高地区的企业市场经济发展速度比较快、发展水平比较高，使得企业治理水平比较高、经营管理规范性更强、财务核算更严谨规范、信息的可信度更高。另外，处于市场化程度较高地区的企业比较易于参与全球化经营活动，企业的国际化经营程度会有所提升，一系列的规范和制度的健全都促使这类企业对投资者利益的保护更趋于理性，提升了投资者保护程度。然而，在市场化程度较低的地区，其企业行为的规范和制度的健全以及市场机制、信息机制的运行不够合理，产品市场和要素市场的非合理发育、地方法规制度的不够完备和政府对市场的干预，均影响企业规范运行，也不同程度地导致企业对投资者权益的不重视、不保护甚至是侵占。因此，在我国新兴市场经济体制加转型的特殊制度背景下，市场化程度的不平衡，会导致市场化程度水平较低的地区出现制度环境建设的整体落后、"有法不依、执法不严"的问题，此时，被誉为"第四权"且拥有监督和治理功能的新闻媒体，很可能成为新兴经济体国家一种重要的制度安排（Dyck et al., 2008）。所以，相对于市场化程度较高

地区的公司而言，市场化程度较低地区的公司对投资者保护的重视程度较低，媒体报道的治理作用更易施展，媒体报道会引发政府行政机构的介入，并进一步提高违反法律法规的企业应承担的行政成本，实现企业规范运营以达到保护投资者利益的最终目的（李培功、沈艺峰，2010；戴亦一等，2011）。

在我国市场经济还不够完善、处于经济转轨的过程中，国有企业在地方经济中发挥着关键作用。国际惯例中，国有企业仅指一个国家的中央政府或联邦政府投资或参与控制的企业，我国的国有企业还包括由地方政府投资参与控制的企业。国有企业作为一种生产经营组织形式，具有追逐盈利目标的法人和承担公益事项的法人的特点，为追求我国国有的资产实现保值和价值增值、实现国家调节经济的目标及调和国民经济各个方面而发挥作用。民营企业的界定和判断通常是相对于国有企业而言的，以企业的资本来源作为判断依据，在我国，民营企业是指排除国有企业、国有资产控股企业和外商投资企业以外的个人独资企业、合伙制企业、有限责任公司和股份有限公司等。与民营企业相比，国有企业具有更大的优势，在产权安排方面，国有企业相对稳定的股权构成又为其中长期的有序发展奠定了良好的组织基础；在行业和区域方面，国有企业一般分布在社会性较强、国民经济中地位较高的行业和产业，同时安排在资源集中、政治经济区位突出的地区，便于政府的宏观管理和政策发布及调整的实施；此外，国有企业还具有非经济性目标的优势（石谦等，2001）。这些被政府赋予的优势资源，使得国有企业和政府关系更为紧密。在我国，超过50%的上市公司是由国有企业股权改制形成的，具有国有企业性质的上市公司容易和媒体建立关系，并且这种关系也会进一步使得媒体大力对国有企业性质的上市公司进行报道。媒体对国有企业性质的上市公司进行报道，对其行为是一种约束，在保护国家或地方政府对国有企业投入的国有资产的同时，也起到充分保护投资者的作用。另外，国有企业的高管除了追求薪酬，还有晋升诉求。晋升不仅考核其经营管理的国有企业的业绩，更多的是对该高管的综合能力、社会责任的担当、声誉等多方面进行考量。因此，与民营企业相比，国有企业的高管会更加重视媒体报道，媒体治理在国有企业中会更加有效。综上所述，媒体在国有企业性质的上市公司中发挥的作用明显强于民营企业性质的上市公司，尤其是目前我国正处于经济转型时期，市场经济体制正在初步建立和逐步完善，经济条件不够发达的现状之下，政府对媒体的控制权越高，国有经济的主导地位越明显（Djankov et al.，2010），媒体治理对国有企业的治理效果越明显，产生的正向投资者保护程度越高。

在我国经济转轨过程中，垄断行业的形成和企业改革是一个非常有中国特色的事项。从宏观经济学的视角进行分析，垄断的形成有三种可能：（1）自然而然形成的垄断行业，某些行业生产技术要求较高，在企业设立的前期需要大量固定成本的投入，极高的固定资本投入令大多数想进入该行业的企业望而却步，最终少量企业介入这些行业之中。大量固定成本投入后，需要产品产量的持续增加进行分摊，规模经济由此产生；（2）企业合谋形成的垄断，某些行业中几个实力雄厚的大型企业可以串通起来，通过不正当或非正式的合约对该行业主要产品的生产数量和生产成本及销售价格进行人为的操纵；（3）由于政府施行的行政管制而形成的垄断行业，各国政府出于某种特殊的目的或需要或者基于某些比较特殊的原因，进而对某个行业或某些行业从政府的角度进行管制，这在各国都是普遍存在的现象。比如，对于各个国家而言，银行业的重要性是毋庸置疑的，通常，国家都会对银行业进行行政管制，其主要原因是银行业具有非常强的外部性特征，产生的影响也很巨大，即使是个别银行出现经营不稳定或经营效果不善，也可能会波及整个银行业，甚至导致该国的整个国民经济体系出现不稳定。由此，各个国家的政府机构均会通过设立确定银行业的准入标准、严格限定该国银行可以经营的业务范围并且通过提出存款利率和贷款利率的限制等方式实现对银行业的国家行政管制。行业垄断的三个形成来源，也就是上述阐述的三个方面，各个国家是具有一定的共性的。但是，将这些国家在一起进行比较的时候，差异就出现了，尤其是将发展中国家与发达国家进行比较，发展中国家的行业垄断性具有非常明显的特征，我国也是如此。我国行业垄断的形成与形式主要是行政垄断，甚至在对付自然形成的行业垄断方面，我国政府采取的行政管制不仅没有达到政府预期的行业管制效果，反而保护了这些自然形成的行业垄断，从而导致潜在的自然形成的行业垄断被干预变成了现实版本的政府行政性质的行业垄断（岳希明等，2010）。2003 年，党的十六届三中全会把垄断行业改革提到重要位置，要求政府加速推进和尽量完善我国垄断行业的改革，但垄断行业改革是世界难题，改革进展缓慢也属正常。我国特殊的行业行政性质垄断和垄断行业改革的缓慢进行，每个垄断行业中的企业数量少，缺乏可比性，促使媒体对垄断行业的关注集中于讨论垄断行业对社会经济和百姓生活的影响、垄断行业是否开放、如何引入竞争因素和体制改革等，与媒体对非垄断行业企业的关注相比，侧重点和覆盖面有所不同。另外，从媒体向投资者提供的信息来看，非垄断行业的企业数量巨大，媒体会充分采集和挖掘更多的有关非垄断行业企业的正面、负面信息，媒体报道成为现有投资者和潜在投资者获取非垄断行业企业各类信息的重要途径。因此，相对于垄断行业的企业而言，媒体对非垄断行业的企业进行报道的信息量更大、覆盖面更广，产生的投资者保护程度的影响也会更强一些。基于以上分析，我们作出以下假设：

假设 7：在市场化程度较低地区的企业中，媒体治理对投资者保护程度的正向影响更强。

假设 8：在国有企业中，媒体治理对投资者保护程度的正向影响更强。

假设 9：在处于非垄断行业内的企业中，媒体治理对投资者保护程度的影响关系更强。

3.2.5 媒体治理在投资者保护方面的作用边界调节效应假设

媒体治理在投资者保护方面的作用也并非是无边界的，其影响力可能会受到以下情景的限制。

1.媒体的报道内容

媒体的报道内容主要可以分为正面报道和负面报道，而不同的报道内容所产生的效果也不同（戴亦一等，2011），媒体的正面报道能够向外界提供有利新闻，从新闻学的角度对上市公司的优秀行为和正能量的表现以及良性的财经问题进行公正报道和大众传播。在信息采集、传播、影响、协调方面，侧重选择上市公司值得推崇的行为，及时、准确并生动报道上市公司好行为中的有效信息。媒体积极主动搜集上市公司信息，通过媒体自身开展的采访和展开的调查工作，以传媒人的标准制作出来有冲击力的、有价值的、值得推崇的上市公司信息，这种做法会对公司和公司高管产生极为有利的声誉，而高管为了更好地维持这种声誉，会合法合规经营企业，追求企业价值最大化，从而最大限度地减少对投资者的不当行为，维护投资者利益。有时，上市公司在披露信息时，其准确性会遭到质疑，而媒体的正面报道，会进一步对公司公告披露的好消息进行传播，用更准确和更详细的新闻报道传递积极信息，放大公司好行为的效应。媒体的负面报道内容大多数是披露公司存在的问题或者不当行为，揭示公司存在的潜在问题和风险（Fang & Peress，2009），尤其是在证监会或相关行政监管部门正式介入调查前，媒体在资本市场监督中扮演了积极的角色，由媒体提出的质疑和发布的负面报道在传播后更能够引起社会大众的响应，帮助分散的外部投资者克服在监督高管问题上存在的理性无知，也使高管对外部投资者的利益更加敏感。通过揭露式的报道方式引起普通民众关注，为公司和高管增加合法性压力，将高管声誉建立和声誉维护与投资者的利益连接起来，形成对注重声誉的经理人行为的外部约束（Dyck & Zingales，2002，2004）。另外，如果一个上市公司被曝光和报道出来的负面报道以及令人质疑的事件越多，也在某种程度上表明媒体和社会公众对该公司的关注程度是越高，该公司的职业经理人在这一过程中发生的潜在的经理人声誉损失的可能就会越多。于是，公司高管为避免形象受损，他们改正违规行为的激励会明显增强，并且积极回应媒体的负面报道、迅速进行危机公关或改正公司存在的问题，甚至可能在没有政府的行政介入的情况下对违规行为进行了主动的改正，实现了企业业绩的改善，从而更好地维护投资者利益。综上，媒体的正面报道和负面报道都可以发挥保护投资者的作用，但我们不能忽视这样一个现状，即根据本研究统计，从媒体报道的总数量以及正面报道和负面报道的数量来看，

2004—2013年对上市公司进行的媒体报道总数量中，正面报道居多，占总报道数量的84%，正面报道发挥保护投资利益的作用可能会更强。

2.媒体的所有权结构

在媒体进行改革时，由事业单位转向企业经营的过程中，就造成了竞争的不公平：行政级别较高的媒体机构可以在更大的行政区划范围之中进行经营活动的展开，也可以获得更多的政府提供的相关政策的关照，相比之下，行政低级别较低的媒体处于弱势地位，根据准入资格的限定得到政府提供的优惠和照顾较少，经营范围也比较狭窄。因此，从级别和权利的经营范围层级上判断，级别高的中央媒体与级别低的地方媒体的地位是有差异的。媒体传播的领域范围中历来存在"多重真实"（multiple realties）的争议和讨论，也就是说，有人认为通过媒体报道呈现出来的现象的真实反映与经济社会中发生的真实实际之间是存在一些区别的，尽管地方媒体可以像敏感而丰富的末梢神经一样快速地接收并细致感知来自第一现场的新闻和事件并进行及时报道，但相对于处于神经中枢位置的中央媒体而言，公众会更相信级别高的媒体报道。进一步的，公众的选择会导致中央媒体与地方媒体处于不同的媒介生存状态。另外，柳木华（2010）通过对大众传媒对财务舞弊行为的实证研究发现，媒体刊登文章的信息来源决定了该报道公开发表时引起的市场反应程度，因此不同的媒体性质所产生的影响公众反应的效果也是不一样的。

3.媒体报道类型

根据媒体报道产生的功能不同，其可以分为政策导向型媒体报道和市场导向型媒体报道。比如由证监会、银监会（现为银保监会）等政府机构认定并认可的公开披露上市公司信息的专门媒体，批准单位和幕后的主办单位的特殊身份，使得这些媒体报道带有半官方的色彩，具备传达政策导向的功能，我们将其称为政策导向媒体报道；随着我国传媒产业逐步发展壮大，其发展环境日益优化，平面媒体的产业政策相对变得宽松，媒体报道的市场准入大门正逐渐开启，各类市场化媒体渠道扩张日益加速，在媒体市场拥有较大影响力和较为广泛的受众覆盖方面逐步攀升，直至位于各类媒体报道的龙头，这些位于领导地位的媒体机构经常呈现原创性独立性较高的深度报道并常常先于其他媒体曝光一些上市公司出现的违法违规行为，这些媒体报道可以称为市场导向型媒体报道。政策导向型媒体报道和市场导向型媒体报道产生的功能是不同的，对此已有学者进行过研究，比如李培功和沈艺峰（2010）研究发现，政策导向型媒体报道和市场导向型媒体报道对高管产生的压力大小不同并会对企业违法违规行为的改进产生不相同的效果。政策导向型媒体报道和市场导向型媒体报道产生的功能不同，缘于二者的定位和发展理念的不同。先来看政策导向型媒体报道，首先，政策导向型媒体报道的权威性和可信度更高，对于公开报道的上市公司事件或信息，政策导向型媒体报道并不急于通过第一时间报道来抓住受众的眼球，而是立足于事实准确、深入调查研究、听取各方意见，充分防止媒体报道丧失真实性、观点偏颇、不够全面，坚持以事实说话、讲道理、有说服力，能够充分考虑事件发生的实际情况的多面性和复杂性，服务大局，坚持对中国共产党和人民负责；其次，政策导向型媒体报道客观公正性较强，在防止报道者主观出现臆断现象、进行感情用事方面的立场比较坚定，尤其是跟踪报道处理结果时，能够向积极的方向引导，不恶意炒作，在遵守新闻纪律、恪守新闻职业道德方面，重社会效果，轻经济效益；再者，政策导向型媒体报道的一系列做法虽然较市场导向型媒体报道原创性和深度性略差，但其权威性和可信度较高的特点使其发布的报道得到公众和上市公司高管的高度重视，其报道的事件成为信息使用者关注的重点，其舆论导向起到风向标的作用，并引导上市公司积极对待出现在政策导向型媒体报道上的与本公司甚至本行业有关的新闻。再来看市场导向型媒体报道，市场导向型媒体关注广告营销和读者锁定，前者是重要的资金来源，后者是受众覆盖面和市场影响力的重要体现，因此，市场导向型媒体要保证其发布的新闻报道受到顾客（读者）关注、协同其市场营销、服务该媒体的战略。综上所述，政策导向型媒体报道的权威性比市场导向型媒体报道更强，更可能对高管产生压力，约束高管规范经营管理上市公司，完成投资者委托的代理职责。

基于以上分析，我们提出以下假设：

假设10：与媒体负面报道相比，媒体正面报道对投资者保护程度的影响更强。

假设11：与地方媒体报道相比，中央媒体报道对投资者保护程度的影响更强。

假设12：与市场导向型媒体相比，政策导向型媒体对投资者保护程度的影响更强。

第**4**章　研究设计

4.1　数据来源

本研究主要选取 2004—2013 年沪深 A 股上市公司为考察样本，共获得 17 198 个观察样本。初始选择样本经过如下筛选过程：（1）剔除金融行业企业（273 家）；（2）为消除异常值的影响，对主要变量按照 0~1% 和 99%~100% 进行缩尾处理，最终得到 16 925 个观察样本。

本研究所用数据主要来源如下：

1. 投资者保护数据

其中，审计意见主要来自 Wind 数据库中"公司财务报表附注"中的"审计意见"数据，管理费用率数据主要来自国泰安 CSMAR 系列研究数据库中"利润表"中的"管理费用和销售收入"，资金占用数据主要来自国泰安 CSMAR 数据库中"中国上市公司关联交易研究数据库"中"关联交易中资金往来情况文件"中的"控股股东年末对上市公司的其他应收款总额"以及"资产负债表"文件中的"总资产"。

2. 媒体治理数据

媒体治理数据主要来源于 CNKI 的《中国重要报纸全文数据库》，该数据库收录了 2000 年以来财经类媒体披露上市公司在上市之后的连续动态更新的新闻报道。具体收集过程如下：（1）借鉴现有研究（Fang & Peress，2009；李培功、沈艺峰，2010；徐丽萍、辛宇，2011；戴亦一等，2011；游家兴、吴静，2012）的做法，我们主要选取在我国最具有影响力，以及权威性较高的 8 家财经报刊，主要包括《中国证券报》《中国经营报》《证券日报》《证券时报》《上海证券报》《21 世纪经济报道》《经济观察报》《第一财经日报》等；（2）以这八家报刊为主，按照篇名或者主题的搜索方式搜寻 2003—2012 年包含上市公司名称或者简称的所有新闻报道信息，从中我们获得有关上市公司新闻报道的题目、发表日期以及报刊名称等信息；（3）报刊性质数据来自 CNKI 的《中国重要报纸全文数据库》中的报刊导航，从中获取有关中央控制和地方控制的所有报刊信息。其他数据来源情况如下：第一大股东持股数量来自国泰安 CSMAR 数据库中"中国上市公司股东研究数据库"的"股东信息"；管理层持股数量来自于国泰安 CSMAR 数据库中"中国上市公司治理结构研究数据库"下"基本数据"中的"治理综合文件"；第二至第五大股东持股数量来自国泰安 CSMAR 数据库中"中国上市公司股东研究数据库"下"股权信息"内的"十大股东股权集中度文件"；境外法人持股、国有股数量和公司总股份来自国泰安 CSMAR 数据库中"中国上市公司股东研究数据库"下"股本结构"内的"上市公司股本结构文件"；董事长与总经理兼任情况、董事会人数、独立董事人数来自国泰安 CSMAR 数据库中"中国上市公司治理结构研究数据库"下"基本数据"中的"治理综合文件"；审计委员会情况来自国泰安 CSMAR 数据库中"中国上市公司治理结构研究数据库"下"高管动态"内的"委员会成员情况文件"，会议情况来自国泰安 CSMAR 数据库中"中国上市公司治理结构研究数据库"下"会议情况"内的"三会基本信息文件"；公司总负债来自"CSMAR 中国上市公司财务报表数据库"中的"资产负债表"，行业、总资产收益率来自"中国上市公司财务指标分析数据库"中的"盈利能力"文件，经营活动产生的现金流来自"CSMAR 中国上市公司财务报表数据库"下"现金流量表"中的"现金流量表（直接法）"；实际控制人性质、实际控制人所有权、实际控制人控制权来自"中国上市公司股东研究数据库"下"股权信息"中的"上市公司控制人文件"；市场化指数来自樊纲和王小鲁编制的《中国市场化指数：各地区市场化相对进程 2011 年报告》；主营业务收入来自 WIND 数据库中"财务报表"下的"主营业务收入"、证券分析师数量数据来自 Wind 数据库中的"证券研究员分布表"。

4.2　变量说明和模型设定

1. 投资者保护（Protect）

我们主要使用以下三个变量来测量投资者保护指标。

（1）审计意见类型（Protect_1）

审计意见类型能够比较准确地反映上市公司年报信息的准确性和真实性，数据越准确真实，投资者所获取的信息越好，其投资者保护的程度越高（王跃堂、陈世敏，2001），在指标具体测量方面，我们借鉴王克敏和陈井勇（2004）的做法，当上市公司年报的审计意见为标准无保留意见时为 1，说明投资者保护程度较高；否则为 0，说明投资者保护程度较低。

（2）管理费用率（Protect_2）

管理费用率一般是表示管理层和投资者之间的代理成本变量，管理费用率越高，说明管理层和投资者之间的代理成本较高，投资者保护的程度较低（Ang et al.，2000），因此，借鉴现有研究（武常岐、钱婷，2011；郑志刚等，2011）的做法，我们使用管理费用与销售收入的比例来测量管理费用率。

（3）大股东资金占用率（Protect_3）

在新兴市场上普遍存在大股东通过占用上市公司资金的方式来侵占中小股东利益的现象，资金侵占比例越高，说明对中小股东的利益保护程度越差（曾亚敏、张俊生，2009），因此，我们使用大股东的资金占用变量来表示投资者保护程度，借鉴现有研究（叶康涛等，2007；王鹏，2008；郑国坚等，2013；郑国坚等，2014）的做法，具体测量为：上市公司母公司以及与上市公司受同一母公司控制的其他企业（或者有明确证据显示与大股东之间存在关联关系的其他股东）占用上市公司其他应收账款与公司总资产的比例。

2. 媒体治理（Media）

对所获得的所有媒体报道信息进行分类汇总，获得每一年有关每个上市公司报刊报道的总数量，然后使用 Ln（媒体报道数量+1）来测量媒体治理程度。

为验证前文理论，我们拟定如下模型：

模型（1）：

$$Protect\_1_{i,t} = \beta_0 + \beta_1 * Media_{i,t-1} + \beta_2 * Share_{i,t} + \beta_3 * Inshare_{i,t} + \beta_4 * Dual_{i,t} + \beta_5 * Board_{i,t} + \beta_6 * Indd_{i,t} + \beta_7 * Audit_{i,t} + \beta_8 * Size_{i,t} + \beta_9 * Roa_{i,t} + \beta_{10} * Debt_{i,t} + \beta_{11} * Cash_{i,t} + \beta_{12} * Growth_{i,t} + \beta_{13} * Type_{i,t} + \beta_{14} * Market_{i,t} + \sum Industry_{i,t} + \sum Year_{i,t}$$

在模型（1）中，Pretect_1 为投资者保护指标中的审计意见类型，Media 为媒体治理指标，控制变量主要包括：Share 为第一大股东持股比例，张龙平和吕敏康（2014）研究指出，股权集中度越高的公司越有可能得到标准无保留意见的审计类型，也就是说，股权有助于投资者保护程度的提高，因此我们测量为第一大股东持股数量与公司总股本的比例；Inshare 为机构投资者持股比例，张敏等（2011）发现，受机构投资者的影响，投资者持股比例越高，审计的结果越可能为标准无保留意见，也说明机构投资者持股比例越高，投资者保护的程度越高，因此我们测量为机构投资者持股数量与公司总股本的比例；对于公司治理指标，方军雄等（2004）认为，公司治理越好的公司，获得标准无保留意见的审计结果的可能性越大，也就是说，公司治理越高的公司，投资者保护的程度越高，因此我们测量如下：①Dual 为董事长和总经理两职兼任，若公司董事长和总经理是由同一个人任职，则为 1，否则为 0；②Board 为董事会规模，表示董事会的总人数；③Indd 为独立董事比例，表示独立董事人数与公司董事会人数的比例；Audit 为审计委员会，王跃堂、涂建明（2006）发现，设有审计委员会的上市公司更有可能出具标准无保留意见，即审计委员会能够提高投资者保护的程度，我们测量为存在审计委员会的取值为 1，否则为 0；Size 为公司规模，现有研究（原红旗、李海建，2003；朱小平、余谦，2003；薄仙慧、吴联生，2011）指出，规模越大的公司，其审计意见越有可能是标准无保留意见，即规模越大，投资者保护程度越高，因此我们测量为公司总股份的自然对数；Roa 为总资产收益率，李淑华（1998）、原红旗和李海建（2003）指出，盈利能力越好的公司，面临的发展不确定性越低，公司经营能力受质疑的可能性就越低，审计师就越有可能给出标准无保留意见，即盈利能力越好的公司投资者保护的程度越高，因此我们测量为净利润与年末总资产的比例；Debt 为资产负债率，原红旗和李海建（2003）指出，当公司具有较高的债务时，管理层可能面临较高的财务压力，就存在违背相关规定的可能性，而审计师为更好地降低财务风险，降低管理层违背会计准则的可能性，就越不可能出具标准无保留意见（王跃堂、涂建明，2006；刘文军，2014），可见资产负债率越高的公司，投资者保护的可能性越低，因此我们测量为公司总负债与总资产的比例；Cash 为自由现金流比率，现有研究（朱小平、余谦，2003；Wang et al.，2008；薄仙慧、吴联生，2011；张龙平、吕敏康，2014）指出，自由现金流量比率越高，公司的偿债能力越强，审计师越有可能出具标准无保留类型的审计意见，也就是说自由现金流量越高，投资者保护的程度越高，因此我们测量为经营活动产生的现金流与公司总资产的比例；Growth 为公司增长性，申慧慧等（2010）发现，公司增长性越高，获得审计师出具的标准无保留类型审计意见的可能性越高，即增长性好的公司有助于投资者保护程度的提高，因此我们测量为（本期主营业务收入–上一期主营业务收入）与上一期主营业务收入的比例；Type 为公司性质，现有研究（Wang et al.，2008；申慧慧等，2010）认为，因为受到政府的支持，如果国有企业具有较高的财务保障，那么受外界不确定影响造成经营亏损的可能性就较低，因此审计师更可能为国有公司出具标准无保留意见，即与民营公司相比，国有公司的投资者保护的可能性更高，因此我们测量为当公司最终控制人为政府或者政府控股时为 1，否则为 0；Market 为市场化程度，由于在市场化程度较高的地区，法律环境相对较强，更容易形成以良好法治为基础的金融市场（LLSV，1997；樊纲、王小鲁，2004），这种市场更有利于投资者保护，因此我们测量为，根据樊纲和王小鲁编制的《中国市场化指数》（2011）得到每一年每个地区的市场化总指数，然后在该年度、该地区市场化总指数高于该年度总体市场化中位数时为 1，否则为 0，由于《中国市场化指数》（2011）的市场化指数仅到 2009 年，依据谢德仁和陈运森（2012）等人的做法，2010—2013 年的市场化指数数据使用 2009 年的进行替代，由于市场环境是一个缓慢渐进的过程，而且我们取市场环境中位数检验环境好和差的虚拟变量，从而降低了各地环境的细微差别。另外，借鉴薄仙慧和吴联生（2011）、张龙平和吕敏康（2014）的做法，我们还控制行业和年份虚拟变量，具体为行业虚拟变量（Industry），行业划分标准根据中国证监会制定的《上市公司行业分类指引》（2001年版）标准，制造业采用二级代码分类，其他按一级代码分类，去除掉金融行业，还剩21个行业子类，共需要设置20个行业虚拟变量（Industry=01，02，···20）；年份虚拟变量（Year），由于样本期为2004—2013年，共需设置9个虚拟变量（Year=01，02，···09）。

模型（2）：

$$Protect\_2_{i,t} = \beta_0 + \beta_1 * Media_{i,t-1} + \beta_2 * Share_{i,t} + \beta_3 * Inshare_{i,t} + \beta_4 * Eshare_{i,t} + \beta_5 * Dual_{i,t} + \beta_6 * Board_{i,t} + \beta_7 * Indd_{i,t} + \beta_8 * Size_{i,t} + \beta_9 * Roa_{i,t} + \beta_{10} * Debt_{i,t} + \beta_{11} * Affiliation_{i,t} + \beta_{12} * Deviation_{i,t} + \beta_{13} * Cash_{i,t} + \beta_{14} * Type_{i,t} + \beta_{15} * Market_{i,t} + \sum Industry_{i,t} + \sum Year_{i,t}$$

在模型（2）中，Protect_2为投资者保护指标中的管理费用率，Media为媒体治理指标，控制变量主要包括：Share为第一大股东持股比例，修宗峰和杜兴强（2011）研究指出，股权集中度有助于降低管理层与股东之间的代理成本，提升投资者保护程度；Inshare为机构投资者持股比例，韩晴和王华（2014）指出，机构投资者具有较好的治理作用，显著降低管理费用率，从而提升投资者保护程度；Eshare为高管持股，测量为存在管理层、董事会或者监事会持股的取值为1，否则为0，现有研究（Murphy，1999；曾亚敏、张俊生，2009）指出，高管持股有助于抑制管理层和股东之间的代理成本，提升投资者保护程度；Dual为董事长和总经理两职兼任，研究发现，董事长和总经理的两职兼任可能会增加管理费用（武常岐、钱婷，2011；韩晴、王华，2014），不利于投资者的保护；Board为董事会规模，Indd为独立董事比例，现有研究（Fama & Jensen，1983；曾亚敏、张俊生；2009；韩晴、王华，2014；王明琳等，2014）指出，董事会治理对管理层的代理成本产生作用，从而影响投资者保护；Size为公司规模，现有研究（李寿喜，2007；武常岐、钱婷，2011；修宗峰、杜兴强，2011；王明琳等，2014）指出，公司规模越大，管理费用率越低，投资者保护程度越高；Roa为总资产收益率，武常岐和钱婷（2011）以及修宗峰和杜兴强（2011）研究指出，收益越好的企业，管理层与股东之间的代理成本越低，投资者保护程度越高；Debt为资产负债率，现有研究（李寿喜，2007；修宗峰、杜兴强，2011；王明琳等，2014）指出，负债越高，企业的管理费用率越低，投资者保护程度越高；Affiliation为集团控制，测量为上市公司最终控制人为集团的取值为1，否则为0。武常岐和钱婷（2011）发现，不同集团控制的上市公司中管理层和股东之间的代理成本存在差异；Deviation为控制人最终控制权和所有权偏离程度，测量为最终控制人控制权与所有权的比例，王明琳等（2014）指出，偏离程度越大，管理层和股东之间的代理成本越低，投资者保护程度越高；Cash为自由现金流比率，修宗峰和杜兴强（2011）研究指出，自由现金流越高，管理费用率越低，则投资者保护程度越高；Type为公司性质，现有研究（修宗峰、杜兴强，2011；韩晴、王华，2014）指出，如果国有企业具有较低的管理费用率，则可能会有较高的投资者保护程度；Market 为市场化程度，王明琳等（2014）指出，市场化对管理费用产生影响，进而影响投资者保护程度；最后，根据曾亚敏和张俊生（2009）、武常岐和钱婷（2011）的做法，本研究还控制了行业（Industry）和时间虚拟变量（Year）。

模型（3）：

$$Protect\_3_{i, t} = \beta_0 + \beta_1 * Media_{i, t-1} + \beta_2 * Share_{i, t} + \beta_3 * Inshare_{i, t} + \beta_4 * Eshare_{i, t} + \beta_5 * Balance_{i, t} + \beta_6 * Dual_{i, t} + \beta_7 * Board_{i, t} + \beta_8 * Indd_{i, t} + \beta_9 * Size_{i, t} + \beta_{10} * Roa_{i, t} + \beta_{11} * Debt_{i, t} + \beta_{12} * Affiliation_{i, t} + \beta_{13} * Cash_{i, t} + \beta_{14} * Growth_{i, t} + \beta_{15} * Type_{i, t} + \beta_{16} * Market_{i, t} + \sum Industry_{i, t} + \sum Year_{i, t}$$

在模型（3）中，Protect_3 为投资者保护指标中的资金占用，Media 为媒体治理指标，控制变量主要包括：Share 为第一大股东持股比例，郑国坚等（2014）指出，第一大股东持股比例与大股东资金占用正相关，说明股权集中度越高越不利于投资者保护；Inshare 为机构投资者持股比例，宋玉和李卓（2006）研究指出，机构投资者对公司股东资金占用具有影响作用；Eshare 为高管持股，现有研究（曾亚敏、张俊生，2009；郑国坚等，2013）指出，高管持股能够有效抑制股东的资金占用，提升投资者保护程度；Balance 为股权制衡程度，现有研究（叶康涛等，2007；郑国坚等，2013；郑国坚等，2014）指出，股权制衡程度越高，资金占用越小，投资者保护程度越高，因此我们测量为第二至第五大股东持股数量与第一大股东持股数量的比例；现有研究（叶康涛等，2007；郑国坚等，2013；郑国坚等，2014）指出，公司治理程度越高的公司出现资金占用的可能性越低，就越有利于投资者保护，因此我们还控制了董事长和总经理两职兼任（Dual）、董事会规模（Board）以及独立董事比例（Indd）；Size 为公司规模，现有研究（叶康涛等，2007；郑国坚等，2013）发现，规模越大的上市公司，存在资金占用的程度越低，越有助于投资者保护；Roa 为总资产收益率，郑国坚等（2013）研究发现，绩效越高的公司资金占用程度越低，投资者保护程度越高；Debt 为资产负债率，叶康涛等（2007）研究发现，资产负债率越高，资金占用程度也越高，投资者保护程度越低；Affiliation 为集团控制，叶康涛等（2007）指出，集团控制可能会对资金占用产生影响，从而影响投资者保护程度；Cash 为自由现金流比率，谢盛纹（2011）研究发现，现金流越高，资金占用的程度越大，投资者保护的程度越低；Growth 为公司增长性，郑国坚等（2014）研究发现，增长性强的公司，资金占用的程度较低，说明投资者保护的程度越高；Type 为企业性质，叶康涛等（2007）指出，与民营企业相比，国有企业中资金占用的程度较低，说明投资者保护程度高；Market 为市场化程度，郑国坚等（2014）指出，市场化程度较高的地区，法律环境越好，资金占用程度越低，投资者保护的程度越高；另外，借鉴现有研究（叶康涛等，2007；曾亚敏、张俊生，2009；郑国坚等，2013；郑国坚等，2014）的做法，本研究还控制了行业（Industry）和时间虚拟变量（Year）。

在考察媒体治理与投资者保护之间的机制方面，我们使用信息不对称程度和声誉来表示信息机制和声誉机制，具体为：（1）信息不对称程度（Information），借鉴孔东民等（2013）的做法，使用分析师覆盖率测量，定义为每年为上市公司提供盈利预测的分析师的总人数，并对其取自然对数，即 Ln（分析师的人数+1），该指标越大，则信息不对称程度越低；（2）声誉机制，张慧敏和陈德球（2009）指出，董事会会议有助于维护投资者的关系，提升投资者保护程度，由于受媒体治理程度越高的公司，表现出的对声誉重视程度越强，而这种重视行为能够通过召开高频率的会议来体现，以此来向外界传递维护投资者利益，达到维护自身声誉的目的，因此，我们使用董事会和监事会召开会议次数作为高管维护自身声誉机制的积极行为反映，具体测量为上市公司召开董事会和监事会会议的次数（Reputation）的自然对数，即 Ln（会议次数+1），该指标越大，说明高管对声誉重视程度越高。

在考察媒体治理如何影响投资者保护的执行主体方面，我们主要考察与公司相关的三个执行主体的影响，分别为：（1）国家股，我们使用国家在公司中持有的股份来测量（Stateshare），当公司中存在国有股时为1，否则为0；（2）较高持股的机构投资者（Inshare_high），我们使用公司机构投资者在公司中持股比例来测量，高于该年度所有公司投资者持股比例则为1，否则为0；（3）境外法人股东（Overseashare），我们使用境外法人在公司中持有股份来测量，即公司中存在境外法人股时为1，否则为0。

在考察不同类型的企业特征情境下，媒体治理与投资者保护的影响效应，我们选用以下变量：市场化程度（Market）和企业性质（Type），详细测量同前；垄断行业（Monopoly），借鉴现有研究（丁启军，2010；陆正飞等，2012）的做法，我们将行业分为垄断行业和非垄断行业，其中垄断性行业主要包括煤炭开采、洗选业、石油和天然气开采业、有色金属矿采选业、石油加工炼焦及核燃料加工业、电力热力的生产和供应业、燃气的生产和供应业、水的生产和供应业、铁路运输业、航空运输业、电信和其他信息传输服务业、银行业、烟草制品业和邮政业等十三个行业，其他行业为非垄断型行业，因此，若属于垄断性行业则取值为1，否则取值为0。

在考察不同的媒体特征以及报道特征的情境下，媒体治理对投资者保护的影响方面，我们主要选用以下变量：（1）为了更好地考察媒体报道内容的影响，借鉴醋卫华和李培功（2011）、于忠泊等（2011）、杨德明和赵璨（2012）的做法，我们将媒体报道的内容又分为正面报道和负面报道，主要是通过对媒体所报道的信息进行人工的主观判断，若该条报道的新闻信息有助于公司股价提升时，则认为是正面报道，反之则认为是负面报道，对于表面上看起来是中性话语的信息，则通过深度剖析和利用可靠证据表明其对股价具有提升或降低作用的，我们也将其视为正面报道或者负面报道，然后将每一年、对每个公司的正面报道或者负面报道的信息进行汇总，然后使用Ln（媒体正面报道数量+1）和Ln（媒体负面报道数量+1）来分别表示正面媒体治理（Media_1）和负面媒体治理的程度（Media_2）；（2）为更好地考察不同报刊性质的影响，我们将媒体报道分为中央媒体报道和地方政府媒体报道，然后对每一年每个公司的报道信息进行分类汇总，使用Ln（中央媒体报道数量+1）和Ln（地方媒体报道+1）来表示中央媒体治理程度（Media_3）和地方媒体治理程度（Media_4）。为降低内生性问题，我们选取滞后一期媒体报道数据；（3）为进一步考察不同特征的媒体对投资者保护的影响，借鉴李培功和沈艺峰（2010）的做法，我们将媒体分为政策导向型媒体和市场导向型媒体，其中政策导向型媒体包括《中国证券报》《证券日报》《证券时报》和《上海证券报》，市场导向型媒体主要包括《中国经营报》《21世纪经济报道》《经济观察报》和《第一财经日报》，然后对这两种类型的报道的每一年、每个公司的新闻进行汇总，使用Ln（政策导向型媒体报道+1）和Ln（市场导向型媒体报道+1）来表示政策导向型媒体治理程度（Media_5）和市场导向型媒体治理程度（Media_6）。表4-1给出的是媒体治理和投资者保护主要变量定义说明。

表4-1　　　　　　　　**媒体治理和投资者保护主要变量定义说明**

	名称	符号	定义说明
投资者保护	审计意见类型	Protect_1	当上市公司年报的审计意见为标准无保留意见时为1，否则为0
	管理费用率	Protect_2	管理费用与销售收入的比例
	大股东资金占用率	Protect_3	上市公司母公司以及与上市公司受同一母公司控制的其他企业（或者有明确证据显示与大股东之间存在关联关系的其他股东）占用上市公司其他应收账款与公司总资产的比例
媒体治理	媒体治理	Media	Ln（媒体报道数量+1）
	正面媒体治理	Media_1	Ln（媒体正面报道数量+1）
	负面媒体治理	Media_2	Ln（媒体负面报道数量+1）
	中央媒体治理	Media_3	Ln（中央媒体报道数量+1）
	地方媒体治理	Media_4	Ln（地方媒体报道+1）
	政策导向型媒体治理	Media_5	Ln（政策导向型媒体报道+1）
	市场导向型媒体治理	Media_6	Ln（市场导向型媒体报道+1）
第一大股东持股比例		Share	第一大股东持股数量与公司总股本的比例

名称	符号	定义说明
机构投资者持股比例	Inshare	机构投资者持股数量占公司总股本的比例
高管持股	Eshare	存在管理层、董事会或者监事会持股的取值为1，否则为0
国有股东	Stateshare	存在国有股的为1，否则为0
较高持股的机构投资者	Inshare_high	公司机构投资者在公司中持股比例高于该年度所有公司投资者持股比例中位数时为1，否则为0
境外法人股东	Overseashare	存在境外法人股的为1，否则为0
股权制衡	Balance	第二至第五大股东持股数量与第一大股东持股数量的比值
两职兼任	Dual	若公司董事长和总经理是由同一人担任为1，否则为0
董事会规模	Board	董事会的总人数
独立董事比例	Indd	独立董事人数与公司董事会人数的比例
审计委员会	Audit	存在审计委员会的取值为1，否则为0
公司规模	Size	公司总股份的自然对数
公司绩效	Roa	公司的总资产收益率
资产负债率	Debt	公司总负债与总资产的比例
集团控制	Affiliation	上市公司最终控制人为集团的取值为1，否则为0
偏离程度	Deviation	最终控制人控制权与所有权的比例
自由现金流比率	Cash	经营活动产生的现金流与公司总资产的比例
公司增长性	Growth	（本期主营业务收入-上一期主营业务收入）与上一期主营业务收入的比例
公司性质	Type	公司最终控制人的性质，当公司最终控制人为政府或者政府控股时为1，否则为0
市场化程度	Market	根据樊纲和王小鲁编制的《中国市场化指数》（2011）得到每年每个地区的市场化总指数，当该年度该地区市场化总指数高于该年度总体市场化指数中位数时为1，否则为0
信息不对称	Information	Ln（分析师的人数+1）
声誉重视程度	Reputation	Ln（董事会和监事会会议的次数+1）
垄断性行业	Monopoly	若属于垄断性行业则取值为1，否则为0
行业虚拟变量	Industry	行业划分标准根据中国证监会制定的《上市公司行业分类指引》（2001年版）标准，制造业采用二级代码分类，其他按一级代码分类，去除掉金融行业，还剩21个行业子类，共需要设置20个行业虚拟变量（Industry=01，02，…20）
年份虚拟变量	Year	由于样本期为2004—2013年，共需设置9个虚拟变量（Year=01，02，…09）

4.3 描述性统计和相关性检验

1.描述性统计

表4-2给出的是投资者保护和媒体治理的分年度描述性统计结果，从结果中可以看出：从投资者保护第一个指标审计意见类型来看，2004—2013年间投资者保护程度呈现逐渐增长趋势（见图4-1），由0.8675增长到0.9613，整体上增长了0.0938，增长率为10.81%，而且每年内上市公司之间的投资者保护程度的差异性也在逐渐降低，标准差由2004年的0.3392降至2013年的0.1928；从投资者保护的第二个指标管理费用率来看，2004—2013年管理费用率呈现逐渐下降趋势，而投资者保护程度则逐年升高（见图4-2），由2004年的0.1559降至2013年0.1050，整体上下降了0.0509，下降率为32.64%，而且每年内上市公司之间的管理费用率的差异性也在逐年下降，由2004年的0.3331降至2013年的0.1594；从投资者保护的第三个指标大股东资金占用率来看，2004—2013年大股东资金占用率也呈现逐渐下降趋势，而投资者保护程度则逐年升高（见图4-3），由2004年的0.0208降至2013年0.0011，整体上下降了0.0197，下降率为94.71%，而且每年内上市公司之间的大股东资金占用率的差异性也在逐年下降，由2004年的0.0611降至2013年的0.0087；从媒体治理指标来看，整体上，媒体治理呈现逐渐上升趋势（见图4-4），由2004年的1.1707增长到2013年的1.5895，增长了0.4188，增长率为35.77%，而且每年内上市公司之间的媒体治理的差异性也在逐年下降，由2004年的1.0573降至2013年的0.9088。从上可以看出，2004至2013年间，投资者保护程度逐渐增高，媒体治理程度也在逐渐上升，而且每一年内上市公司之间的投资者保护程度和媒体治理程度的差异性逐渐下降。

表4-2　　**投资者保护和媒体治理的分年度描述性统计结果**

变量	年份	均值	中位数	最大值	最小值	标准差	观测值
	2004	0.8675	1.0000	1.0000	0.0000	0.3392	1 343
	2005	0.8569	1.0000	1.0000	0.0000	0.3503	1 342
	2006	0.8824	1.0000	1.0000	0.0000	0.3223	1 420
	2007	0.9086	1.0000	1.0000	0.0000	0.2883	1 521
	2008	0.9149	1.0000	1.0000	0.0000	0.2791	1 575
Protect_1	2009	0.9243	1.0000	1.0000	0.0000	0.2646	1 664
	2010	0.9347	1.0000	1.0000	0.0000	0.2472	1 883
	2011	0.9442	1.0000	1.0000	0.0000	0.2295	2 008
	2012	0.9581	1.0000	1.0000	0.0000	0.2005	2 074
	2013	0.9613	1.0000	1.0000	0.0000	0.1928	2 095

续表

变量	年份	均值	中位数	最大值	最小值	标准差	观测值
Protect_2	2004	0.1559	0.0809	2.2173	0.0055	0.3331	1 337
	2005	0.1672	0.0820	2.2071	0.0046	0.3433	1 340
	2006	0.1393	0.0734	2.4301	0.0046	0.3014	1 413
	2007	0.1134	0.0616	2.5698	0.0046	0.2656	1 517
	2008	0.1188	0.0693	2.2935	0.0047	0.2444	1 569
	2009	0.1213	0.0727	2.3301	0.0045	0.2584	1 654
	2010	0.1103	0.0681	2.4047	0.0052	0.2410	1 871
	2011	0.1067	0.0674	1.8899	0.0059	0.2236	2 001
	2012	0.1026	0.0737	2.4103	0.0056	0.1564	2 072
	2013	0.1050	0.0754	1.9870	0.0051	0.1594	2 092
Protect_3	2004	0.0208	0.0000	0.2846	0.0005	0.0611	1 343
	2005	0.0186	0.0000	0.3252	0.0001	0.0611	1 342
	2006	0.0077	0.0000	0.3202	0.0018	0.0404	1 419
	2007	0.0046	0.0000	0.2824	0.0131	0.0302	1 520
	2008	0.0034	0.0000	0.3048	0.0000	0.0245	1 575
	2009	0.0020	0.0000	0.1866	0.0000	0.0172	1 663
	2010	0.0012	0.0000	0.1719	0.0001	0.0109	1 882
	2011	0.0011	0.0000	0.2239	0.0004	0.0091	2 008
	2012	0.0009	0.0000	0.1940	0.0000	0.0080	2 074
	2013	0.0011	0.0000	0.2029	0.0000	0.0087	2 092
Media	2004	1.1707	1.3863	4.4308	0.0000	1.0573	1 343
	2005	1.2017	1.3863	4.4886	0.0000	1.0339	1 342
	2006	1.1719	1.0986	4.7005	0.0000	1.0528	1 420
	2007	1.0771	1.0986	5.0370	0.0000	1.0030	1 521
	2008	1.1273	1.0986	5.1299	0.0000	1.1185	1 575
	2009	1.1487	1.0986	5.0752	0.0000	1.1326	1 664
	2010	1.2641	1.3863	5.0434	0.0000	1.0311	1 883
	2011	1.3560	1.3863	5.1475	0.0000	0.9722	2 008
	2012	1.5646	1.6094	5.1358	0.0000	0.9802	2 074
	2013	1.5895	1.6094	5.4424	0.0000	0.9088	2 095

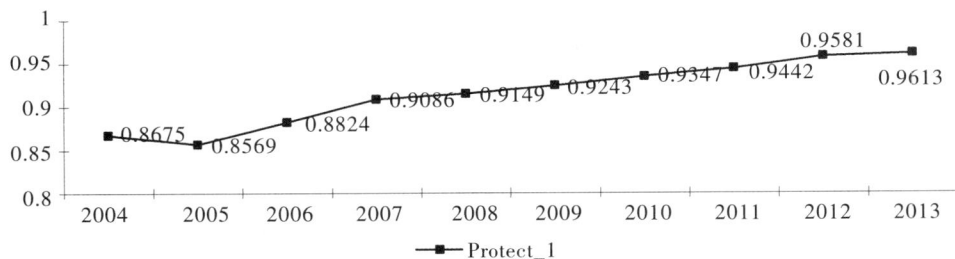

图 4-1　2004—2013 年投资者保护（审计意见类型）的变化情况

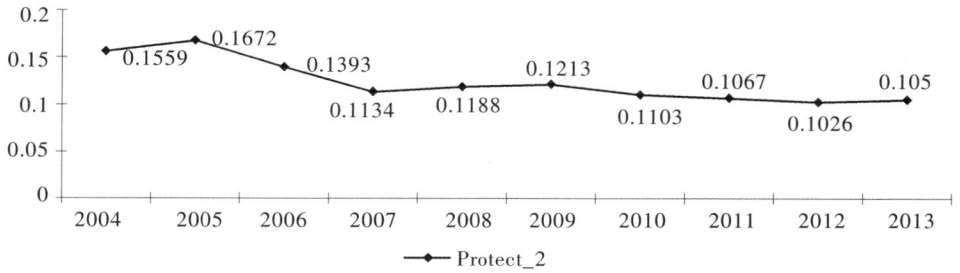

图4-2　2004—2013年投资者保护（管理费用率）的变化情况

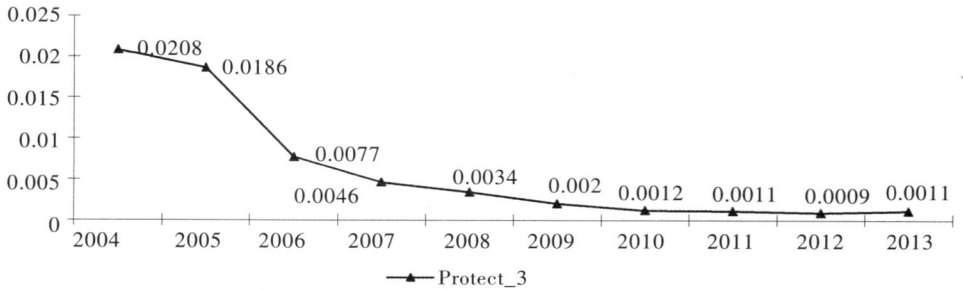

图4-3　2004—2013年投资者保护（大股东资金占用率）的变化情况

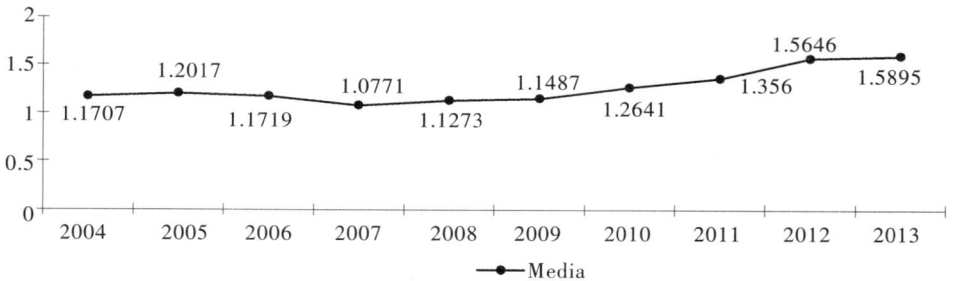

图4-4　2004—2013年媒体治理的变化情况

表4-3给出的是整体上主要变量的描述性统计结果，从结果中可以看出，从投资者保护程度来看，有92.09%的上市公司的审计意见类型为标准无保留意见审计（Protect_1），处于较高的投资者保护程度范围内，最大值为1.0000，最小值为0，标准差为0.2699；管理费用率（Protect_2）的均值为0.1210，中位数为0.0720，样本期内公司之间的投资者保护的程度具有一定的差异性，其中最大值为2.5698，最小值为0.0045，标准差为0.2512；在大股东资金占用率（Protect_3）方面，均值为0.0052，而样本期内的公司之间的差异性相对较小，其中，最大值为0.3252，最小值为0，标准差为0.0313。

从媒体治理来看，媒体治理（Media）的均值为1.2678，中位数为1.3863，样本期内公司之间在媒体治理方面存在一定的差异，最大值为 5.4424（万科，000002，2009），最小值为 0，标准差为 1.0382；另外，正面媒体治理（Media_1）的均值为 1.1238，中位数为 1.0986，最大值为 5.124（万科，000002，2009），最小值为 0，负面媒体治理（Media_2）的均值为 0.4170，中位数为 0，最大值为 4.4773（三联商社，600898，2009），最小值为 0，可以看出与负面报道相比，媒体更倾向于对公司进行正面的报道；中央媒体治理（Media_3）的均值为 0.7278，中位数为 0.6931，其中最大值为 4.4659（万科，000002，2013），最小值为 0，地方媒体治理（Media_4）的均值为 0.9767，最大值为 5.2311（万科，000002，2009），最小值为 0，可以看出相对于中央媒体而言，地方媒体更倾向于对上市公司进行关注；政策导向型媒体治理（Media_5）的均值为 1.1867，最大值为 4.8122（万科，000002，2013），最小值为 0，市场导向型媒体治理（Media_6）的均值为 0.3091，最大值为 4.7274（万科，000002，2009），最小值为 0，可以看出相对于市场导向型媒体治理而言，政策导向型媒体更倾向于对上市公司进行关注。

从公司股权结构来看，第一大股东持股比例（Share）的均值为 37.23%，在第一大股东方面，公司之间存在一定的差异性，其中最大值为 89.41%（银亿股份，000981，2011，2012，2013），最小值为 0.82%（大洲兴业，600603，2007），标准差为 0.1594；机构投资者持股比例（Inshare）的均值为 20.98%，上市公司之间的机构持股也存在差异，最大值为 92.55%（上汽集团，600104，2009），最小值为 0，标准差为 0.2252，2004—2013 年间存在管理层持股（Eshare）的上市公司为 66.10%，存在国家持股（State share）的上市公司为 46.18%，在每一年上市公司中处于机构投资者持股比例较高（Inshare_high）的范围内的公司有 51.20%，境外法人持股（Over seashare）的上市公司为 5.90%，股权制衡（Balance）的均值为 0.7380，而且在 2004—2013 年间上市公司之间的股权制衡差异性比较大，最大值为 8.0564（积成电子，002339，2013），最小值为 0（酒鬼酒，000799，2012；中国铁建，601186，2007），标准差为 0.7174。

从董事会特征来看，有 16.56% 的上市公司存在董事长和总经理由同一人担任（Dual），而且 2004—2013 年间上市公司之间的两职兼任情况存在一定的差异性，标准差为 0.3717，董事会规模（Board）的均值为 9.1658，其中最大值为 19（大唐电信，600198，2004，2005，2006），最小值为 3，标准差为 1.9087，通常情况下，董事会人数在 10 人左右的时候，董事会治理有效性较强，因此可以看出，我国上市公司具有较高的董事会治理有效性，独立董事比例（Indd）的均值为 36.24%，《关于在上市公司建立独立董事制度的指导意见》（2001）指出，上市公司董事会成员中应当至少包括三分之一独立董事，可以看出我国上市公司独立董事建设基本上符合《关于在上市公司建立独立董事制度的指导意见》的要求，有29.55%的上市公司在董事会中设置了审计委员会（Audit）。

从公司特征上来看，公司规模（Size）的均值为19.7589，中位数为19.6326，上市公司之间的规模存在较大的差异性，其中最大值为25.9329（总股份为183 021 000 000股），最小值为17.7275（总股份为50000000股），标准差为0.9792；公司绩效（Roa）的均值为0.5260，中位数为0.5007，公司之间的绩效存在一定的差异性，其中最大值为3.8054，最小值为0.0438，标准差为0.3739；资产负债率（Debt）的均值为0.0303，最大值为0.3127，最小值为−0.5860，标准差为0.0880；在2004—2013年中50.58%的上市公司是受集团控制的（Affiliation），最终控制人控制权与所有权偏离程度的均值为1.4290，其中最大偏离程度为62.5336（广发证券，000776，2007），最小的为1，标准差为1.3564；自由现金流比率（Cash）的均值为0.0449，中位数为0.0455，其中最大值为0.3201，最小值为−0.2854，公司增长性（Growth）的均值为0.2516，增长最大的为8.0941，最小值为−0.8486，标准差为0.8430。在2004—2013年的上市公司中，有57.03%的公司属于国有上市公司（Type），79.68%的公司处于市场化程度较高（Market）的地区，信息不对称（Information）的均值为1.8790，最大值为4.2767（万华化学，600309，2013），对于声誉的积极反应（Reputation）的均值为2.5248，最大值为4.2047（南方航空，600029，2010），另外有7.82%的上市公司处于垄断行业（Monopoly）。

表4-3　　　　　　　　　主要变量的描述性统计结果

	均值	中位数	最大值	最小值	标准差	观测值
Protect_1	0.9209	1.0000	1.0000	0.0000	0.2699	16 925
Protect_2	0.1210	0.0720	2.5698	0.0045	0.2512	16 866
Protect_3	0.0052	0.0000	0.3252	0.0000	0.0313	16 918
Media	1.2678	1.3863	5.4424	0.0000	1.0382	16 925
Media_1	1.1238	1.0986	5.1240	0.0000	0.9890	16 925
Media_2	0.4170	0.0000	4.4773	0.0000	0.6278	16 925
Media_3	0.7278	0.6931	4.4659	0.0000	0.7979	16 925
Media_4	0.9767	0.6931	5.2311	0.0000	0.9019	16 925
Media_5	1.1867	1.0986	4.8122	0.0000	0.9965	16 925
Media_6	0.3091	0.0000	4.7274	0.0000	0.5701	16 925
Share	0.3723	0.3531	0.8941	0.0082	0.1594	16 922
Inshare	0.2098	0.1181	0.9255	0.0000	0.2252	16 921
Eshare	0.6610	1.0000	1.0000	0.0000	0.4734	16 925
Stateshare	0.4618	0.0000	1.0000	0.0000	0.4986	16 921
Inshare_high	0.5120	1.0000	1.0000	0.0000	0.4999	16 921

续表

	均值	中位数	最大值	最小值	标准差	观测值
Overseashare	0.0590	0.0000	1.0000	0.0000	0.2356	16 921
Balance	0.7380	0.5336	8.0564	0.0000	0.7174	16 922
Dual	0.1656	0.0000	1.0000	0.0000	0.3717	16 925
Board	9.1658	9.0000	19.0000	3.0000	1.9087	16 767
Indd	0.3624	0.3333	0.8000	0.0000	0.0535	16 767
Audit	0.2955	0.0000	1.0000	0.0000	0.4563	16 925
Size	19.7589	19.6326	25.9329	17.7275	0.9792	16 921
Roa	0.5260	0.5007	3.8054	0.0438	0.3739	16 918
Debt	0.0303	0.0337	0.3127	−0.5860	0.0880	16 921
Affiliation	0.5058	1.0000	1.0000	0.0000	0.5000	16 921
Deviation	1.4290	1.0000	62.5336	1.0000	1.3564	16 233
Cash	0.0449	0.0455	0.3201	−0.2854	0.0859	16 918
Growth	0.2516	0.1346	8.0941	−0.8486	0.8430	16 658
Type	0.5703	1.0000	1.0000	0.0000	0.4951	16 925
Market	0.7968	1.0000	1.0000	0.0000	0.4024	16 925
Information	1.8790	1.9459	4.2767	0.0000	1.2689	16 925
Reputation	2.5248	2.5649	4.2047	0.0000	0.3574	16 925
Monopoly	0.0782	0.0000	1.0000	0.0000	0.2685	16 925

2. 相关性检验

表4-4给出的是主要变量的相关性检验结果。从结果中可以看出，投资者保护指标审计意见类型（Protect_1）与管理费用率（Protect_2）的回归系数显著为负（无论是 Pearson 检验还是 Spearman 检验，显著性均低于1%），审计意见类型（Protect_1）和大股东资金占用率（Protect_3）的回归系数也显著为负（无论是Pearson 检验还是 Spearman 检验，显著性均低于1%），管理费用率（Protect_2）与大股东资金占用率（Protect_3）的回归系数显著为正（无论是 Pearson 检验还是 Spearman 检验，显著性均低于1%），这说明审计意见类型（Protect_1）、管理费用率（Protect_2）与大股东资金占用率（Protect_3）虽然都是投资者保护的代表指标，但是审计意见类型（Protect_1）是投资者保护的正向指标，管理费用率（Protect_2）与大股东资金占用率（Protect_3）为投资者保护的负向指标，这也与我们前文设定投资者保护指标时的含义相一致。

1）从媒体治理与投资者保护之间的相关性检验结果来看

审计意见类型（Protect_1）和媒体治理（Media）的系数为0.122（Pearson 检验，显著性水平为1%）和0.125（Spearman 检验，显著性水平为1%），说明媒体

表4-4　　　　　　　　　　主要变量的相关性检验

	1	2	3	4	5	6
1.Protect_1	1.000	−0.202***	−0.104***	0.125***	0.141***	0.026***
2.Protect_2	−0.387***	1.000	0.045***	−0.120***	−0.134***	−0.024***
3.Protect_3	−0.272***	0.209***	1.000	−0.030***	−0.023***	−0.041***
4.Media	0.122***	−0.106***	−0.056***	1.000	0.966***	0.638***
5.Media_1	0.138***	−0.118***	−0.064***	0.967***	1.000	0.465***
6.Media_2	−0.003	−0.007	0.009	0.655***	0.484***	1.000
7.Media_3	0.083***	−0.081***	−0.032***	0.872***	0.850***	0.592***
8.Media_4	0.111***	−0.098***	−0.056***	0.945***	0.918***	0.638***
9.Media_5	0.124***	−0.106***	−0.052***	0.986***	0.959***	0.628***
10.Media_6	0.037***	−0.042***	−0.040***	0.643***	0.609***	0.590***
11.Share	0.108***	−0.138***	−0.009	0.045***	0.064***	−0.031***
12.Inshare	0.152***	−0.098***	−0.112***	0.172***	0.156***	0.127***
13.Eshare		−0.047***	0.008	0.072***	0.075***	0.038***
14.Balance			−0.001	−0.032***	−0.033***	−0.001
15.Dual	0.000	0.033***	−0.015**	−0.056***	−0.059***	−0.022***
16.Board	0.037***	−0.094***	−0.024***	0.133***	0.145***	0.055***
17.Indd	0.014	0.000	−0.050***	0.024***	0.022***	0.031***
18.Audit	0.000			0.063***	0.050***	0.061***
19.Size	0.076***	−0.121***	0.046***	0.377***	0.386***	0.228***
20.Roa	0.367***	−0.341***	−0.268***	0.074***	0.098***	−0.032***
21.Debt	−0.431***	0.354***	0.233***	−0.042***	−0.050***	0.031***
22.Affiliation		−0.071***	0.023***	0.061***	0.065***	0.012
23.Deviation		0.031***		−0.019**	−0.021***	0.000
24.Cash	0.119***	−0.129***	−0.060***	0.095***	0.102***	0.029***
25.Growth	0.041***		−0.031***	−0.060***	−0.050***	−0.048***
26.Type	0.035***	−0.092***	0.009	0.127***	0.132***	0.055***
27.Markert	0.066***	−0.047***	−0.044***	0.010	0.014	−0.010
28.Information	0.276***	−0.203***	−0.169***	0.392***	0.405***	0.173***
29.Reputation	0.013	−0.040***	−0.027***	0.142***	0.159***	0.046***

续表

	7	8	9	10	11	12
1.Protect_1	0.094***	0.119***	0.128***	0.042***	0.116***	0.211***
2.Protect_2	−0.113***	−0.110***	−0.121***	−0.056***	−0.193***	−0.107***
3.Protect_3	−0.047***	−0.019**	−0.029***	−0.024***	0.112***	−0.099***
4.Media	0.865***	0.942***	0.986***	0.603***	0.040***	0.208***
5.Media_1	0.834***	0.911***	0.957***	0.557***	0.058***	0.195***
6.Media_2	0.554***	0.608***	0.614***	0.506***	−0.025***	0.148***
7.Media_3	1.000	0.675***	0.874***	0.457***	0.049***	0.136***
8.Media_4	0.707***	1.000	0.915***	0.633***	0.030***	0.219***
9.Media_5	0.881***	0.920***	1.000	0.495***	0.038***	0.197***
10.Media_6	0.533***	0.691***	0.542***	1.000	0.025***	0.178***
11.Share	0.056***	0.034***	0.043***	0.032***	1.000	−0.005
12.Inshare	0.105***	0.180***	0.161***	0.151***	0.064***	1.000
13.Eshare	0.045***	0.079***	0.072***	0.047***	−0.161***	−0.043***
14.Balance	−0.032***	−0.022***	−0.033***	−0.003	−0.158***	−0.070***
15.Dual	−0.068***	−0.041***	−0.056***	−0.029***	−0.075***	−0.044***
16.Board	0.135***	0.121***	0.133***	0.097***	0.035***	0.038***
17.Indd	0.016**	0.034***	0.020**	0.056***	0.022***	0.067***
18.Audit	0.028***	0.070***	0.060***	0.047***	−0.044***	0.152***
19.Size	0.339***	0.383***	0.362***	0.347***	0.211***	0.280***
20.Roa	0.058***	0.072***	0.071***	0.056***	0.114***	0.124***
21.Debt	−0.010	−0.036***	−0.043***	0.013	−0.088***	−0.032***
22.Affiliation	0.064***	0.049***	0.062***	0.009	0.214***	0.125***
23.Deviation	−0.013	−0.019**	−0.019**	−0.011	−0.108***	−0.003
24.Cash	0.102***	0.078***	0.095***	0.050***	0.082***	0.065***
25.Growth	−0.044***	−0.051***	−0.059***	−0.023***	0.057***	−0.034***
26.Type	0.139***	0.103***	0.127***	0.072***	0.218***	0.124***
27.Markert	0.013	0.010	0.005	0.030***	0.028***	0.010
28.Information	0.307***	0.392***	0.379***	0.295***	0.103***	0.212***
29.Reputation	0.114***	0.152***	0.138***	0.109***	−0.030***	−0.005

续表

	13	14	15	16	17	18
1.Protect_1			0.000	0.039***	0.005	0.000
2.Protect_2	−0.006		0.080***	−0.097***	−0.006	
3.Protect_3	−0.038***	−0.109**	−0.082***	−0.064***	−0.050***	
4.Media	0.072***	−0.043***	−0.056***	0.116***	0.017**	0.065***
5.Media_1	0.074***	−0.043***	−0.058***	0.126***	0.014	0.053***
6.Media_2	0.039***	−0.017**	−0.025***	0.045***	0.028***	0.065***
7.Media_3	0.045***	−0.045***	−0.069***	0.113***	0.011	0.034***
8.Media_4	0.079***	−0.035***	−0.040***	0.104***	0.023***	0.073***
9.Media_5	0.072***	−0.044***	−0.056***	0.118***	0.013	0.061***
10.Media_6	0.044***	−0.008	−0.022***	0.071***	0.044***	0.056***
11.Share	−0.156***	−0.131***	−0.072***	0.021***	−0.002	−0.045***
12.Inshare	−0.021***	−0.032***	−0.029***	0.038***	0.063***	0.172***
13.Eshare	1.000	0.116***	0.054***	−0.002	−0.019**	−0.016**
14.Balance	0.118***	1.000	0.106***	0.037***	0.006	−0.021***
15.Dual	0.054***	0.074***	1.000	−0.147***	0.073***	0.004
16.Board	−0.004	0.024***	−0.135***	1.000	−0.306***	−0.001
17.Indd	−0.012	−0.009	0.082***	−0.309***	1.000	0.027***
18.Audit	−0.016**	−0.018**	0.004	−0.004	0.027***	1.000
19.Size	0.025***	−0.154***	−0.119***	0.224***	0.090***	0.040***
20.Roa	0.044***	0.018**	0.013	0.039***	0.011	0.004
21.Debt	−0.055***	0.010	−0.040***	−0.003	0.010	0.020***
22.Affiliation	−0.076***	−0.275***	−0.154***	0.073***	−0.038***	0.018**
23.Deviation	−0.010	0.039***	0.007	−0.036***	−0.001	0.000
24.Cash	0.008	−0.024***	−0.034***	0.072***	−0.039***	−0.006
25.Growth	−0.055***	0.008	−0.003	−0.019**	0.013	−0.008
26.Type	−0.087***	−0.248***	−0.234***	0.246***	−0.082***	0.010
27.Markert	0.097***	0.032***	0.056***	−0.035***	0.011	0.007
28.Information	0.086***	−0.027***	−0.009	0.149***	0.070***	0.101***
29.Reputation	0.024***	0.006	−0.019**	−0.002	0.027***	0.000

续表

	19	20	21	22	23	24
1.Protect_1	0.071***	0.230***	−0.248***			0.123***
2.Protect_2	−0.233***	−0.106***	0.196***	−0.125***	0.032***	−0.064***
3.Protect_3	0.082***	−0.142***	0.139***	0.139***		−0.019**
4.Media	0.335***	0.057***	0.043***	0.066***	−0.020**	0.099***
5.Media_1	0.335***	0.086***	0.033***	0.069***	−0.023***	0.108***
6.Media_2	0.203***	−0.051***	0.067***	0.025***	0.001	0.027***
7.Media_3	0.284***	0.044***	0.058***	0.071***	−0.019**	0.106***
8.Media_4	0.333***	0.059***	0.037***	0.055***	−0.021***	0.082***
9.Media_5	0.323***	0.053***	0.041***	0.066***	−0.021***	0.099***
10.Media_6	0.272***	0.061***	0.051***	0.017**	0.003	0.052***
11.Share	0.150***	0.130***	−0.034***	0.221***	−0.099***	0.084***
12.Inshare	0.300***	0.135***	0.017**	0.109***	0.036***	0.060***
13.Eshare	0.055***	0.055***	−0.036***	−0.076***	−0.072***	0.013
14.Balance	−0.210***	0.079***	−0.076***	−0.294***	0.064***	−0.017**
15.Dual	−0.116***	0.058***	−0.104***	−0.154***	0.005	−0.032***
16.Board	0.180***	0.015	0.076***	0.075***	−0.056***	0.070***
17.Indd	0.059***	0.000	0.007	−0.047***	−0.021***	−0.038***
18.Audit	0.058***	−0.027***	0.032***	0.018**	0.011	−0.010
19.Size	1.000	0.028***	0.138***	0.172***	−0.036***	0.066***
20.Roa	0.066***	1.000	−0.420***	−0.063***	−0.031***	0.347***
21.Debt	0.024***	−0.427***	1.000	0.123***	0.052***	−0.152***
22.Affiliation	0.160***	−0.013	0.039***	1.000	0.037***	0.029***
23.Deviation	−0.038***	−0.036***	0.039***	0.023***	1.000	−0.014
24.Cash	0.073***	0.279***	−0.140***	0.030***	0.001	1.000
25.Growth	0.002	0.148***	0.019**	0.004	−0.016**	0.040***
26.Type	0.267***	−0.037***	0.031***	0.251***	−0.155***	0.073***
27.Markert	0.019**	0.072***	−0.052***	−0.030***	−0.042***	0.007
28.Information	0.471***	0.254***	−0.140***	0.092***	−0.038***	0.162***
29.Reputation	0.092***	0.009	0.043***	0.019**	0.006	−0.077***

续表

	25	26	27	28	29	
1.Protect_1	0.160***	0.035***	0.066***	0.268***	0.011	
2.Protect_2		−0.089***	−0.094***	−0.194***	−0.056***	
3.Protect_3	−0.016**	0.168***	−0.050***	−0.059***	0.016**	
4.Media	0.023***	0.124***	0.005	0.387***	0.132***	
5.Media_1	0.038***	0.127***	0.008	0.398***	0.144***	
6.Media_2	−0.033***	0.060***	−0.008	0.186***	0.041***	
7.Media_3	0.029***	0.137***	0.006	0.304***	0.100***	
8.Media_4	0.018**	0.100***	0.006	0.387***	0.141***	
9.Media_5	0.026***	0.125***	0.001	0.374***	0.127***	
10.Media_6	−0.006	0.064***	0.029***	0.294***	0.108***	
11.Share	0.088***	0.223***	0.032***	0.111***	−0.025***	
12.Inshare	0.025***	0.103***	0.013	0.282***	0.044***	
13.Eshare	0.006	−0.087***	0.097***	0.086***	0.020**	
14.Balance	0.019**	−0.293***	0.029***	−0.027***	0.011	
15.Dual	−0.005	−0.234***	0.056***	−0.010	−0.013	
16.Board	0.051***	0.244***	−0.031***	0.146***	−0.010	
17.Indd	−0.017**	−0.082***	0.007	0.063***	0.030***	
18.Audit	−0.028***	0.010	0.007	0.101***	−0.003	
19.Size	−0.004	0.259***	0.013	0.476***	0.094***	
20.Roa	0.312***	−0.117***	0.097***	0.302***	0.022***	
21.Debt	0.002	0.162***	−0.063***	−0.055***	0.109***	
22.Affiliation	0.004	0.251***	−0.030***	0.092***	0.018**	
23.Deviation	−0.040***	−0.339***	−0.057***	−0.031***	0.016**	
24.Cash	0.107***	0.071***	0.015	0.179***	−0.085***	
25.Growth	1.000	0.003	0.005	0.100***	0.101***	
26.Type	−0.025***	1.000	−0.082***	0.094***	0.021***	
27.Markert	−0.016**	−0.082***	1.000	0.058***	0.033***	
28.Information	−0.031***	0.091***	0.059***	1.000	0.080***	
29.Reputation	0.053***	0.011	0.033***	0.081***	1.000	

注：左下方为 Pearson 检验相关系数，右上方为 Spearman 检验相关系数，*、**、***分别代表0.1、0.05和0.01的显著性水平。

治理有利于获得标准无保留意见的审计意见；审计意见类型（Protect_1）和正面媒体治理（Media_1）的系数为0.138（Pearson检验，显著性水平为1%）和0.141（Spearman检验，显著性水平为1%），说明正面媒体治理有利于获得标准无保留意见的审计意见；审计意见类型（Protect_1）和负面媒体治理（Media_2）的系数为0.026（Spearman检验，显著性水平为1%），说明负面媒体治理也有利于获得标准无保留意见的审计意见；审计意见类型（Protect_1）和中央媒体治理（Media_3）的系数为0.083（Pearson检验，显著性水平为1%）和0.094（Spearman检验，显著性水平为1%），说明中央媒体治理有利于获得标准无保留意见的审计意见；审计意见类型（Protect_1）和地方媒体治理（Media_4）的系数为0.111（Pearson检验，显著性水平为1%）和0.119（Spearman检验，显著性水平为1%），说明地方媒体治理有利于获得标准无保留意见的审计意见；审计意见类型（Protect_1）和政策导向型媒体治理（Media_5）的系数为0.124（Pearson检验，显著性水平为1%）和0.119（Spearman检验，显著性水平为1%），说明政策导向型媒体治理有利于获得标准无保留意见的审计意见；审计意见类型（Protect_1）和市场导向型媒体治理（Media_5）的系数为0.042（Pearson检验，显著性水平为1%）和0.128（Spearman检验，显著性水平为1%），说明市场导向型媒体治理有利于获得标准无保留意见的审计意见，因此，媒体治理、中央或者地方媒体治理、政策导向型或者市场导向型媒体治理均有助于获得标准无保留意见的审计意见，即提升投资者保护程度。

管理费用率（Protect_2）和媒体治理（Media）的系数为−0.106（Pearson检验，显著性水平为1%）和−0.120（Spearman检验，显著性水平为1%），说明媒体治理有利于降低管理费用率；管理费用率（Protect_2）和正面媒体治理（Media_1）的系数为−0.118（Pearson检验，显著性水平为1%）和−0.134（Spearman检验，显著性水平为1%），说明正面媒体治理有利于降低管理费用率；管理费用率（Protect_2）和负面媒体治理（Media_2）的系数为−0.024（Spearman检验，显著性水平为1%），说明负面媒体治理也有利于降低管理费用率；管理费用率（Protect_2）和中央媒体治理（Media_3）的系数为−0.081（Pearson检验，显著性水平为1%）和−0.113（Spearman检验，显著性水平为1%），说明中央媒体治理也有利于降低管理费用率；管理费用率（Protect_2）和地方媒体治理（Media_4）的系数为−0.098（Pearson检验，显著性水平为1%）和−0.110（Spearman检验，显著性水平为1%），说明地方媒体治理有利于降低管理费用率；管理费用率（Protect_2）和政策导向型媒体治理（Media_5）的系数为−0.106（Pearson检验，显著性水平为1%）和−0.121（Spearman检验，显著性水平为1%），说明政策导向型媒体治理有利于降低管理费用率；管理费用率（Protect_2）和市场导向型媒体治理（Media_6）的系数为−0.042（Pearson检验，显著性水平为1%）和−0.056

（Spearman 检验，显著性水平为 1%），说明市场导向型媒体治理有利于降低管理费用率，因此，媒体治理、中央或者地方媒体治理、政策导向型或者市场导向型媒体治理均有助于降低管理费用率，即提升投资者保护程度。

大股东资金占用率（Protect_3）和媒体治理（Media）的系数为 -0.056（Pearson 检验，显著性水平为 1%）和 -0.030（Spearman 检验，显著性水平为 1%），说明媒体治理有利于降低大股东资金占用率；大股东资金占用率（Protect_3）和正面媒体治理（Media_1）的系数为 -0.064（Pearson 检验，显著性水平为 1%）和 -0.023（Spearman 检验，显著性水平为 1%），说明正面媒体治理有利于降低大股东资金占用率；大股东资金占用率（Protect_3）和负面媒体治理（Media_2）的系数为 -0.041（Spearman 检验，显著性水平为 1%），说明负面媒体治理也有利于降低大股东资金占用率；大股东资金占用率（Protect_3）和中央媒体治理（Media_3）的系数为 -0.032（Pearson 检验，显著性水平为 1%）和 -0.047（Spearman 检验，显著性水平为 1%），说明中央媒体治理也有利于降低大股东资金占用率；大股东资金占用率（Protect_3）和地方媒体治理（Media_4）的系数为 -0.056（Pearson 检验，显著性水平为 1%）和 -0.019（Spearman 检验，显著性水平为 1%），说明地方媒体治理有利于降低大股东资金占用率；大股东资金占用率（Protect_3）和政策导向型媒体治理（Media_5）的系数为 -0.052（Pearson 检验，显著性水平为 1%）和 -0.029（Spearman 检验，显著性水平为 1%），说明政策导向型媒体治理有利于降低大股东资金占用率；大股东资金占用率（Protect_3）和市场导向型媒体治理（Media_6）的系数为 -0.040（Pearson 检验，显著性水平为 1%）和 -0.024（Spearman 检验，显著性水平为 1%），说明市场导向型媒体治理有利于降低大股东资金占用率，因此，媒体治理、中央或者地方媒体治理、政策导向型或者市场导向型媒体治理均有助于降低大股东资金占用率，即提升投资者保护程度。

2）从投资者保护和控制变量之间的相关性检验来看

审计意见类型（Protect_1）和第一大股东持股比例（Share）的系数为 0.108（Pearson 检验，显著性水平为 1%）和 0.116（Spearman 检验，显著性水平为 1%），审计意见类型（Protect_1）和机构投资者持股比例（Inshare）的系数为 0.152（Pearson 检验，显著性水平为 1%）和 0.211（Spearman 检验，显著性水平为 1%），审计意见类型（Protect_1）和董事会规模（Board）的系数为 0.037（Pearson 检验，显著性水平为 1%）和 0.039（Spearman 检验，显著性水平为 1%），审计意见类型（Protect_1）和公司规模（Size）的系数为 0.076（Pearson 检验，显著性水平为 1%）和 0.071（Spearman 检验，显著性水平为 1%），审计意见类型（Protect_1）和公司绩效（Roa）的系数为 0.367（Pearson 检验，显著性水平为 1%）和 0.230（Spearman 检验，显著性水平为 1%），审计意见类型（Protect_

1）和自由现金流比率（Cash）的系数为0.119（Pearson检验，显著性水平为1%）和0.123（Spearman检验，显著性水平为1%），审计意见类型（Protect_1）和公司增长性（Growth）的系数为0.041（Pearson检验，显著性水平为1%）和0.160（Spearman检验，显著性水平为1%），审计意见类型（Protect_1）和公司性质（Type）的系数为0.035（Pearson检验，显著性水平为1%）和0.035（Spearman检验，显著性水平为1%），审计意见类型（Protect_1）和市场化程度（Market）的系数为0.066（Pearson检验，显著性水平为1%）和0.066（Spearman检验，显著性水平为1%），这说明第一大股东持股比例、机构投资者持股比例、董事会规模、公司规模、公司绩效、自由现金流比率、公司增长性、公司性质、市场化程度均有助于企业获得标准无保留意见，增强投资者保护程度，但是审计意见类型（Protect_1）和公司资产负债率（Debt）的系数为−0.431（Pearson检验，显著性水平为1%）和−0.248（Spearman检验，显著性水平为1%），这说明公司负债情况不利于投资者保护程度的提高。

管理费用率（Protect_2）和第一大股东持股比例（Share）的系数为−0.138（Pearson检验，显著性水平为1%）和−0.193（Spearman检验，显著性水平为1%），管理费用率（Protect_2）和机构投资者持股比例（Inshare）的系数为−0.098（Pearson检验，显著性水平为1%）和−0.107（Spearman检验，显著性水平为1%），管理费用率（Protect_2）和管理层持股（Eshare）的系数为−0.047（Pearson检验，显著性水平为1%），管理费用率（Protect_2）和董事会规模（Board）的系数为−0.094（Pearson检验，显著性水平为1%）和−0.097（Spearman检验，显著性水平为1%），管理费用率（Protect_2）和公司规模（Size）的系数为−0.121（Pearson检验，显著性水平为1%）和−0.233（Spearman检验，显著性水平为1%），管理费用率（Protect_2）和公司绩效（Roa）的系数为−0.341（Pearson检验，显著性水平为1%）和−0.106（Spearman检验，显著性水平为1%），管理费用率（Protect_2）和集团控制（Affiliation）的系数为−0.071（Pearson检验，显著性水平为1%）和−0.125（Spearman检验，显著性水平为1%），管理费用率（Protect_2）和自由现金流比率（Cash）的系数为−0.129（Pearson检验，显著性水平为1%）和−0.064（Spearman检验，显著性水平为1%），管理费用率（Protect_2）和公司性质（Type）的系数为−0.092（Pearson检验，显著性水平为1%）和−0.089（Spearman检验，显著性水平为1%），管理费用率（Protect_2）和市场化程度（Market）的系数为−0.047（Pearson检验，显著性水平为1%）和−0.094（Spearman检验，显著性水平为1%），这说明第一大股东持股比例、机构投资者持股比例、管理层持股、董事会规模、公司规模、公司绩效、集团控制、自由现金流比率、公司性质、市场化程度均有助于降低管理费用率，从而增强投资者保护程度，但是管理费用率（Protect_2）和两职兼任的系数为0.033（Pearson检验，显著性水平为1%）和0.080（Spearman检验，显著性水平为1%），管理费用率（Protect_2）和资产负债率（Debt）的系数为0.354（Pearson检验，显著性水平为1%）和0.196（Spearman检验，显著性水平为1%），管理费用率（Protect_2）和偏离程度（Deviation）的系数为0.031（Pearson检验，显著性水平为1%）和0.031（Spearman检验，显著性水平为1%），这说明两职兼任、资产负债率和偏离程度并不利于投资者保护。

资金占有率（Protect_3）和机构投资者持股比例（Inshare）的系数为-0.112（Pearson检验，显著性水平为1%）和-0.099（Spearman检验，显著性水平为1%），资金占有率（Protect_3）和管理层持股（Eshare）的系数为-0.038（Spearman检验，显著性水平为1%），资金占有率（Protect_3）和股权制衡（Balance）的系数为-0.109（Spearman检验，显著性水平为1%），资金占有率（Protect_3）和两职兼任的系数为-0.015（Pearson检验，显著性水平为1%）和-0.082（Spearman检验，显著性水平为1%），资金占有率（Protect_3）和董事会规模（Board）的系数为-0.024（Pearson检验，显著性水平为1%）和-0.064（Spearman检验，显著性水平为1%），资金占有率（Protect_3）和独立董事比例（Indd）的系数为-0.050（Pearson检验，显著性水平为1%）和-0.050（Spearman检验，显著性水平为1%），资金占有率（Protect_3）和公司绩效（Roa）的系数为-0.268（Pearson检验，显著性水平为1%）和-0.142（Spearman检验，显著性水平为1%），资金占有率（Protect_3）和集团控制（Affiliation）的系数为-0.071（Pearson检验，显著性水平为1%）和-0.125（Spearman检验，显著性水平为1%），资金占有率（Protect_3）和自由现金流比率（Cash）的系数为-0.060（Pearson检验，显著性水平为1%）和-0.019（Spearman检验，显著性水平为1%），资金占有率（Protect_3）和公司增长性（Growth）的系数为-0.031（Pearson检验，显著性水平为1%）和-0.016（Spearman检验，显著性水平为1%），资金占有率（Protect_3）和市场化程度（Market）的系数为-0.044（Pearson检验，显著性水平为1%）和-0.050（Spearman检验，显著性水平为1%），这说明机构投资者持股比例、管理层持股、股权制衡、两职兼任、董事会规模、独立董事比例、公司绩效、集团控制、自由现金流比率、公司增长性、市场化程度均有助于降低资金占有率，从而增强投资者保护程度。但是资金占有率（Protect_3）和第一大股东持股比例（Share）的系数为0.112（Spearman检验，显著性水平为1%），资金占有率（Protect_3）和公司规模（Size）的系数为0.046（Pearson检验，显著性水平为1%）和0.082（Spearman检验，显著性水平为1%），资金占有率（Protect_3）和资产负债率（Debt）的系数为0.233（Pearson检验，显著性水平为1%）和0.139（Spearman检验，显著性水平为1%），资金占有率（Protect_3）和偏离程度（Deviation）的系数为0.023（Pearson检验，显著性水平为1%）和0.139（Spearman检验，显著性水平为1%），资金占有率

（Protect_3）和公司性质（Type）的系数为 0.168（Spearman 检验，显著性水平为 1%），这说明第一大股东持股比例、公司规模、资产负债率的偏离程度并不利于投资者保护。

3）从媒体治理之间的相关性检验来看

媒体治理（Media）和正面媒体治理（Media_1）的系数为 0.967（Pearson 检验，显著性水平为 1%）和 0.966（Spearman 检验，显著性水平为 1%），媒体治理（Media）和负面媒体治理（Media_2）的系数为 0.655（Pearson 检验，显著性水平为 1%）和 0.638（Spearman 检验，显著性水平为 1%），媒体治理（Media）和中央媒体治理（Media_3）的系数为 0.872（Pearson 检验，显著性水平为 1%）和 0.865（Spearman 检验，显著性水平为 1%），媒体治理（Media）和地方媒体治理（Media_4）的系数为 0.945（Pearson 检验，显著性水平为 1%）和 0.942（Spearman 检验，显著性水平为 1%），媒体治理（Media）和政策型导向媒体治理（Media_5）的系数为 0.986（Pearson 检验，显著性水平为 1%）和 0.986（Spearman 检验，显著性水平为 1%），媒体治理（Media）和市场型导向媒体治理（Media_6）的系数为 0.643（Pearson 检验，显著性水平为 1%）和 0.603（Spearman 检验，显著性水平为 1%）。

正面媒体治理（Media_1）和负面媒体治理（Media_2）的系数为 0.465（Pearson 检验，显著性水平为 1%）和 0.484（Spearman 检验，显著性水平为 1%），正面媒体治理（Media_1）和中央媒体治理（Media_3）的系数为 0.850（Pearson 检验，显著性水平为 1%）和 0.834（Spearman 检验，显著性水平为 1%），正面媒体治理（Media_1）和地方媒体治理（Media_4）的系数为 0.918（Pearson 检验，显著性水平为 1%）和 0.911（Spearman 检验，显著性水平为 1%），正面媒体治理（Media_1）和政策型导向媒体治理（Media_5）的系数为 0.959（Pearson 检验，显著性水平为 1%）和 0.957（Spearman 检验，显著性水平为 1%），正面媒体治理（Media_1）和市场型导向媒体治理（Media_6）的系数为 0.609（Pearson 检验，显著性水平为 1%）和 0.557（Spearman 检验，显著性水平为 1%）。

负面媒体治理（Media_2）和中央媒体治理（Media_3）的系数为 0.592（Pearson 检验，显著性水平为 1%）和 0.554（Spearman 检验，显著性水平为 1%），负面媒体治理（Media_2）和地方媒体治理（Media_4）的系数为 0.638（Pearson 检验，显著性水平为 1%）和 0.608（Spearman 检验，显著性水平为 1%），负面媒体治理（Media_2）和政策型导向媒体治理（Media_5）的系数为 0.628（Pearson 检验，显著性水平为 1%）和 0.614（Spearman 检验，显著性水平为 1%），负面媒体治理（Media_2）和市场型导向媒体治理（Media_6）的系数为 0.590（Pearson 检验，显著性水平为 1%）和 0.506（Spearman 检验，显著性水平为 1%）。

中央媒体治理（Media_3）和地方媒体治理（Media_4）的系数为 0.707（Pearson 检验，显著性水平为 1%）和 0.675（Spearman 检验，显著性水平为 1%），中央媒体治理（Media_3）和政策型导向媒体治理（Media_5）的系数为0.881（Pearson检验，显著性水平为1%）和0.874（Spearman检验，显著性水平为1%），中央媒体治理（Media_3）和市场型导向媒体治理（Media_6）的系数为0.553（Pearson检验，显著性水平为1%）和0.457（Spearman检验，显著性水平为1%）。

地方媒体治理（Media_4）和政策型导向媒体治理（Media_5）的系数为0.920（Pearson检验，显著性水平为1%）和0.915（Spearman检验，显著性水平为1%），地方媒体治理（Media_4）和市场型导向媒体治理（Media_6）的系数为0.691（Pearson检验，显著性水平为1%）和0.633（Spearman检验，显著性水平为1%）。

政策型导向媒体治理（Media_5）和市场型导向媒体治理（Media_6）的系数为0.542（Pearson检验，显著性水平为1%）和0.495（Spearman检验，显著性水平为1%）。

从上述变量之间的相关性系数和显著性水平可以看出，媒体治理、正面媒体治理、负面媒体治理、中央媒体治理、地方媒体治理、政策型导向媒体治理、市场型导向媒体治理之间具有较高的相关性，不过我们随后的实证分析中未将这些变量一起放入模型，因此不存在严重的多重共线性。其他控制变量之间的相关性系数均小于0.5，这说明变量之间并不存在严重的多重共线性。

第5章　实证结果与分析

5.1　媒体治理和投资者保护的主效应回归结果

表5-1给出的是媒体治理和投资者保护程度（审计意见类型）之间的回归结果。基准模型1是因变量投资者保护（审计意见类型）（Protect_1）与控制变量的回归结果。从结果中可以看出，第一大股东持股比例（Share）的系数为1.0597，T值为7.7740，且在1%水平上显著，这说明第一大股东持股比例越高，审计意见类型越有可能是标准无保留意见，即投资者保护程度越高，这与张龙平和吕敏康（2014）的研究结果相类似；机构投资者持股比例（Inshare）的系数为0.8708，T值为6.7215，且在1%水平上显著，这表示机构投资者持股比例越高，审计意见类型越有可能是标准无保留意见，即投资者保护程度越高，这与张敏等（2011）的研究结果相一致；董事会规模（Board）的回归系数为0.0253，T值为2.1698，且在5%水平上显著，这表示董事会规模越高，审计意见类型越有可能是标准无保留意见，即投资者保护程度越高，这与方军雄等（2004）的研究结果相类似；审计委员会（Audit）的回归系数为0.1286，T值为3.1214，且在1%水平上显著，这表示存在审计委员会的公司，审计意见类型更有可能是标准无保留意见，即投资者保护程度更高，这与王跃堂和涂建明（2006）的研究结果相一致；公司规模（Size）的回归系数为0.0484，T值为2.0417，且在5%水平上显著，这表示公司规模越高，审计意见类型越有可能是标准无保留意见，即投资者保护程度越高，这与现有研究（原红旗、李海建，2003；朱小平、余谦，2003；薄仙慧、吴联生，2011）的研究结果相一致；公司绩效（Roa）的回归系数为3.8318，T值为12.3214，且在1%水平上显著，这表示公司绩效越好，审计意见类型越有可能是标准无保留意见，即投资者保护程度越高，这可能是因为绩效越好的公司受外界怀疑的可能性越小，使得审计意见类型获得标准无保留意见的可能性越大，投资者保护程度也就越高，这也与李淑华（1998）、原红旗和李海建（2003）的研究结论相类似；公司资产负债率（Debt）的回归系数为−1.4941，T值为−10.7074，且在1%水平上显著，这表示公司负债程度越高，审计意见类型越不可能是标准无保留意见，即投资者保护程度越低，这与现有研究（原红旗、李海建，2003；王跃堂、涂建明，2006；刘文军，2014）的结论相一

致；自由现金流比率（Cash）的回归系数为1.1657，T值为4.0211，且在1%水平上显著，这表示公司自由现金流比率越大，审计意见类型越可能是标准无保留意见，即投资者保护程度越高，这可能是因为现金流较高的公司具有较强的偿债能力，使得公司具有标准无保留意见的可能性越大，进而提升投资者保护程度，这与现有研究（朱小平、余谦，2003；Wang et al.，2008；薄仙慧、吴联生，2011；张龙平、吕敏康，2014）的结论相一致；企业性质（Type）的回归系数为0.0748，T值为1.8302，且在10%水平上显著，这表示在国有企业中，审计意见类型越可能是标准无保留意见，即投资者保护程度越高，这可能是因为在国有企业中具有较高的财务保障，从而具有较高的投资者保护程度，这与现有研究（Wang et al.，2008；申慧慧等，2010）的结论相一致；市场化程度（Market）的回归系数为0.1576，T值为3.6589，且在1%水平上显著，这表示在市场化程度较高地区的企业中，审计意见类型越可能是标准无保留意见，即投资者保护程度越高，这主要是因为市场化程度较高的地区具有较好的法治环境和良好的金融市场，促进投资者保护程度的提高（LLSV，1997；樊纲、王小鲁，2004）。从以上结果可以看出，本研究所选的控制变量具有较高的稳定性和代表性。

表5-1　　　　媒体治理和投资者保护（审计意见类型）的主效应回归结果

	Protect_1				
变量	基准模型1	模型1_1	模型1_2	模型1_3	模型1_4
Media		0.2239*** (13.8051)	0.1464*** (7.0201)	0.2200*** (13.0066)	0.1562*** (7.2224)
Share	1.0597*** (7.7740)		1.0498*** (7.7114)		1.0937*** (7.9220)
Inshare	0.8708*** (6.7215)		0.9102*** (8.1153)		0.7709*** (5.9403)
Dual	−0.0054 (−0.1018)		0.0064 (0.1203)		0.0007 (0.0127)
Board	0.0253** (2.1698)		0.0198* (1.6969)		0.0223* (1.8909)
Indd	0.3828 (0.9612)		0.4918 (1.2165)		0.3290 (0.8189)
Audit	0.1286*** (3.1214)		0.1163*** (2.9090)		0.1393*** (3.3455)

续表

变量	基准模型1	模型1_1	模型1_2	模型1_3	模型1_4
Size	0.0484** （2.0417）		0.0283 （1.2008）		−0.0116 （−0.4643）
Roa	3.8318*** （12.3214）		3.8485*** （12.6661）		3.7892*** （12.2271）
Debt	−1.4941*** （−10.7074）		−1.4337*** （−11.0474）		−1.4603*** （−10.4787）
Cash	1.1657*** （4.0211）		1.0673*** （3.9113）		1.1312*** （3.9349）
Growth	−0.0087 （−0.3211）		0.0054 （0.2074）		0.0019 （0.0705）
Type	0.0748* （1.8302）		0.0787* （1.9363）		0.0796* （1.9432）
Market	0.1576*** （3.6589）		0.1793*** （4.2088）		0.1592*** （3.6713）
Industry	Yes	No	No	Yes	Yes
Year	Yes	No	No	Yes	Yes
C	0.0714 （0.1485）	1.1644*** （54.5636）	0.5995 （1.3028）	0.6528*** （6.9402）	1.0819** （2.1695）
Mean dependent var	0.9348	0.9209	0.9348	0.9209	0.9348
S.E. of regression	0.1995	0.2675	0.1998	0.2632	0.1984
ALL	−0.1580	−0.2690	−0.1592	−0.2557	−0.1562
McFadden R^2	0.3442	0.0273	0.3392	0.0756	0.3518
LR statistic	2 736.1730	256.0184	2 697.0000	707.4227	2 797.0800
P（LR stat）	0.0000	0.0000	0.0000	0.0000	0.0000
S.D. dependent var	0.2468	0.2699	0.2468	0.2699	0.2468
样本	全样本	全样本	全样本	全样本	全样本
观测值	16 499	16 925	16 499	16 925	16 499

注：（）为Z值，*、**、***分别代表0.1、0.05和0.01的显著性水平。

模型1_1是在不含有任何控制变量情况下，媒体治理和投资者保护程度（Protect_1）的回归结果，从结果中可以看出，媒体治理（Media）的回归系数为0.2239，T值为13.8051，且在1%水平上显著，这说明媒体治理与投资者保护程度显著正相关，即随着媒体治理程度的提高，投资者保护程度也相对较高；模型1_2是在除行业和年份这两个变量之外，其他控制变量、媒体治理和投资者保护程度（Protect_1）的回归结果，从结果中可以看出，媒体治理（Media）的回归系数为0.1464，T值为7.0201，且在1%水平上显著，这说明在加入非行业和年份虚拟变量的控制变量之后，媒体治理与投资者保护程度显著正相关，即随着媒体治理程度的提高，投资者保护程度也相对较高；模型1_3是在仅加入行业和年份虚拟变量之后，媒体治理和投资者保护程度（Protect_1）之间的回归结果，从结果中可以看出，媒体治理（Media）的回归系数为0.2200，T值为13.0066，且在1%水平上显著，这说明在仅加入行业和年份虚拟变量之后，媒体治理与投资者保护程度显著正相关，即随着媒体治理程度的提高，投资者保护程度也相对较高；模型1_4是在加入所有控制变量之后，媒体治理（Media）和投资者保护程度（Protect_1）的回归结果，从结果中可以看出，媒体治理（Media）的回归系数为0.1562，T值为7.2224，且在1%水平上显著，这说明在加入所有控制变量之后，媒体治理与投资者保护程度显著正相关，即随着媒体治理程度的不断提升，投资者保护程度越高。从上述结果可以看出，在审计意见类型作为投资者保护指标的情况下，媒体治理均与投资者保护程度显著正相关，这也意味着媒体治理程度越高，投资者保护程度也越强，从而验证假设1a。

从McFadden R^2来看，模型1_1的McFadden R^2为0.0273，模型1_2的McFadden R^2为0.3392，模型1_3的McFadden R^2为0.0756，模型1_4的McFadden R^2为0.3518，与模型1_1相比，增加主要控制变量之后，模型1_2的McFadden R^2变大；增加了年份和行业虚拟变量之后，模型1_3的McFadden R^2也变大；增加了所有的控制变量之后，模型1_4的McFadden R^2也变大，这一结果说明，与单变量回归模型相比，增加了主要控制变量或者行业和年份虚拟变量或者所有控制变量之后，模型变量的解释力度上升了，这也进一步说明本研究考察媒体治理和投资者保护（审计意见类型）模型所选择变量的合理性。

表5-2给出的是媒体治理和投资者保护（管理费用率）的主效应回归结果。基准模型2是投资者保护和所有控制变量之间的回归结果，从结果中可以看出，第一大股东持股比例（Share）的回归系数为−0.0898，T值为−7.1262，且在1%水平下显著，这说明第一大股东持股比例与管理费用率显著负相关，即第一大股东持股比例越高，管理费用率越低，从而投资者保护程度越高，这与修宗峰和杜兴强（2011）的研究指出大股东有助于降低管理层与股东之间代理程度，提升投资者保护程度的结论相一致；机构投资者持股比例（Inshare）的回归系

数为-0.0184，T值为-2.2858，且在1%水平下显著，这说明机构投资者持股比例与管理费用率显著负相关，即机构投资者持股比例越高，管理费用率越低，从而投资者保护程度越高，这与韩晴和王华（2014）研究指出的机构投资者具有较好的治理效应，提升投资者保护程度的结论相一致；管理层持股比例（Eshare）的回归系数为-0.0191，T值为-4.4676，且在1%水平下显著，这说明管理者持股比例与管理费用率显著负相关，即管理层持股比例越高，管理费用率越低，从而投资者保护程度越高，这与现有研究（Murphy，1999；曾亚敏、张俊生，2009）指出管理层持股可以有效降低第一类代理成本，提升投资者保护程度相类似；两职兼任（Dual）的回归系数为0.0117，T值为2.0367，且在5%水平下显著，这表示董事长和总经理的兼任与管理费用率显著正相关，说明董事长和总经理的兼任会增加管理费用率，造成对投资者的侵害，不利于投资者保护程度的提高，这与现有研究（武常岐、钱婷，2011；韩晴、王华，2014）的结论相一致；董事会规模（Board）的回归系数为-0.0071，T值为-7.4096，且在1%水平下显著，这表示董事会规模与管理费用率显著负相关，这也意味着董事会规模越大，管理费用率越低，投资者保护程度越高，这与现有研究（Fama & Jensen，1983；曾亚敏、张俊生；2009；韩晴、王华，2014；王明琳等，2014）的结论相类似；公司规模（Size）的回归系数为-0.0108，T值为-6.1856，且在1%的水平下显著，这表示公司规模与管理费用率显著负相关，与投资者保护程度显著正相关，即公司规模越大，投资者保护程度越高，这与现有研究（李寿喜，2007；武常岐、钱婷，2011；修宗峰、杜兴强，2011；王明琳等，2014）的结论相类似；公司绩效（Roa）的回归系数为-0.6184，T值为-7.3844，且在1%水平上显著，这表示公司绩效与管理费用率显著负相关，即公司绩效越高的公司中管理费用率越低，投资者保护程度越高，这与现有研究（武常岐、钱婷，2011；修宗峰、杜兴强，2011）指出盈利性越好的公司管理层与股东之间的代理成本越低、投资者保护程度越高的结论相类似；资产负债率（Debt）的回归系数为0.1778，T值为8.2372，且在1%水平下显著，这表示资产负债率与管理费用率显著正相关，即公司负债程度越高，管理费用率越高，投资者保护程度也就越低，这与现有研究（李寿喜，2007；修宗峰、杜兴强，2011；王明琳等，2014）的结论相类似；集团控制（Affiliation）的回归系数为-0.0203，T值为-5.4129，且在1%水平下显著，这表示集团控制的公司中具有较低的管理费用率，那么投资者保护程度也就越高，这与武常岐和钱婷（2011）的结果相类似；偏离程度（Deviation）的回归系数为-0.0022，T值为-1.9952，且在5%水平下显著，这表示控制人最终控制权和所有权偏离程度与管理费用率显著负相关，即控制人最终控制权和所有权偏离程度越大，管理费用率越低，投资保护程度越高，这与王明琳等（2014）的研究结论相类似；自由现金流比率（Cash）的回归系数为-0.0756，T值为-1.6749，且在

10% 水平下显著，这说明自由现金流比率与管理费用率显著负相关，即自由现金流比率越高，管理费用率越低，投资者保护程度越高，这与修宗峰和杜兴强（2011）的研究结论相类似；企业性质（Type）的回归系数为 -0.0304，T 值为 -6.7373，且在 1% 水平下显著，这表示在国有企业中管理费用率相对较低，投资者保护程度越高，这与现有研究（修宗峰、杜兴强，2011；韩晴、王华，2014）的结论相类似；市场化程度（Market）的回归系数为 -0.0136，T 值为 -2.8540，且在 1% 水平下显著，这表示在在市场化程度较高地区的公司中管理费用率相对较低，投资者保护程度越高，这与王明琳等（2014）的研究结论相类似。上述结论表示本研究所选控制变量具有较高的代表性。

表 5-2　　　　媒体治理和投资者保护（管理费用率）的主效应回归结果

变量	基准模型2	模型2_1	模型2_2	模型2_3	模型2_4
			Protect_2		
Media		−0.0257*** (−12.4421)	−0.0084*** (−4.5726)	−0.0249*** (−11.7913)	−0.0095*** (−4.8132)
Share	−0.0898*** (−7.1262)		−0.0916*** (−7.2273)		−0.0929*** (−7.3247)
Inshare	−0.0184** (−2.2858)		−0.0247*** (−3.7204)		−0.0124 (−1.5257)
Eshare	−0.0191*** (−4.4676)		−0.0203*** (−4.7008)		−0.0178*** (−4.1917)
Dual	0.0117** (2.0367)		0.0111* (1.9321)		0.0117** (2.0447)
Board	−0.0071*** (−7.4096)		−0.0064*** (−6.7839)		−0.0070*** (−7.2127)
Indd	−0.0422 (−0.9926)		−0.0587 (−1.3651)		−0.0391 (−0.9192)
Size	−0.0108*** (−6.1856)		−0.0099*** (−5.6467)		−0.0071*** (−3.6866)
Roa	−0.6184*** (−7.3844)		−0.6129*** (−7.3321)		−0.6144*** (−7.3446)
Debt	0.1778*** (8.2372)		0.1715*** (7.9968)		0.1768*** (8.2006)

续表

变量	基准模型 2	模型 2_1	模型 2_2	模型 2_3	模型 2_4
Affiliation	−0.0203*** (−5.4129)		−0.0214*** (−5.7355)		−0.0205*** (−5.4625)
Deviation	−0.0022** (−1.9952)		−0.0013 (−1.2391)		−0.0022** (−2.0665)
Cash	−0.0756* (−1.6749)		−0.0423 (−0.9960)		−0.0727 (−1.6152)
Type	−0.0304*** (−6.7373)		−0.0285*** (−6.4858)		−0.0304*** (−6.7587)
Market	−0.0136*** (−2.8540)		−0.0123** (−2.5465)		−0.0136*** (−2.8410)
Industry	Yes	No	No	Yes	Yes
Year	Yes	No	No	Yes	Yes
C	0.5010*** (14.7936)	0.1537*** (38.5037)	0.4256*** (13.8282)	0.2302*** (10.9762)	0.4375*** (12.1266)
R^2	0.2212	0.0113	0.1959	0.0402	0.2226
调整 R^2	0.2192	0.0112	0.1951	0.0386	0.2205
F 统计量	110.7849	192.7733	260.0719	25.1652	108.9776
P（F 统计量）	0.0000	0.0000	0.0000	0.0000	0.0000
样本	全样本	全样本	全样本	全样本	全样本
观测值	16 031	16 866	16 031	16 866	16 031

注：（）为 T 值，*、**、***分别代表 0.1、0.05 和 0.01 的显著性水平。

模型 2_1 是在不含有任何控制变量情况下，媒体治理和投资者保护程度（Protect_2）的回归结果，从结果中可以看出，媒体治理（Media）的回归系数为 −0.0257，T 值为 −12.4421，且在 1% 水平上显著，这说明媒体治理与管理费用率显著负相关，与投资者保护程度显著正相关，即随着媒体治理程度的提高，投资者保护程度也相对较高；模型 2_2 是在除行业和年份这两个变量之外，其他控制变量、媒体治理和投资者保护程度（Protect_2）的回归结果，从结果中可以看出，媒体治理（Media）的回归系数为 −0.0084，T 值为 −4.5726，且在 1% 水平上显著，这说明在加入非行业和年份虚拟变量的控制变量之后，媒体治理与管理费用率显著负相关，与投资者保护程度显著正相关，即随着媒体治理程度的提高，投资者保护程度也相对较高；模型2_3是在仅加入行业和年份虚拟变量之后，媒体治理和投资者保护程度（Protect_2）之间的回归结果，从结果中可以看出，媒体治理（Media）的回归系数为-0.0249，T值为-11.7913，且在1%水平上显著，这说明在仅加入行业和年份虚拟变量之后，媒体治理与管理费用率显著负相关，与投资者保护程度显著正相关，即随着媒体治理程度的提高，投资者保护程度也相对较高；模型2_4是在加入所有控制变量之后，媒体治理（Media）和投资者保护程度（Protect_2）的回归结果，从结果中可以看出，媒体治理（Media）的回归系数为-0.0095，T值为-4.8132，且在1%水平上显著，这说明在加入所有控制变量之后，媒体治理与管理费用率显著负相关，与投资者保护程度显著正相关，即媒体治理程度越高，投资者保护程度越高。从上述结果可以看出，在管理费用率作为投资者保护指标的情况下，媒体治理均与投资者保护程度显著正相关，这也意味着媒体治理程度越高，投资者保护程度也越高，从而验证假设1b。

从解释力度 R^2 来看，模型2_1的 R^2 为0.0113，调整 R^2 为0.0112，模型2_2的 R^2 为0.1959，调整 R^2 为0.1951，模型2_3的 R^2 为0.0402，调整 R^2 为0.0386，模型2_4的 R^2 为0.2226，调整 R^2 为0.2205，与模型2_1相比，增加了主要控制变量之后，模型2_2的 R^2 和调整 R^2 都变大；增加了年份和行业虚拟变量之后，模型2_3的 R^2 和调整 R^2 都变大；增加了所有的控制变量之后，模型2_4的 R^2 和调整 R^2 也都变大，这一结果说明，与单变量回归模型相比，增加了主要控制变量或者行业和年份虚拟变量或者所有控制变量之后，模型变量的解释力度上升了，这也进一步说明本研究考察媒体治理和投资者保护（管理费用率）模型所选择变量的合理性。

表5-3给出的是媒体治理和投资者保护（大股东资金占用率）的主效应回归结果。基准模型3是投资者保护和所有控制变量之间的回归结果，从结果中可以看出，第一大股东持股比例（Share）的回归系数为0.0062，T值为2.9478，且在1%水平下显著，这说明第一大股东持股比例与资金占有率显著正相关，即第一大股东持股比例越大，上市公司大股东资金占用率越高，投资者保护程度越低，这与郑国坚等（2014）的研究相一致；机构投资者持股比例（Inshare）的回归系数为-0.0018，T值为-2.4074，且在5%水平下显著，这表示机构投资者持股比例与大股东资金占用率显著负相关，说明机构投资者持股比例越高，大股东资金占用率越低，从而投资者保护程度越高，这与宋玉和李卓（2006）的研究结论相类似；管理层持股（Eshare）的回归系数为0.0013，T值为2.5181，且在5%水平下显著，这说明管理层持股会增加股东的大股东资金占用率，降低投资者保护程度，这与现有研究（曾亚敏、张俊生，2009；郑国坚等，2013）的结论相反，这

可能是因为当管理层持股后，可能会与股东形成同盟，侵占投资者的利益，不利于投资者的保护；股权制衡（Balance）的回归系数为−0.0010，T 值为−2.6897，且在 1% 的水平下显著，这说明股权制衡与大股东资金占用率显著负相关，股权制衡程度越高，大股东资金占用率程度越低，投资者保护程度越高，这与现有研究（叶康涛等，2007；郑国坚等，2013；郑国坚等，2014）的结论相类似；董事会规模（Board）的系数为−0.0008，T 值为−5.3130，且在 1% 的水平上显著，这表示董事会规模与大股东资金占用率显著负相关，即董事会规模越大，大股东资金占用率越低，投资者保护程度越高，独立董事比例（Indd）的回归系数为−0.0197，T 值为−3.9505，且在 1% 的水平上显著，说明独立董事比例与资金占有率显著负相关，独立董事比例越高，大股东资金占用率越低，投资者保护程度越高，因此，董事会治理程度越高（董事会规模越高，独立董事比例越大），投资者保护程度越高，这也与现有研究（叶康涛等，2007；郑国坚等，2013；郑国坚等，2014）的结论相类似；公司规模（Size）的回归系数为 0.0004，T 值为−3.9505，且在 10% 的水平上显著，这表示公司规模与大股东资金占用率显著正相关，说明规模越大的公司，大股东资金占用率越高，投资者保护程度越低；公司绩效（Roa）的回归系数为−0.0506，T 值为−5.8056，且在 1% 的水平上显著，说明公司绩效水平与大股东资金占用率显著负相关，即绩效越好的公司大股东资金占用率越低，投资者保护程度越高，这与郑国坚等（2013）的结论相一致；资产负债率（Debt）的回归系数为 0.0129，T 值为 5.8277，且在 1% 的水平上显著，这说明资产负债率与大股东资金占用率显著正相关，即公司负债越高，大股东资金占用率越高，投资者保护程度越低，这与叶康涛等（2007）的研究结果相类似；集团控制（Affiliation）的回归系数为 0.0010，T 值为 2.0149，且在 5% 的水平上显著，说明集团控制与大股东资金占用率显著正相关，即集团控制的上市公司的大股东资金占用率较大，这可能与叶康涛等（2007）的研究结论相类似。

表 5-3　　媒体治理和投资者保护（大股东资金占有率）的主效应回归结果

变量	基准模型 3	模型 3_1	模型 3_2	模型 3_3	模型 3_4
		Protect_3			
Media		−0.0017***	−0.0005**	−0.0014***	−0.0008***
		(−6.6592)	(−2.1263)	(−5.3637)	(−3.0539)
Share	0.0062***		0.0121***		0.0060***
	(2.9478)		(5.6677)		(2.8328)
Inshare	−0.0018**		−0.0102***		−0.0013*
	(−2.4074)		(−12.2235)		(−1.7265)
Eshare	0.0013**		0.0015***		0.0014***
	(2.5181)		(3.0214)		(2.7347)

续表

变量	基准模型 3	模型 3_1	模型 3_2	模型 3_3	模型 3_4
Balance	−0.0010***		−0.0019***		−0.0010***
	(−2.6897)		(−4.8216)		(−2.6954)
Dual	−0.0001		−0.0010*		−0.0001
	(−0.1605)		(−1.7643)		(−0.1542)
Board	−0.0008***		−0.0006***		−0.0008***
	(−5.3130)		(−4.1094)		(−5.2014)
Indd	−0.0197***		−0.0271***		−0.0195***
	(−3.9505)		(−5.2258)		(−3.8861)
Size	0.0004*		−0.0003		0.0007***
	(1.9230)		(−1.3667)		(3.0224)
Roa	−0.0506***		−0.0551***		−0.0502***
	(−5.8056)		(−6.2361)		(−5.7482)
Debt	0.0129***		0.0127***		0.0129***
	(5.8277)		(5.7653)		(5.7979)
Affiliation	0.0010**		0.0015***		0.0010**
	(2.0149)		(2.9579)		(1.9752)
Cash	0.0035		0.0077*		0.0038
	(0.8250)		(1.8580)		(0.8847)
Growth	−0.0006		−0.0006*		−0.0006*
	(−1.5206)		(−1.6845)		(−1.6529)
Type	−0.0005		0.0006		−0.0005
	(−0.8461)		(1.1506)		(−0.8400)
Market	−0.0010		−0.0011*		−0.0010
	(−1.6250)		(−1.7660)		(−1.6234)
Industry	Yes	No	No	Yes	Yes
Year	Yes	No	No	Yes	Yes
C	0.0195***	0.0074***	0.0166***	0.0272***	0.0140***
	(3.9910)	(15.6383)	(3.7914)	(9.5124)	(2.6461)
R^2	0.1105	0.0031	0.0845	0.0519	0.1112
调整 R^2	0.1082	0.0031	0.0837	0.0503	0.1088
F统计量	48.6668	53.3708	95.1313	32.9865	47.8626
P（F统计量）	0.0000	0.0000	0.0000	0.0000	0.0000
样本	全样本	全样本	全样本	全样本	全样本
观测值	16 499	16 918	16 499	16 918	16 499

注：（）为T值，*、**、***分别代表0.1、0.05和0.01的显著性水平。

模型 3_1 是在不含有任何控制变量情况下，媒体治理和投资者保护程度（Protect_3）的回归结果，从结果中可以看出，媒体治理（Media）的回归系数为 -0.0017，T 值为 -6.6592，且在 1% 水平上显著，这说明媒体治理与大股东资金占用率显著负相关，与投资者保护程度显著正相关，即随着媒体治理程度的提高，投资者保护程度也相对较高；模型 3_2 是在除行业和年份这两个变量之外，其他控制变量、媒体治理和投资者保护程度（Protect_3）的回归结果，从结果中可以看出，媒体治理（Media）的回归系数为 -0.0005，T 值为 -2.1263，且在 5% 水平上显著，这说明在加入非行业和年份虚拟变量的控制变量之后，媒体治理与大股东资金占用率显著负相关，与投资者保护程度显著正相关，即随着媒体治理程度的提高，投资者保护程度也相对较高；模型 3_3 是在仅加入行业和年份虚拟变量之后，媒体治理和投资者保护程度（Protect_3）之间的回归结果，从结果中可以看出，媒体治理（Media）的回归系数为 -0.0014，T 值为 -5.3637，且在 1% 水平上显著，这说明在仅加入行业和年份虚拟变量之后，媒体治理与大股东资金占用率显著负相关，与投资者保护程度显著正相关，即随着媒体治理程度的提高，投资者保护程度也相对较高；模型 3_4 是在加入所有控制变量之后，媒体治理（Media）和投资者保护程度（Protect_3）的回归结果，从结果中可以看出，媒体治理（Media）的回归系数为 -0.0008，T 值为 -3.0539，且在 1% 水平上显著，这说明在加入所有控制变量之后，媒体治理与大股东资金占用率显著负相关，与投资者保护程度显著正相关，即随着媒体治理程度的不断提升，投资者保护程度越高。从上述结果可以看出，在大股东资金占用率作为投资者保护指标的情况下，媒体治理均与投资者保护程度显著正相关，这也意味着媒体治理程度越高，投资者保护程度也越强，从而验证假设 1c。

从解释力度 R^2 来看，模型 3_1 的 R^2 为 0.0031，调整 R^2 为 0.0031，模型 3_2 的 R^2 为 0.0845，调整 R^2 为 0.0837，模型 3_3 的 R^2 为 0.0519，调整 R^2 为 0.0503，模型 3_4 的 R^2 为 0.1112，调整 R^2 为 0.1088，与模型 3_1 相比，增加了主要控制变量之后，模型 3_2 的 R^2 和调整 R^2 都变大了；增加了年份和行业虚拟变量之后，模型 3_3 的 R^2 和调整 R^2 都变大了；增加了所有的控制变量之后，模型 3_4 的 R^2 和调整 R^2 也都变大，这一结果说明，与单变量回归模型相比，增加了主要控制变量或者行业和年份虚拟变量或者所有控制变量之后，模型变量的解释力度上升了，这也进一步说明本研究考察媒体治理和投资者保护（大股东资金占有率）模型所选择变量的合理性。

从以上分析可以看出，在审计意见类型、管理费用率和大股东资金占月率作为投资者保护程度指标时，媒体治理均与投资者保护程度显著正相关，这就说明媒体治理程度越高，投资者保护程度越强，从而验证假设 1。

5.2 媒体治理影响投资者保护的作用机理：中介效应

为考察媒体治理影响投资者保护的作用机制，即考察信息机制或者声誉机制的中介效应，我们建立如下模型（4）：

$Protect_{i, t}=\beta_0+\beta_1*Media_{i, t-1}+Control$

$Information（Reputation）_{i, t}=\beta_0+\beta_1*Media_{i, t-1}+Control$

$Protect_{i, t}=\beta_0+\beta_1*Media_{i, t-1}+Information（Reputation）_{i, t}+Control$

具体变量说明见表4-1。

表5-4给出的是媒体治理与信息机制（Information）和声誉机制（Reputation）的回归结果（1）。模型4_1是在未加入任何控制变量时媒体治理和信息机制的回归结果，媒体治理（Media）的回归系数为0.4796，T值为57.7434，且在1%的水平下显著，这说明媒体治理程度越高，信息不对称程度越低，越有助于降低信息不对称；模型4_2是在加入控制变量之后媒体治理和信息机制的回归结果，媒体治理的回归系数为0.2693，T值为36.1741，且在1%的水平下显著，这说明在控制一些变量之后，媒体治理程度越高，信息不对称程度越低，越有助于降低信息不对称；模型4_3是在未加入任何控制变量时媒体治理和声誉机制的回归结果，媒体治理（Media）的回归系数为0.0488，T值为18.4493，且在1%的水平下显著，这说明媒体治理程度越高，高管积极反应越强，高管越重视声誉；模型4_4是在加入控制变量之后媒体治理和声誉机制的回归结果，媒体治理（Media）的回归系数为0.0374，T值为14.1448，且在1%的水平下显著，这说明在控制一些变量之后，媒体治理程度越高，高管积极反应越强，高管对声誉的重视程度越高。

表5-4　　　　媒体治理与信息机制和声誉机制的回归结果（1）

变量	Information 模型4_1	Information 模型4_2	Reputation 模型4_3	Reputation 模型4_4
Media	0.4796*** （57.7434）	0.2693*** （36.1741）	0.0488*** （18.4493）	0.0374*** （14.1448）
Share		0.1841*** （3.9531）		−0.0562*** （−3.3595）
Inshare		1.4512*** （38.5046）		0.0102 （0.7224）
Dual		0.0324* （1.6763）		−0.0108 （−1.6064）

续表

变量	Information 模型 4_1	Information 模型 4_2	Reputation 模型 4_3	Reputation 模型 4_4
Board		0.0580*** (15.2097)		−0.0035** (−2.4824)
Indd		0.2916** (2.2308)		−0.0034 (−0.0721)
Audit		0.0105 (0.6901)		0.0116** (2.1655)
Size		0.3411*** (37.4630)		0.0371*** (11.5896)
Roa		1.9516*** (17.8639)		−0.0416 (−1.1034)
Debt		−0.0983*** (−4.2877)		0.0123 (1.3506)
Cash		0.9589*** (10.6131)		−0.2924*** (−9.0516)
Growth		−0.0283*** (−3.2036)		0.0157*** (4.1708)
Type		−0.0239 (−1.5235)		0.0365*** (6.4344)
Market		0.0789*** (4.6965)		0.0170*** (2.7870)
Industry	No	Yes	No	Yes
Year	No	Yes	No	Yes
C	1.2711*** (89.8641)	−7.0750*** (−40.6826)	2.4629*** (564.5747)	1.7378*** (27.6422)
R^2	0.1540	0.5358	0.0201	0.2630
调整 R^2	0.1539	0.5346	0.0201	0.2611
F 统计量	3079.4850	463.2296	347.6759	143.2049
P（F 统计量）	0.0000	0.0000	0.0000	0.0000
样本	全样本	全样本	全样本	全样本
观测值	16 925	16 925	16 925	16 925

注：（ ）为 T 值，*、**、***分别代表 0.1、0.05 和 0.01 的显著性水平。

从信息机制和控制变量的回归结果来看，第一大股东持股比例（Share）的回归系数为0.1841，T值为3.9531，且在1%的水平上显著，这说明第一大股东持股比例与信息不对称程度显著负相关，即第一大股东持股比例越高，信息不对称程度越低，信息传递效率越高；机构投资者持股比例（Inshare）的回归系数为1.4512，T值为38.5046，且在1%的水平上显著，这说明机构投资者持股比例与信息不对称程度显著负相关，即机构投资者持股比例越大，信息不对称程度越低，信息传递效率越高；两职兼任（Dual）的回归系数为0.0324，T值为1.6763，且在10%水平上显著，这表示公司董事长和总经理两职兼任与信息不对称程度显著负相关，意味着当公司存在董事长和总经理两职兼任情况时，信息不对称程度越低，信息传递效率越高；董事会规模（Board）的回归系数为0.0580，T值为15.2097，且在1%水平上显著，这表示公司董事会规模与信息不对称程度显著负相关，意味着董事会规模越大，信息不对称程度越低，信息传递效率越高；独立董事比例（Indd）的回归系数为0.2916，T值为2.2308，且在5%水平上显著，这表示公司独立董事比例与信息不对称程度显著负相关，意味着独立董事比例越大，信息不对称程度越低，信息传递效率越高；公司规模（Size）的回归系数为0.3411，T值为37.4630，且在1%水平上显著，这表示公司规模与信息不对称程度显著负相关，意味着公司规模越大，信息不对称程度越低，信息传递效率越高；公司绩效（Roa）的回归系数为1.9516，T值为17.8639，且在1%水平上显著，这表示公司绩效与信息不对称程度显著负相关，意味着公司规模越大，信息不对称程度越低，信息传递效率越高；资产负债率（Debt）的回归系数为−0.0983，T值为−4.2877，且在1%水平上显著，这表示公司资产负债率与信息不对称程度显著正相关，意味着公司资产负债率越大，信息不对称程度越高，信息传递效率越低；公司自由现金流比率（Cash）的回归系数为0.9589，T值为10.6131，且在1%水平上显著，这表示公司自由现金流比率与信息不对称程度显著负相关，意味着公司自由现金流比率越大，信息不对称程度越低，信息传递效率越高；公司增长性（Growth）的回归系数为−0.0283，T值为−3.2036，且在1%水平上显著，这表示公司增长性与信息不对称程度显著正相关，意味着公司增长性越大，信息不对称程度越高，信息传递效率越低；市场化程度（Market）的回归系数为0.0789，T值为4.6965，且在1%水平上显著，这表示市场化程度与信息不对称程度显著负相关，意味着市场化程度越大，信息不对称程度越低，信息传递效率越高。

从声誉重视程度和控制变量的回归结果来看，第一大股东持股比例（Share）的回归系数为−0.0562，T值为−3.3595，且在1%的水平上显著，这说明第一大股东持股比例与声誉重视程度负相关，即第一大股东持股比例越高，对声誉越不重视；董事会规模（Board）的回归系数为−0.0035，T值为−2.4824，且在1%水平上显著，这表示公司董事会规模与声誉重视程度显著负相关，意味着董事会规模越大，对声誉越不重视；审计委员会（Audit）的回归系数为 0.0116，T 值为 2.1655，且在 5% 的水平上显著，说明审计委员会和声誉重视程度显著正相关，即存在审计委员会的公司高管积极反应越强烈，高管对声誉越重视；公司规模（Size）的回归系数为 0.0371，T 值为 11.5896，且在 1% 水平上显著，这表示公司规模与声誉重视程度显著正相关，意味着公司规模越大，高管对声誉重视程度越强；公司自由现金流比率（Cash）的回归系数为 −0.2924，T 值为 −9.0516，且在 1% 水平上显著，这表示公司自由现金流比率与声誉重视程度显著负相关，意味着自由现金流比率越大，高管对声誉越不重视；公司增长性（Growth）的回归系数为 0.0157，T 值为 4.1708，且在 1% 水平上显著，这表示公司增长性与声誉重视程度显著正相关，意味着公司增长性越大，高管对声誉重视程度越强；企业性质（Type）的回归系数为 0.0365，T 值为 6.4344，且在 1% 水平上显著，这说明国有企业与声誉重视程度显著正相关，这表示在国有企业中，高管对声誉重视程度更强；市场化程度（Market）的回归系数为 0.0170，T 值为 2.7870，且在 1% 水平上显著，这说明市场化程度与声誉重视程度显著正相关，这表示在国有企业中，高管对声誉重视程度更强。

从解释力度 R^2 来看，模型 4_1 的 R^2 为 0.1540，调整 R^2 为 0.1539，模型 4_2 的 R^2 为 0.5358，调整 R^2 为 0.5346，与模型 4_1 相比，增加了所有的控制变量之后，模型 4_2 的 R^2 和调整 R^2 也都变大，这一结果说明，与单变量回归模型相比，增加了所有控制变量之后，模型变量的解释力度上升了，这也进一步说明本研究在考察媒体治理和信息机制模型中所选择变量的合理性。模型 4_3 的 R^2 为 0.0201，调整 R^2 为 0.0201，模型 4_4 的 R^2 为 0.2630，调整 R^2 为 0.2611，与模型 4_3 相比，增加了所有的控制变量之后，模型 4_4 的 R^2 和调整 R^2 也都变大，这一结果说明，与单变量回归模型相比，增加了所有控制变量之后，模型变量的解释力度上升了，这也进一步说明本研究在考察媒体治理和声誉机制模型中所选择变量的合理性。

表 5-5 给出的是信息机制和声誉机制的中介效应回归结果（1）。模型 4_5 是在未加入控制变量的情况下，媒体治理和信息机制对投资者保护（审计意见类型）的影响结果，从结果看出，媒体治理（Media）的回归系数为 0.0435，T 值为 2.4007，且在 5% 的水平下显著，信息不对称程度（Information）的回归系数为 0.4552，T 值为 29.2136，且在 1% 的水平下显著，即媒体治理和信息不对称程度均对投资者保护产生影响，并都显著，说明信息不对称程度在媒体治理和投资者保护程度关系中起着中介性的作用，而且还是部分中介。模型 4_6 是在加入所有控制变量的情况下，媒体治理和信息机制对投资者保护（审计意见类型）的影响结果，从结果看出，媒体治理（Media）的回归系数为 0.0840，T 值为 3.7449，且在 1% 的水平下显著，信息不对称程度（Information）的回归系数为 0.2872，T 值

为13.0212，且在1%的水平下显著，即媒体治理和信息不对称程度均对投资者保护产生影响，而且也都显著，说明信息不对称程度在媒体治理和投资者保护关系中起着中介性的作用，而且还是部分中介。因此，对应于投资者保护第一个指标审计意见类型而言，信息机制在媒体治理和投资者保护的关系中起着部分中介的作用，从而验证假设2a。

表5-5　　　　　　　　**信息机制和声誉机制的中介效应回归结果（1）**

变量	模型4_5	模型4_6	模型4_7	模型4_8
	Protect_1			
Media	0.0435**	0.0840***	0.2244***	0.1559***
	（2.4007）	（3.7449）	（13.6978）	（7.1659）
Information	0.4552***	0.2872***		
	（29.2136）	（13.0212）		
Reputation			−0.0120	0.0113
			（−0.2948）	（0.1910）
Share		0.9413***		1.0937***
		（6.9711）		（7.9232）
Inshare		0.3243**		0.7708***
		（2.3708）		（5.9379）
Dual		0.0059		0.0009
		（0.1084）		（0.0172）
Board		0.0079		0.0223*
		（0.6475）		（1.8930）
Indd		0.1169		0.3285
		（0.2916）		（0.8178）
Audit		0.1453***		0.1392***
		（3.4016）		（3.3421）
Size		−0.1272***		−0.0120
		（−4.8926）		（−0.4808）
Roa		3.4751***		3.7902***
		（11.6136）		（12.2361）
Debt		−1.4293***		−1.4608***
		（−10.3509）		（−10.4746）

续表

变量	模型 4_5	模型 4_6	模型 4_7	模型 4_8
Cash		0.9271*** （3.2956）		1.1330*** （3.9310）
Growth		0.0088 （0.3493）		0.0018 （0.0653）
Type		0.0936** （2.2611）		0.0802** （1.9624）
Market		0.1548*** （3.5152）		0.1589*** （3.6609）
Industry	No	Yes	No	Yes
Year	No	Yes	No	Yes
C	0.7425*** （29.5671）	3.5065*** （6.7088）	1.1941*** （11.6623）	1.0636** （2.0980）
Mean dependent var	0.9209	0.9348	0.9209	0.9348
S.E. of regression	0.2575	0.1968	0.2675	0.1984
ALL	−0.2357	−0.1511	−0.2690	−0.1562
McFadden R^2	0.1480	0.3730	0.0274	0.3518
LR statistic	1386.1460	2965.2850	256.1074	2797.1140
P （LR stat）	0.0000	0.0000	0.0000	0.0000
S.D. dependent var	0.2699	0.2468	0.2699	0.2468
样本	全样本	全样本	全样本	全样本
观测值	16 925	16 499	16 925	16 499

注：（）为 Z 值，*、**、***分别代表 0.1、0.05 和 0.01 的显著性水平。

模型 4_7 是在未加入控制变量的情况下，媒体治理和声誉重视程度对投资者保护（审计意见类型）的影响结果，从结果看出，媒体治理（Media）的回归系数为 0.2244，T 值为 13.6978，且在 1% 的水平下显著，声誉重视程度（Reputation）的回归系数为 −0.0120，T 值为 −0.2948，且不显著，即媒体治理对投资者保护起作用，而高管积极反应程度对投资者保护程度无影响，说明高管积极反应程度在媒体治理和投资者保护程度关系中没有起到中介性的作用。模型

89

4_8是在加入所有控制变量的情况下，媒体治理和声誉重视程度对投资者保护（审计意见类型）的影响结果，从结果看出，媒体治理（Media）的回归系数为0.1559，T值为7.1659，且在1%的水平下显著，声誉重视程度（Reputation）的回归系数为0.0113，T值为0.1910，且不显著，即媒体治理对投资者保护程度产生影响，而高管积极反应程度对投资者保护程度无影响，说明高管积极反应程度在媒体治理和投资者保护程度关系中没有起着中介性的作用。因此，对应于投资者保护第一个指标审计意见类型而言，高管的积极反应程度代表了声誉重视程度，可见声誉重视程度在媒体治理和投资者保护程度（审计意见类型）的关系中不起中介的作用。

从 McFadden R^2 来看，模型4_5的 McFadden R^2 为0.1480，模型4_6的 McFadden R^2 为0.3730，与模型4_5相比，增加了所有的控制变量之后，模型4_6的 McFadden R^2 变大，这一结果说明，与单变量回归模型相比，增加了所有控制变量之后，模型变量的解释力度上升了，这也进一步说明本研究在考察信息机制中介模型中所选择变量的合理性。模型4_7的 McFadden R^2 为0.0274，模型4_8的 McFadden R^2 为0.3518，与模型4_7相比，增加了所有的控制变量之后，模型4_8的 McFadden R^2 变大，这一结果说明，与单变量回归模型相比，增加了所有控制变量之后，模型变量的解释力度上升了，这也进一步说明本研究考察声誉中介模型所选择变量的合理性。

表5-6给出的是媒体治理与信息机制和声誉机制的回归结果（2）。模型5_1是在未加入任何控制变量时媒体治理和信息机制的回归结果，媒体治理（Media）的回归系数为0.4796，T值为57.7434，且在1%的水平下显著，这说明媒体治理程度越高，信息不对称程度越低，越有助于降低信息不对称；模型5_2是在加入控制变量之后媒体治理和信息机制的回归结果，媒体治理的回归系数为0.2650，T值为34.9110，且在1%的水平下显著，这说明在控制一些变量之后，媒体治理程度越高，信息不对称程度越低，越有助于降低信息不对称；模型5_3是在未加入任何控制变量时媒体治理和声誉机制的回归结果，媒体治理（Media）的回归系数为0.0488，T值为18.4493，且在1%的水平下显著，这说明媒体治理程度越高，高管越重视声誉；模型5_4是在加入控制变量之后媒体治理和声誉机制的回归结果，媒体治理（Media）的回归系数为0.0346，T值为12.6599，且在1%的水平下显著，这说明在控制一些变量之后，媒体治理程度越高，高管对声誉的重视程度越高。

从信息机制和控制变量的回归结果来看，第一大股东持股比例（Share）的回归系数为0.1938，T值为3.9962，且在1%的水平上显著，这说明第一大股东持股比例与信息不对称程度显著负相关，即第一大股东持股比例越高，信息不对称程度越低，信息传递效率越好；机构投资者持股比例（Inshare）的回归系数为

表 5-6　　　　　　媒体治理与信息机制和声誉机制的回归结果（2）

变量	Information 模型 5_1	Information 模型 5_2	Reputation 模型 5_3	Reputation 模型 5_4
Media	0.4796*** （57.7434）	0.2650*** （34.9110）	0.0488*** （18.4493）	0.0346*** （12.6599）
Share		0.1938*** （3.9962）		−0.0459*** （−2.6288）
Inshare		1.5533*** （40.1428）		0.0084 （0.5808）
Eshare		0.1749*** （11.5866）		0.0195*** （3.6265）
Dual		0.0445** （2.2798）		−0.0106 （−1.5437）
Board		0.0553*** （14.0936）		−0.0038*** （−2.6072）
Indd		0.2923** （2.2086）		0.0183 （0.3799）
Size		0.3239*** （34.9662）		0.0345*** （10.5170）
Roa		1.7305*** （16.3379）		−0.0026 （−0.0633）
Debt		−0.0986*** （−4.4340）		0.0098 （1.0002）
Affiliation		0.0297** （2.0337）		0.0168*** （3.1682）
Deviation		−0.0019 （−0.3811）		−0.0014 （−0.6533）
Cash		0.8997*** （9.8869）		−0.2736*** （−8.1116）
Type		−0.0418** （−2.5609）		0.0397*** （6.6210）

续表

变量	Information 模型 5_1	Information 模型 5_2	Reputation 模型 5_3	Reputation 模型 5_4
Market		0.0794*** （4.5695）		0.0167*** （2.6525）
Industry	No	Yes	No	Yes
Year	No	Yes	No	Yes
C	1.2711*** （89.8641）	−6.8472*** （−38.7518）	2.4629*** （564.5747）	1.7714*** （27.7497）
R^2	0.1540	0.5329	0.0201	0.2600
调整 R^2	0.1539	0.5317	0.0201	0.2581
F统计量	3079.4850	435.5800	347.6759	134.1343
P（F统计量）	0.0000	0.0000	0.0000	0.0000
样本	全样本	全样本	全样本	全样本
观测值	16 925	16 076	16 925	16 076

注：（ ）为T值，*、**、***分别代表0.1、0.05和0.01的显著性水平。

1.5533，T值为40.1428，且在1%的水平上显著，这说明机构投资者持股比例与信息不对称程度显著负相关，即机构投资者持股比例越大，信息不对称程度越低，信息传递效率越高；管理层持股（Eshare）的回归系数为0.1749，T值为11.5866，且在1%的水平上显著，这说明管理层持股与信息保护程度显著负相关，即管理层持股比例越大，信息不对称程度越低，信息传递效率越高；两职兼任（Dual）的回归系数为0.0445，T值为2.2798，且在5%水平上显著，这表示公司董事长和总经理两职兼任与信息不对称程度显著负相关，意味着当公司存在董事长和总经理两职兼任情况时，信息不对称程度越低，信息传递效率越高；董事会规模（Board）的回归系数为0.0553，T值为14.0936，且在1%水平上显著，这表示公司董事会规模与信息不对称程度显著负相关，意味着董事会规模越大，信息不对称程度越低，信息传递效率越高；独立董事比例（Indd）的回归系数为0.2923，T值为2.2086，且在5%水平上显著，这表示公司独立董事比例与信息不对称程度显著负相关，意味着独立董事比例越大，信息不对称程度越低，信息传递效率越高；公司规模（Size）的回归系数为0.3239，T值为34.9662，且在1%水平上显著，这表示公司规模与信息不对称程度显著负相关，意味着公司规模越

大，信息不对称程度越低，信息传递效率越高；公司绩效（Roa）的回归系数为
1.7305，T 值为 16.3379，且在 1% 水平上显著，这表示公司绩效与信息不对称程
度显著负相关，意味着公司规模越大，信息不对称程度越低，信息传递效率越
高；资产负债率（Debt）的回归系数为 −0.0986，T 值为 −4.4340，且在 1% 水平上
显著，这表示公司资产负债率与信息不对称程度显著正相关，意味着公司资产负
债率越高，信息不对称程度越高，信息传递效率越低；集团控制（Affiliation）的
回归系数为 0.0297，T 值为 2.0337，且在 5% 水平上显著，这表示集团控制与信
息不对称程度显著负相关，意味着集团控制的公司中信息不对称程度越低，信息
传递效率越高；公司自由现金流比率（Cash）的回归系数为 0.8997，T 值为
9.8869，且在 1% 水平上显著，这表示公司自由现金流比率与信息不对称程度显
著负相关，意味着公司自由现金流比率越大，信息不对称程度越低，信息传递效
率越高；企业性质（Type）的回归系数为 −0.0418，T 值为 −2.5609，且在 5% 水平
上显著，这表示企业性质与信息不对称程度显著正相关，意味着在国有企业中，
信息不对称程度越高，信息传递效率越低；市场化程度（Market）的回归系数为
0.0794，T 值为 4.5695，且在 1% 水平上显著，这表示市场化程度与信息不对称程
度显著负相关，意味着市场化程度越大，信息不对称程度越低，信息传递效率
越高。

　　从声誉重视程度和控制变量的回归结果来看，第一大股东持股比例（Share）
的回归系数为 −0.0459，T 值为 −2.6288，且在 1% 的水平上显著，这说明第一大股
东持股比例与声誉重视程度负相关，即第一大股东持股比例越高，对声誉越不
重视；管理层持股（Eshare）的回归系数为 0.0195，T 值为 3.6265，且在 1% 水
平上显著，这说明管理层持股与声誉重视程度显著正相关，即管理层持股比例
越大，声誉重视程度越强；董事会规模（Board）的回归系数为 −0.0038，T 值
为 −2.6072，且在 1% 水平上显著，这表示公司董事会规模与声誉重视程度显著负
相关，意味着董事会规模越大，对声誉越不重视；公司规模（Size）的回归系数
为 0.0345，T 值为 10.5170，且在 1% 水平上显著，这表示公司规模与声誉重视程
度显著正相关，意味着公司规模越大，高管对声誉重视程度越强；集团控制
（Affiliation）的回归系数为 0.0168，T 值为 3.1682，且在 1% 水平上显著，这表示
集团控制与声誉重视程度显著正相关，意味着在集团控制的公司中，高管对声誉
重视程度越强；公司自由现金流比率（Cash）的回归系数为 −0.2736，T 值为 −
8.1116，且在 1% 水平上显著，这表示公司自由现金流比率与声誉重视程度显著
负相关，意味着自由现金流比率越大，高管对声誉越不重视；企业性质（Type）
的回归系数为 0.0397，T 值为 6.6210，且在 1% 水平上显著，这说明国有企业与
声誉重视程度显著正相关，这表示在国有企业中，高管对声誉重视程度越强；市
场化程度（Market）的回归系数为 0.0167，T 值为 2.6525，且在 1% 水平上显著，

这说明市场化程度与声誉重视程度显著正相关，这表示在市场化程度较高地区的企业中，高管对声誉重视程度更强。

从解释力度 R^2 来看，模型 5_1 的 R^2 为 0.1540，调整 R^2 为 0.1539，模型 5_2 的 R^2 为 0.5329，调整 R^2 为 0.5317，与模型 5_1 相比，增加了所有的控制变量之后，模型 5_2 的 R^2 和调整 R^2 也都变大了，这一结果说明，与单变量回归模型相比，增加了所有控制变量之后，模型变量的解释力度上升了，这也进一步说明本研究在考察媒体治理和信息机制模型中所选择变量的合理性。模型 5_3 的 R^2 为 0.0201，调整 R^2 为 0.0201，模型 5_4 的 R^2 为 0.2600，调整 R^2 为 0.2581，与模型 5_3 相比，在增加了所有的控制变量之后，模型 5_4 的 R^2 和调整 R^2 也都变大，这一结果说明，与单变量回归模型相比，增加了所有控制变量之后，模型变量的解释力度上升了，这也进一步说明本研究在考察媒体治理和声誉机制模型中所选择变量的合理性。

表 5-7 给出的是信息机制和声誉机制的中介效应回归结果（2）。模型 5_5 是在未加入控制变量的情况下，媒体治理和信息机制对投资者保护（管理费用率）的影响结果，从结果看出，媒体治理（Media）的回归系数为 -0.0077，T 值为 -3.8966，且在 1% 的水平下显著，信息不对称程度（Information）的回归系数为 -0.0377，T 值为 -19.8635，且在 1% 的水平下显著，即媒体治理和信息不对称程度均对投资者保护程度产生影响，而且影响也都显著，说明信息不对称程度在媒体治理和投资者保护程度关系中起着中介性的作用，而且还是部分中介。模型 5_6 是在加入所有控制变量的情况下，媒体治理和信息机制对投资者保护（管理费用率）的影响结果，从结果看出，媒体治理（Media）的回归系数为 -0.0062，T 值为 -3.1095，且在 1% 的水平下显著，信息不对称程度（Information）的回归系数为 -0.0123，T 值为 -5.6458，且在 1% 的水平下显著，即媒体治理和信息不对称程度均对投资者保护程度产生影响，而且也都显著，说明信息不对称程度在媒体治理和投资者保护程度关系中起着中介性的作用，而且还是部分中介。因此，对于投资者保护第二个指标管理费用率而言，信息机制在媒体治理和投资者保护程度的关系中起着部分中介的作用，从而验证假设 2b。

模型 5_7 是在未加入控制变量的情况下，媒体治理和声誉重视程度对投资者保护（管理费用率）的影响结果，从结果看出，媒体治理（Media）的回归系数为 -0.0249，T 值为 13.2769，且在 1% 的水平下显著，声誉重视程度（Reputation）的回归系数为 -0.0178，T 值为 -3.2747，且在 1% 的水平下显著，即媒体治理与声誉重视程度对投资者保护起作用，说明声誉重视程度在媒体治理和投资者保护程度关系中起到中介性的作用，并且是部分中介作用。模型 5_8 是在加入所有控制变量的情况下，媒体治理和声誉重视程度对投资者保护（管理费用率）的影响结果，从结果看出，媒体治理（Media）的回归系数为 -0.0084，T 值为 -4.2276，且

表 5-7　　　　　　　信息机制和声誉机制的中介效应回归结果（2）

变量	Protect_2			
	模型 5_5	模型 5_6	模型 5_7	模型 5_8
Media	−0.0077*** (−3.8966)	−0.0062*** (−3.1095)	−0.0249*** (−13.2769)	−0.0084*** (−4.2276)
Information	−0.0377*** (−19.8635)	−0.0123*** (−5.6458)		
Reputation			−0.0178*** (−3.2747)	−0.0321*** (−4.3963)
Share		−0.0906*** (−7.2491)		−0.0944*** (−7.4276)
Inshare		0.0065 (0.7703)		−0.0122 (−1.5056)
Eshare		−0.0157*** (−3.7139)		−0.0172*** (−4.0642)
Dual		0.0122** (2.1381)		0.0113** (1.9897)
Board		−0.0063*** (−6.5266)		−0.0071*** (−7.3371)
Indd		−0.0356 (−0.8385)		−0.0387 (−0.9121)
Size		−0.0031 (−1.4788)		−0.0060*** (−3.0570)
Roa		−0.5923*** (−6.9506)		−0.6151*** (−7.3711)
Debt		0.1756*** (8.1578)		0.1774 (8.2314)
Affiliation		−0.0201*** (−5.3696)		−0.0200*** (−5.3186)
Deviation		−0.0023** (−2.0673)		−0.0023** (−2.1484)

变量	模型 5_5	模型 5_6	模型 5_7	模型 5_8
Cash		−0.0615 (−1.3897)		−0.0814* (−1.7890)
Type		−0.0309*** (−6.8924)		−0.0318*** (−7.0756)
Market		−0.0126*** (−2.6617)		−0.0130*** (−2.7488)
Industry	No	Yes	No	Yes
Year	No	Yes	No	Yes
C	0.2018*** (35.5967)	0.3536*** (9.0684)	0.1976*** (14.3681)	0.4942*** (13.2059)
R^2	0.0419	0.2245	0.0119	0.2243
调整 R^2	0.0418	0.2224	0.0118	0.2222
F统计量	368.8446	107.6441	101.8041	107.4810
P（F统计量）	0.0000	0.0000	0.0000	0.0000
样本	全样本	全样本	全样本	全样本
观测值	16 866	16 031	16 866	16 031

注：（）为T值，*、**、***分别代表0.1、0.05和0.01的显著性水平。

在1%的水平下显著，声誉重视程度（Reputation）的回归系数为−0.0321，T值为−4.3963，且在1%的水平下显著，即媒体治理和声誉重视程度均对投资者保护程度产生影响，而且也都显著，说明声誉重视程度在媒体治理和投资者保护程度关系中起着中介性的作用，而且还是部分中介。因此，对应于投资者保护第二个指标管理费用率而言，声誉机制在媒体治理和投资者保护程度的关系中起着部分中介的作用，从而验证假设3b。

从解释力度 R^2 来看，模型5_5的 R^2 为0.0419，调整 R^2 为0.0418，模型5_6的 R^2 为0.2245，调整 R^2 为0.2224，与模型5_5相比，在增加了所有的控制变量之后，模型5_6的 R^2 与调整 R^2 变大，这一结果说明，与单变量回归模型相比，增加了所有控制变量之后，模型变量的解释力度上升了，这也进一步说明本研究在考察信息机制中介模型中所选择变量的合理性。模型5_7的 R^2 为0.0119，调整 R^2 为0.0118，模型5_8的 R^2 为0.2243，调整 R^2 为0.2222，与模型5_7相比，增加了所有的控制变量之后，模型5_8的 R^2 与调整 R^2 变大，这一结果说明，与单变量回归模型相比，增加了所有控制变量之后，模型变量的解释力度上升了，这也进一步说明本研究考察声誉中介模型所选择变量的合理性。

表5-8给出的是媒体治理与信息机制和声誉机制的回归结果（3）。模型6_1是在未加入任何控制变量时，媒体治理和信息机制的回归结果，媒体治理（Media）的回归系数为0.4796，T值为57.7434，且在1%的水平下显著，这说明媒体治理程度越高，信息不对称程度越低，越有助于降低信息不对称，模型6_2是在加入控制变量之后，媒体治理和信息机制的回归结果，媒体治理的回归系数为0.2646，T值为35.6959，且在1%的水平下显著，这说明在控制一些变量之后，媒体治理程度越高，信息不对称程度越低，越有助于降低信息不对称；模型6_3是在未加入任何控制变量时，媒体治理和声誉机制的回归结果，媒体治理（Media）的回归系数为0.0488，T值为18.4493，且在1%的水平下显著，这说明媒体治理程度越高，高管越重视声誉，模型6_4是在加入控制变量之后，媒体治理和声誉机制的回归结果，媒体治理（Media）的回归系数为0.0368，T值为13.9023，且在1%的水平下显著，这说明在控制一些变量之后，媒体治理程度越高，高管对声誉的重视程度越高。

表5-8　　　　　**媒体治理与信息机制和声誉机制的回归结果（3）**

变量	Information 模型6_1	Information 模型6_2	Reputation 模型6_3	Reputation 模型6_4
Media	0.4796*** （57.7434）	0.2646*** （35.6959）	0.0488*** （18.4493）	0.0368*** （13.9023）
Share		0.5558*** （8.9855）		−0.0546** （−2.4701）
Inshare		1.4670*** （38.7591）		0.0077 （0.5448）
Eshare		0.1660*** （11.2683）		0.0162*** （3.0770）
Balance		0.1047*** （7.9907）		−0.0001 （−0.0253）
Dual		0.0299 （1.5561）		−0.0097 （−1.4332）
Board		0.0556*** （14.6001）		−0.0035** （−2.4225）

续表

变量	Information 模型 6_1	Information 模型 6_2	Reputation 模型 6_3	Reputation 模型 6_4
Indd		0.3031** （2.3366）		0.0044 （0.0940）
Size		0.3314*** （36.2558）		0.0359*** （11.1463）
Roa		1.8351*** （17.0133）		−0.0444 （−1.1772）
Debt		−0.0906*** （−3.9589）		0.0120 （1.3173）
Affiliation		0.0473*** （3.3065）		0.0146*** （2.7693）
Cash		0.9544*** （10.7255）		−0.2929*** （−9.0769）
Growth		−0.0271*** （−3.1537）		0.0160*** （4.2274）
Type		−0.0033 （−0.2059）		0.0385*** （6.6723）
Market		0.0559*** （3.3239）		0.0157** （2.5512）
Industry	No	Yes	No	Yes
Year	No	Yes	No	Yes
C	1.2711*** （89.8641）	−7.2167*** （−41.0174）	2.4629*** （564.5747）	1.7418*** （27.4834）
R^2	0.1540	0.5412	0.0201	0.2635
调整 R^2	0.1539	0.5400	0.0201	0.2616
F统计量	3 079.4850	451.3416	347.6759	136.9207
P（F统计量）	0.0000	0.0000	0.0000	0.0000
样本	全样本	全样本	全样本	全样本
观测值	16 925	16 499	16 925	16 499

注：（ ）为 T 值，*、**、***分别代表 0.1、0.05 和 0.01 的显著性水平。

从信息机制和控制变量的回归结果来看，第一大股东持股比例（Share）的回归系数为 0.5558，T 值为 8.9855，且在 1% 的水平上显著，这说明第一大股东持股比例与信息不对称程度显著负相关，即第一大股东持股比例越高，信息不对称程度越低，信息传递效率越高；机构投资者持股比例（Inshare）的回归系数为 1.4670，T 值为 38.7591，且在 1% 的水平上显著，这说明机构投资者持股比例与信息不对称程度显著负相关，即机构投资者持股比例越大，信息不对称程度越低，信息传递效率越高；管理层持股（Eshare）的回归系数为 0.1660，T 值为 11.2683，且在 1% 的水平上显著，这说明管理层持股与信息保护程度显著负相关，即管理层持股比例越大，信息不对称程度越低，信息传递效率越好；股权制衡（Balance）的回归系数为 0.1047，T 值为 7.9907，且在 1% 的水平上显著，这说明股权制衡和信息不对称程度显著负相关，即股权制衡程度越高，信息不对称程度越低，信息传递效率越高；董事会规模（Board）的回归系数为 0.0556，T 值为 14.6001，且在 1% 水平上显著，这表示公司董事会规模与信息不对称程度显著负相关，意味着董事会规模越大，信息不对称程度越低，信息传递效率越高；独立董事比例（Indd）的回归系数为 0.3031，T 值为 2.3366，且在 5% 水平上显著，这表示公司独立董事比例与信息不对称程度显著负相关，意味着独立董事比例越大，信息不对称程度越低，信息传递效率越高；公司规模（Size）的回归系数为 0.3314，T 值为 36.2558，且在 1% 水平上显著，这表示公司规模与信息不对称程度显著负相关，意味着公司规模越大，信息不对称程度越低，信息传递效率越高；公司绩效（Roa）的回归系数为 1.8351，T 值为 17.0133，且在 1% 水平上显著，这表示公司绩效与信息不对称程度显著负相关，意味着公司规模越大，信息不对称程度越低，信息传递效率越高；资产负债率（Debt）的回归系数为 -0.0906，T 值为 -3.9589，且在 1% 水平上显著，这表示公司资产负债率与信息不对称程度显著正相关，意味着公司资产负债率越高，信息不对称程度越高，信息传递效率越低；集团控制（Affiliation）的回归系数为 0.0473，T 值为 3.3065，且在 1% 水平上显著，这表示集团控制与信息不对称程度显著负相关，意味着集团控制的公司中信息不对称程度越低，信息传递效率越高；公司自由现金流比率（Cash）的回归系数为 0.9544，T 值为 10.7255，且在 1% 水平上显著，这表示公司自由现金流比率与信息不对称程度显著负相关，意味着公司自由现金流比率越大，信息不对称程度越低，信息传递效率越高；公司增长性（Growth）的回归系数为 -0.0271，T 值为 -3.1537，且在 1% 水平上显著，这表示公司增长性与信息不对称程度显著正相关，意味着公司增长性越高，信息不对称程度越高，信息传递效率越低；市场化程度（Market）的回归系数为 0.0559，T 值为 3.3239，且在 1% 水平上显著，这表示市场化程度与信息不对称程度显著负相关，意味着市场化程度越大，信息不对称程度越低，信息传递效率越高。

从声誉重视程度和控制变量的回归结果来看，第一大股东持股比例（Share）的回归系数为-0.0546，T值为-2.4701，且在5%的水平上显著，这说明第一大股东持股比例与声誉重视程度负相关，即第一大股东持股比例越高，对声誉越不重视；管理层持股（Eshare）的回归系数为0.0162，T值为3.0770，且在1%水平上显著，这说明管理层持股与声誉重视程度显著正相关，即管理层持股比例越大，声誉重视程度越强；董事会规模（Board）的回归系数为-0.0035，T值为-2.4225，且在5%水平上显著，这表示公司董事会规模与声誉重视程度显著负相关，意味着董事会规模越大，对声誉越不重视；公司规模（Size）的回归系数为0.0359，T值为11.1463，且在1%水平上显著，这表示公司规模与声誉重视程度显著正相关，意味着公司规模越大，高管对声誉重视程度越强；集团控制（Affiliation）的回归系数为0.0146，T值为2.7693，且在1%水平上显著，这表示集团控制与声誉重视程度显著正相关，意味着在集团控制的公司中，高管对声誉重视程度更强；公司自由现金流比率（Cash）的回归系数为-0.2929，T值为-9.0769，且在1%水平上显著，这表示公司自由现金流比率与声誉重视程度显著负相关，意味着自由现金流比率越大，高管对声誉越不重视；公司增长性（Growth）的回归系数为0.0160，T值为4.2274，且在1%水平上显著，这表示公司增长性与声誉重视程度显著正相关，意味着公司增长性越大，高管对声誉重视程度越强；企业性质（Type）的回归系数为0.0385，T值为6.6723，且在1%水平上显著，这说明国有企业与声誉重视程度显著正相关，这表示在国有企业中，高管对声誉重视程度更强；市场化程度（Market）的回归系数为0.0157，T值为2.5512，且在1%水平上显著，这表示市场化程度与声誉重视程度显著正相关，这表示在国有企业中，高管对声誉重视程度越强。

从解释力度 R^2 来看，模型6_1的 R^2 为0.1540，调整 R^2 为0.1539，模型6_2的 R^2 为0.5412，调整 R^2 为0.5400，与模型6_1相比，在增加了所有的控制变量之后，模型6_2的 R^2 和调整 R^2 也都变大，这一结果说明，与单变量回归模型相比，增加了所有控制变量之后，模型变量的解释力度上升了，这也进一步说明本研究在考察媒体治理和信息机制模型中所选择变量的合理性。模型6_3的 R^2 为0.0201，调整 R^2 为0.0201，模型6_4的 R^2 为0.2635，调整 R^2 为0.2616，与模型6_3相比，在增加了所有的控制变量之后，模型6_4的 R^2 和调整 R^2 也都变大，这一结果说明，与单变量回归模型相比，增加了所有控制变量之后，模型变量的解释力度上升了，这也进一步说明本研究在考察媒体治理和声誉机制模型中所选择变量的合理性。

表5-9给出的是信息机制和声誉机制的中介效应回归结果（3）。模型6_5是在未加入控制变量的情况下，媒体治理和信息机制对投资者保护（大股东资金占用率）的影响结果，从结果看出，媒体治理（Media）的回归系数为-0.0004，T

值为−1.9860，且在10%的水平下显著，信息不对称程度（Information）的回归系数为−0.0043，T值为−21.1350，且在1%的水平下显著，即媒体治理和信息不对称程度均对投资者保护产生影响，并影响都显著，说明信息不对称程度在媒体治理和投资者保护关系中起着中介性的作用，而且还是部分中介。模型6_6是在加入所有控制变量的情况下，媒体治理和信息机制对投资者保护（大股东资金占用率）的影响结果，从结果看出，媒体治理（Media）的回归系数为−0.0004，T值为−1.8556，且在10%的水平下显著，信息不对称程度（Information）的回归系数为−0.0014，T值为−5.6960，且在1%的水平下显著，即媒体治理和信息不对称程度均对投资者保护产生影响，而且影响也都显著，说明信息不对称程度在媒体治理和投资者保护关系中起着中介性的作用，而且还是部分中介作用。因此，对应于投资者保护第三个指标大股东资金占用率而言，信息机制在媒体治理和投资者保护的关系中起着部分中介的作用，从而验证假设2c。

表 5-9　　　　　　　　　信息机制和声誉机制的中介效应回归结果（3）

变量	Protect_3			
	模型 6_5	模型 6_6	模型 6_7	模型 6_8
Media	−0.0004*	−0.0004*	−0.0016***	−0.0008***
	(−1.9860)	(−1.8556)	(−6.2327)	(−2.9699)
Information	−0.0043***	−0.0014***		
	(−21.1350)	(−5.6960)		
Reputation			−0.0017***	−0.0001**
			(−2.7319)	(−2.0246)
Share		0.0067***		0.0060***
		(3.5271)		(2.8268)
Inshare		0.0008		−0.0013*
		(0.6126)		(−1.7285)
Eshare		0.0016***		0.0014***
		(3.4169)		(2.7292)
Balance		−0.0012***		−0.0010***
		(−2.8292)		(−2.6952)
Dual		0.0000		−0.0001
		(−0.0728)		(−0.1544)
Board		−0.0007***		−0.0008***
		(−5.3103)		(−5.2001)
Indd		−0.0191***		−0.0195***
		(−4.4433)		(−3.8858)

续表

变量	模型 6_5	模型 6_6	模型 6_7	模型 6_8
Size		0.0012*** （4.2347）		0.0007*** （3.0472）
Roa		−0.0476*** （−15.5830）		−0.0502*** （−5.7475）
Debt		0.0127*** （18.7460）		0.0129*** （5.7942）
Affiliation		0.0010** （2.2650）		0.0010** （1.9724）
Cash		0.0051* （1.8707）		0.0038 （0.8849）
Growth		−0.0006** （−2.4301）		−0.0006* （−1.6454）
Type		−0.0005 （−0.9335）		−0.0005 （−0.8397）
Market		−0.0009* （−1.7254）		−0.0010 （−1.6250）
Industry	No	Yes	No	Yes
Year	No	Yes	No	Yes
C	0.0128*** （28.1914）	0.0037 （0.6633）	0.0116*** （7.0448）	0.0140** （2.5528）
R^2	0.0288	0.1129	0.0035	0.1112
调整 R^2	0.0287	0.1105	0.0034	0.1088
F统计量	250.7319	47.6016	29.9248	46.7720
P（F统计量）	0.0000	0.0000	0.0000	0.0000
样本	全样本	全样本	全样本	全样本
观测值	16 918	16 499	16 918	16 499

注：（ ）为 T 值，*、**、*** 分别代表 0.1、0.05 和 0.01 的显著性水平。

模型 6_7 是在未加入控制变量的情况下，媒体治理和声誉重视程度对投资者保护（大股东资金占用率）的影响结果，从结果看出，媒体治理（Media）的回

归系数为 -0.0016，T 值为 -6.2327，且在 1% 的水平下显著，声誉重视程度（Reputation）的回归系数为 -0.0017，T 值为 -2.7319，且在 1% 的水平下显著，即媒体治理与声誉重视程度对投资者保护起作用，说明声誉重视程度在媒体治理和投资者保护关系中起到中介性的作用，并且是部分中介作用。模型 6_8 是在加入所有控制变量的情况下，媒体治理和声誉重视程度对投资者保护（大股东资金占用率）的影响结果，从结果看出，媒体治理（Media）的回归系数为 -0.0008，T 值为 -2.9699，且在 1% 的水平下显著，声誉重视程度（Reputation）的回归系数为 -0.0001，T 值为 -2.0246，且在 5% 的水平下显著，即媒体治理和声誉重视程度均对投资者保护产生影响，并都显著，说明声誉重视程度在媒体治理和投资者保护关系中起着中介性的作用，而且还是部分中介。因此，对应于投资者保护第三个指标大股东资金占用率而言，声誉机制在媒体治理和投资者保护的关系中起着部分中介的作用，从而验证假设 3c。

从解释力度 R^2 来看，模型 6_5 的 R^2 为 0.0288，调整 R^2 为 0.0287，模型 6_6 的 R^2 为 0.1129，调整 R^2 为 0.1105，与模型 6_5 相比，在增加了所有的控制变量之后，模型 6_6 的 R^2 与调整 R^2 变大，这一结果说明，与单变量回归模型相比，增加了所有控制变量之后，模型变量的解释力度上升了，这也进一步说明本研究在考察信息机制中介模型中所选择变量的合理性。模型 6_7 的 R^2 为 0.0035，调整 R^2 为 0.0034，模型 6_8 的 R^2 为 0.1112，调整 R^2 为 0.1088，与模型 6_7 相比，增加了所有的控制变量之后，模型 6_8 的 R^2 与调整 R^2 变大，这一结果说明，与单变量回归模型相比，增加了所有控制变量之后，模型变量的解释力度上升了，这也进一步说明本研究考察声誉中介模型所选择变量的合理性。

从以上分析中可以看出，对于投资者保护程度的第一个指标（审计意见类型）而言，信息机制在媒体治理和投资者保护程度的关系过程中起着中介效应，也就是说，媒体治理通过降低信息不对称程度，来增强投资者保护程度，而声誉机制在媒体治理和投资者保护程度的关系过程中并未起中介效应；对于投资者保护程度的第二个指标（管理费用率）而言，信息机制在媒体治理影响投资者保护程度的过程中起着中介作用，即媒体治理通过减少信息不对称程度，来提升投资者保护程度，而声誉机制也在媒体治理和投资者保护的关系中起着中介作用，即媒体治理通过提高高管声誉重视程度，来提升投资者保护程度；对于投资者保护程度的第三个指标（大股东资金占用率）而言，信息机制在媒体治理影响投资者保护程度的过程中起着中介效应，即媒体治理通过降低信息不对称程度，来提升投资者保护程度，而声誉机制也在媒体治理和投资者保护的关系中起着中介作用，即媒体治理通过提高高管声誉重视程度，来提升投资者保护程度。因此，信息机制在媒体治理和投资者保护影响过程中起着中介作用，声誉机制在投资者保护程度为审计意见类型时不起作用，在投资者保护程度为管理费用率和大股东资金占用率时起着中介作用，从而验证假设3。

5.3 媒体治理影响投资者保护的执行主体研究：谁来买单？

表5-10给出的是在是否存在国有股的情况下，媒体治理和投资者保护（审计意见类型，Protect_1）的回归结果。模型7_1和模型7_2是在不加入控制变量的情况下，媒体治理和投资者保护程度的研究结果，从结果中可以看出，在存在国有股的上市公司样本中，模型7_1的媒体治理（Media）的回归系数为0.2449，T值为11.2292，且在1%的水平下显著，在不存在国有股的上市公司样本中，模型7_2的媒体治理（Media）的回归系数为0.2088，T值为8.6246，且在1%的水平下显著，这说明在不加入任何控制变量的情况下，无论上市公司是否存在国有股，媒体治理均和投资者保护显著正相关，即媒体治理程度越高，投资者保护程度越强，也就是说，媒体治理能够提升投资者保护程度，并且通过模型7_1和模型7_2的系数对比发现，模型7_1的系数（0.2449）要高于模型7_2的系数（0.2088），模型7_1的T值（11.2292）也高于模型7_2的T值（8.6246），这说明在不加入任何控制变量的情况下，对媒体治理和投资者保护进行回归检验，发现与不存在国有股的上市公司相比，在存在国有股的上市公司中，媒体治理对投资者保护程度的影响关系更强。

表5-10　在是否存在国有股的情况下，媒体治理和投资者保护（Protect_1）的回归结果

变量	Protect_1			
	模型7_1	模型7_2	模型7_3	模型7_4
Media	0.2449***	0.2088***	0.1547***	0.1466***
	（11.2292）	（8.6246）	（5.0540）	（4.7204）
Share			0.8439***	1.3282***
			（4.3410）	（6.2310）
Inshare			1.5447***	0.7284***
			（4.6227）	（4.5497）
Dual			−0.0552	−0.0016
			（−0.6461）	（−0.0235）
Board			0.0262*	0.0044
			（1.7579）	（0.2271）
Indd			1.0586*	−0.2938
			（1.8687）	（−0.5254）

续表

变量	模型 7_1	模型 7_2	模型 7_3	模型 7_4
Audit			0.1304**	0.1325**
			（2.0603）	（2.3636）
Size			−0.0601*	0.0518
			（−1.8004）	（1.3266）
Roa			4.0358***	3.5468***
			（9.5430）	（8.2384）
Debt			−1.1341***	−1.8356***
			（−7.0299）	（−10.1383）
Cash			1.1267**	1.0414***
			（2.5507）	（2.8051）
Growth			0.1877**	−0.0727**
			（1.9697）	（−2.4176）
Type			0.1981***	0.0055
			（2.9259）	（0.0859）
Market			0.0646	0.2408***
			（1.0851）	（3.7676）
Industry	No	No	Yes	Yes
Year	No	No	Yes	Yes
C	1.0647***	1.2533***	1.3470**	0.7226
	（35.4974）	（41.0425）	（2.0526）	（0.9231）
Mean dependent var	0.9107	0.9299	0.9299	0.9390
S.E. of regression	0.2819	0.2534	0.2029	0.1915
ALL	−0.2907	−0.2480	−0.1631	−0.1431
McFadden R^2	0.0342	0.0228	0.3581	0.3768
LR statistic	160.7343	105.1756	1 372.1070	1 549.7790
P（LR stat）	0.0000	0.0000	0.0000	0.0000
S.D. dependent var	0.2852	0.2553	0.2554	0.2393
样本	存在国家股样本	不存在国家股样本	存在国家股样本	不存在国家股样本
观测值	7 814	9 107	7 541	8 958

注：（）为 Z 值，*、**、***分别代表 0.1、0.05 和 0.01 的显著性水平。

模型7_3和模型7_4是加入所有控制变量的情况下，媒体治理和投资者保护程度的研究结果，从结果中可以看出，在存在国有股的上市公司样本中，模型7_3的媒体治理（Media）的回归系数为0.1547，T值为5.0540，且在1%的水平下显著，在不存在国有股的上市公司样本中，模型7_4的媒体治理（Media）的回归系数为0.1466，T值为4.7204，且在1%的水平下显著，这说明在加入所有控制变量的情况下，无论上市公司是否存在国有股，媒体治理均和投资者保护显著正相关，即媒体治理程度越高，投资者保护程度越高，也就是说，媒体治理能够提升投资者保护程度，并且通过模型7_3和模型7_4的系数对比发现，模型7_3的系数（0.1547）要高于模型7_4的系数（0.1466），模型7_3的T值（5.0540）也高于模型7_4的T值（4.7204），这说明在加入所有控制变量的情况下，对媒体治理和投资者保护进行回归检验，发现与不存在国有股的上市公司相比，在存在国有股的上市公司中，媒体治理对投资者保护程度的影响关系更强。

从以上可以看出，当审计意见类型作为投资者保护指标时，无论是加入控制变量还是不加入控制变量，在存在国有股和不存在国有股的上市公司样本中，媒体治理均能够提升投资者保护程度，并且与不存在国有股的上市公司相比，在存在国有股的上市公司中，媒体治理对投资者保护程度的影响关系更强，从而验证假设4a。

另外，从McFadden R^2数值来看，模型7_1的McFadden R^2为0.0342，模型7_3的McFadden R^2为0.3581，说明加入控制变量之后，变量模型对投资者保护程度的解释力度增强；模型7_2的McFadden R^2为0.0228，模型7_4的McFadden R^2为0.3768，说明加入控制变量之后，变量模型对投资者保护程度的解释力度增强，这也进一步说明本研究所选变量的合理性。

表5-11给出的是在拥有不同机构投资股的机构投资者的情况下，媒体治理和投资者保护（审计意见类型，Protect_1）的回归结果。模型7_5和模型7_6是在不加入控制变量的情况下，媒体治理和投资者保护程度的研究结果，从结果中可以看出，在机构投资者持股较高的样本中，模型7_5的媒体治理（Media）的回归系数为0.1811，T值为6.9369，且在1%的水平下显著，在机构投资者持股较低的样本中，模型7_6的媒体治理（Media）的回归系数为0.1840，T值为8.9058，且在1%的水平下显著，这说明在不加入任何控制变量的情况下，无论是在机构投资者持股较高的上市公司中，还是机构投资者持股较低的上市公司中，媒体治理均和投资者保护显著正相关，即媒体治理程度越高，投资者保护程度越高，也就是说，媒体治理能够提升投资者保护程度，并且通过模型7_5和模型7_6的系数对比发现，模型7_6的系数（0.1840）要高于模型7_5的系数（0.1811），模型7_6的T值（8.9058）也高于模型7_5的T值（6.9369），这说明在不加入任何控制变量的情况下，对媒体治理和投资者保护进行回归检验，发现与

机构投资者持股比例较高的上市公司相比，在机构投资者持股比例较低的上市公司中，媒体治理对投资者保护程度的影响关系更强。

表 5-11 　　　　机构投资者持股比例不同的情况下，媒体治理和
投资者保护（Protect_1）的回归结果

变量	模型 7_5	模型 7_6	模型 7_7	模型 7_8
		Protect_1		
Media	0.1811***	0.1840***	0.0835**	0.1875***
	(6.9369)	(8.9058)	(2.3560)	(6.6660)
Share			0.5683**	1.3693***
			(2.2555)	(7.8416)
Inshare			1.0787***	0.6080
			(3.4825)	(1.4940)
Dual			-0.0771	0.0315
			(-0.9303)	(0.4578)
Board			0.0152	0.0205
			(0.8068)	(1.3291)
Indd			-0.1484	0.6701
			(-0.2148)	(1.3520)
Audit			0.0970	0.1591***
			(1.5101)	(2.8928)
Size			0.1046***	-0.0996***
			(2.7210)	(-2.9523)
Roa			4.7255***	3.3174***
			(8.9166)	(8.6786)
Debt			-1.2051***	-1.4955***
			(-7.0554)	(-8.5332)
Cash			0.2302	1.6230***
			(0.5286)	(4.3448)
Growth			0.0061	-0.0016
			(0.1006)	(-0.0548)
Type			0.0978	0.0887
			(1.5637)	(1.6110)

续表

变量	模型 7_5	模型 7_6	模型 7_7	模型 7_8
Market			0.1678** （2.4932）	0.1464*** （2.6006）
Industry	No	No	Yes	Yes
Year	No	No	Yes	Yes
C	1.5378*** （38.1660）	0.9839*** （38.3290）	−0.2942 （−0.3723）	2.3300*** （3.4537）
Mean dependent var	0.9625	0.8776	0.9636	0.9037
S.E. of regression	0.1892	0.3254	0.1655	0.2276
ALL	−0.1565	−0.3654	−0.1141	−0.1956
McFadden R²	0.0170	0.0217	0.2699	0.3824
LR statistic	60.0786	104.6312	723.3094	1920.3510
P（LR stat）	0.0000	0.0000	0.0000	0.0000
S.D. dependent var	0.1900	0.3278	0.1873	0.2950
样本	较高机构投资股样本	较低机构投资股样本	较高机构投资股样本	较低机构投资股样本
观测值	8 664	8 257	8 572	7 927

注：（）为 Z 值，*、**、***分别代表0.1、0.05和0.01的显著性水平。

模型 7_7 和模型 7_8 是在加入控制变量的情况下，媒体治理和投资者保护程度的研究结果，从结果中可以看出，在机构投资者持股较高的样本中，模型 7_7 的媒体治理（Media）的回归系数为0.0835，T 值为2.3560，且在5%的水平下显著，在机构投资者持股较低的样本中，模型 7_8 的媒体治理（Media）的回归系数为0.1875，T 值为6.6660，且在1%的水平下显著，这说明在加入所有控制变量的情况下，无论是在机构投资者持股比例较高的上市公司中，还是机构投资者持股较低的上市公司中，媒体治理均和投资者保护显著正相关，说明媒体治理程度越高，投资者保护程度越强，也就是说，媒体治理能够提升投资者保护程度，并且通过模型 7_7 和模型 7_8 的系数对比发现，模型 7_8 的系数（0.1875）要高于模型 7_7 的系数（0.0835），模型 7_8 的 T 值（6.6660）也高于模型 7_7 的 T 值（2.3560），这说明在加入所有控制变量的情况下，对媒体治理和投资者保护进行回归检验，发现与机构投资者持股比例较高的上市公司相比，在机构投资者持股比例较低的上市公司中，媒体治理对投资者保护程度的影响关系更强。

从以上可以看出，当审计意见类型作为投资者保护指标时，无论是加入控制变量还是不加入控制变量，在机构投资者持股比例较高和较低的上市公司中，媒体治理均能够提升投资者保护程度，并且与机构投资者持股比例较高的上市公司相比，在机构投资者持股比例较低的上市公司中，媒体治理对投资者保护程度的影响关系更强，从而验证假设 5a。

另外，从 McFadden R^2 数值来看，模型 7_5 的 McFadden R^2 为 0.0170，模型 7_7 的 McFadden R^2 为 0.2699，说明加入控制变量之后，变量模型对投资者保护程度的解释力度增强；模型 7_6 的 McFadden R^2 为 0.0217，模型 7_8 的 McFadden R^2 为 0.3824，说明加入控制变量之后，变量模型对投资者保护程度的解释力度增强，这也进一步说明本研究所选变量的合理性。

表 5-12 给出的是在是否存在境外股的情况下，媒体治理和投资者保护（审计意见类型，Protect_1）的回归结果。模型 7_9 和模型 7_10 是在不加入控制变量的情况下，媒体治理和投资者保护程度的研究结果，从结果中可以看出，在存在境外股的上市公司样本中，模型 7_9 的媒体治理（Media）的回归系数为 0.2270，T 值为 13.4946，且在 1% 的水平下显著，在不存在国有股的上市公司样本中，模型 7_10 的媒体治理（Media）的回归系数为 0.1950，T 值为 3.1304，且在 1% 的水平下显著，这说明在不加入任何控制变量的情况下，无论是在存在境外股的上市公司中，还是在不存在境外股的上市公司中，媒体治理均和投资者保护显著正相关，即媒体治理程度越高，投资者保护程度越强，也就是说，媒体治理能够提升投资者保护程度，并且通过模型 7_9 和模型 7_10 的系数对比发现，模型 7_9 的系数（0.2270）要高于模型 7_10 的系数（0.1950），模型 7_9 的 T 值（13.4946）也高于模型 7_10 的 T 值（3.1304），这说明在不加入任何控制变量的情况下，对媒体治理和投资者保护进行回归检验，发现与不存在境外股的上市公司相比，在存在境外股的上市公司中，媒体治理对投资者保护程度的影响关系更强。

表 5-12　在是否存在境外股的情况下，媒体治理和投资者保护（Protect_1）的回归结果

变量	Protect_1			
	模型 7_9	模型 7_10	模型 7_11	模型 7_12
Media	0.2270***	0.1950***	0.4024***	0.1497***
	（13.4946）	（3.1304）	（3.8659）	（6.7160）
Share			0.1677	1.0985***
			（0.2256）	（7.8357）
Inshare			1.1809	0.7936***
			（1.4838）	（5.9713）
Dual			−0.1843	0.0226
			（−0.9138）	（0.4021）

续表

变量	模型 7_9	模型 7_10	模型 7_11	模型 7_12
Board			0.0453	0.0239*
			（0.8388）	（1.9418）
Indd			−1.0490	0.4599
			（−0.5780）	（1.1205）
Audit			0.6288***	0.1311***
			（2.7884）	（3.0777）
Size			−0.1187	−0.0074
			（−0.9979）	（−0.2852）
Roa			7.6099***	3.6387***
			（5.5646）	（11.3919）
Debt			−1.3377***	−1.5064***
			（−6.1454）	（−9.9978）
Cash			1.9387**	1.1734***
			（2.1036）	（3.9114）
Growth			−0.0790	0.0155
			（−1.0575）	（0.5232）
Type			0.0839	0.0704*
			（0.3866）	（1.6698）
Market			0.2073	0.1620***
			（0.7191）	（3.6658）
Industry	No	No	Yes	Yes
Year	No	No	Yes	Yes
C	1.2286***	1.1602***	3.8327*	0.9588*
	（14.8316）	（52.5009）	（1.8673）	（1.8399）
Mean dependent var	0.9238	0.9209	0.9412	0.9344
S.E. of regression	0.2638	0.2674	0.1775	0.1982
ALL	−0.2632	−0.2689	−0.1078	−0.1563
McFadden R²	0.0279	0.0224	0.5180	0.3540
LR statistic	12.0457	246.0795	224.6320	2 660.8340
P（LR stat）	0.0005	0.0000	0.0000	0.0000
S.D. dependent var	0.2654	0.2700	0.2353	0.2475
样本	存在境外投资股样本	不存在境外投资股样本	存在境外投资股样本	不存在境外投资股样本
观测值	998	15 923	970	15 529

注：（ ）为 Z 值，*、**、***分别代表 0.1、0.05 和 0.01 的显著性水平。

模型 7_11 和模型 7_12 是在加入所有控制变量的情况下，媒体治理和投资者保护程度（审计意见类型）的研究结果，从结果中可以看出，在存在境外股的上市公司样本中，模型 7_11 的媒体治理（Media）的回归系数为 0.4024，T 值为 3.8659，且在 1% 的水平下显著，在不存在境外股的上市公司样本中，模型 7_12 的媒体治理（Media）的回归系数为 0.1497，T 值为 6.7160，且在 1% 的水平下显著，这说明在加入所有控制变量的情况下，无论是在存在境外股的上市公司中，还是在不存在境外股的上市公司中，媒体治理均和投资者保护显著正相关，即媒体治理程度越高，投资者保护程度越强，也就是说，媒体治理能够提升投资者保护程度，并且通过模型 7_11 和模型 7_12 的系数对比发现，模型 7_11 的系数（0.4024）要高于模型 7_12 的系数（0.1497），这说明在加入所有控制变量的情况下，对媒体治理和投资者保护进行回归检验，发现与不存在境外股的上市公司相比，在存在境外股的上市公司中，媒体治理对投资者保护程度的影响关系更强。

从以上可以看出，当审计意见类型作为投资者保护指标时，无论是加入控制变量还是不加入控制变量，在存在境外股和不存在境外股的上市公司样本中，媒体治理均能够提升投资者保护程度，并且与不存在境外股的上市公司相比，在存在境外股的上市公司中，媒体治理对投资者保护程度的影响关系强，从而验证假设 6a。

另外，从 McFadden R^2 数值来看，模型 7_9 的 McFadden R^2 为 0.0279，模型 7_11 的 McFadden R^2 为 0.5180，说明加入控制变量之后，变量模型对投资者保护程度的解释力度增强；模型 7_10 的 McFadden R^2 为 0.0224，模型 7_12 的 McFadden R^2 为 0.3540，说明加入控制变量之后，变量模型对投资者保护程度的解释力度增强，这也进一步说明本研究所选变量的合理性。

表 5-13 给出的是在是否存在国有股的情况下，媒体治理和投资者保护（管理费用率，Protect_2）的回归结果。模型 8_1 和模型 8_2 是在不加入控制变量的情况下，媒体治理和投资者保护程度的研究结果，从结果中可以看出，在存在国有股的上市公司样本中，模型 8_1 的媒体治理（Media）的回归系数为 −0.0302，T 值为 −11.1126，且在 1% 的水平下显著，在不存在国有股的上市公司样本中，模型 8_2 的媒体治理（Media）的回归系数为 −0.0211，T 值为 −6.6841，且在 1% 的水平下显著，这说明在不加入任何控制变量的情况下，无论是在存在国有股的上市公司中，还是不存在国有股的上市公司中，媒体治理均和管理费用率显著负相关，和投资者保护显著正相关，即媒体治理程度越高，投资者保护程度越强，也就是说，媒体治理能够提升投资者保护程度，并且通过模型 8_1 和模型 8_2 的系数对比发现，模型 8_1 的系数（−0.0302）绝对值要高于模型 8_2 的系数（−0.0211）绝对值，模型 8_1 的 T 值（−11.1126）绝对值也高于模型 8_2 的 T 值（−6.6841）绝对值，这说明在不加入任何控制变量的情况下，对媒体治理和

投资者保护进行回归检验，发现与不存在国有股的上市公司相比，在存在国有股的上市公司中，媒体治理对投资者保护程度的影响关系更强。

表5-13 在是否存在国有股的情况下，媒体治理和投资者保护（Protect_2）的回归结果

变量	模型8_1	模型8_2	模型8_3	模型8_4
	Protect_2			
Media	−0.0302***	−0.0211***	−0.0132***	−0.0068**
	（−11.1126）	（−6.6841）	（−5.4171）	（−2.2397）
Share			−0.0476***	−0.1209***
			（−2.4711）	（−7.3819）
Inshare			0.0252	−0.0155
			（1.5383）	（−1.3265）
Eshare			−0.0104*	−0.0213***
			（−1.6871）	（−3.5615）
Dual			0.0107	0.0138**
			（0.9504）	（2.0888）
Board			−0.0062***	−0.0081***
			（−5.2647）	（−4.9904）
Indd			−0.0798	−0.0207
			（−1.0582）	（−0.4228）
Size			−0.0050**	−0.0111***
			（−2.1282）	（−3.5147）
Roa			−0.8383***	−0.4574***
			（−7.2042）	（−4.0885）
Debt			0.0997***	0.2292***
			（3.3828）	（7.9641）
Affiliation			−0.0163***	−0.0250***
			（−3.3380）	（−4.4832）
Deviation			−0.0028	−0.0015
			（−1.4407）	（−1.1102）
Cash			0.0711	−0.1776***
			（1.1119）	（−2.9231）

变量	模型 8_1	模型 8_2	模型 8_3	模型 8_4
Type			−0.0463*** (−4.7858)	−0.0289*** (−4.2288)
Market			−0.0085 (−1.3971)	−0.0143* (−1.9315)
Industry	No	No	Yes	Yes
Year	No	No	Yes	Yes
C	0.1571*** (26.9883)	0.1502*** (27.2246)	0.4506*** (10.1246)	0.4957*** (7.7446)
R^2	0.0191	0.0064	0.2181	0.2486
调整 R^2	0.0189	0.0063	0.2136	0.2449
F统计量	151.2492	58.3845	48.2062	68.4229
P（F统计量）	0.0000	0.0000	0.0000	0.0000
样本	存在国家股样本	不存在国家股样本	存在国家股样本	不存在国家股样本
观测值	7 789	9 075	7 301	8 730

注：（）为T值，*、**、***分别代表0.1、0.05和0.01的显著性水平。

模型8_3和模型8_4是在加入控制变量的情况下，媒体治理和投资者保护程度的研究结果，从结果中可以看出，在存在国有股的上市公司样本中，模型8_3的媒体治理（Media）的回归系数为−0.0132，T值为−5.4171，且在1%的水平下显著，在不存在国有股的上市公司样本中，模型8_4的媒体治理（Media）的回归系数为−0.0068，T值为−2.2397，且在5%的水平下显著，这说明在加入所有控制变量的情况下，无论是在存在国有股的上市公司中，还是在不存在国有股的上市公司中，媒体治理均和管理费用率显著负相关，和投资者保护显著正相关，即媒体治理程度越高，投资者保护程度越强，也就是说，媒体治理能够提升投资者保护程度，并且通过模型8_3和模型8_4的系数对比发现，模型8_3的系数（−0.0132）绝对值要高于模型8_4的系数（−0.0068）绝对值，模型8_3的T值（−5.4171）绝对值也高于模型8_4的T值（−2.2397）绝对值，这说明在加入所有控制变量的情况下，对媒体治理和投资者保护进行回归检验，发现与不存在国有股的上市公司相比，在存在国有股的上市公司中，媒体治理对投资者保护程度的影响关系更强。

从以上可以看出，当管理费用率作为投资者保护指标时，无论是加入控制变量还是不加入控制变量，在存在国有股和不存在国有股的上市公司样本中，媒体治理均能够提升投资者保护程度，并且与不存在国有股的上市公司相比，在存在国有股的上市公司中，媒体治理对投资者保护程度的影响关系更强，从而验证假设4b。

另外，从解释力度 R^2 来看，模型8_1的 R^2 为0.0191，调整 R^2 为0.0189，模型8_3的 R^2 为0.2181，调整 R^2 为0.2136，与模型8_1相比，在增加了所有的控制变量之后，模型8_3的 R^2 和调整 R^2 也都变大，这一结果说明，与单变量回归模型相比，增加了所有控制变量之后，模型变量的解释力度上升了，这也进一步说明本研究在考察媒体治理和信息机制模型中所选择变量的合理性。模型8_2的 R^2 为0.0064，调整 R^2 为0.0063，模型8_4的 R^2 为0.2486，调整 R^2 为0.2449，与模型8_2相比，在增加了所有的控制变量之后，模型8_4的 R^2 和调整 R^2 也都变大，这一结果说明，与单变量回归模型相比，增加了所有控制变量之后，模型变量的解释力度上升了，这也进一步说明本研究在考察媒体治理和声誉机制模型中所选择变量的合理性。

表5-14给出的是在机构投资者持股比例不同的情况下，媒体治理和投资者保护（管理费用率，Protect_2）的回归结果。模型8_5和模型8_6是在不加入控制变量的情况下，媒体治理和投资者保护程度的研究结果，从结果中可以看出，在机构投资者持股比例较高的样本中，模型8_5的媒体治理（Media）的回归系数为-0.0154，T值为-7.5474，且在1%的水平下显著，在机构投资者持股较低的样本中，模型8_6的媒体治理（Media）的回归系数为-0.0298，T值为-8.1468，且在1%的水平下显著，这说明在不加入任何控制变量的情况下，无论是在机构投资者持股较高的上市公司中，还是在机构投资者持股比例较低的上市公司中，媒体治理均和投资者保护显著正相关，即媒体治理程度越高，投资者保护程度越强，也就是说，媒体治理能够提升投资者保护程度，并且通过模型8_5和模型8_6的系数对比发现，模型8_6的系数（-0.0298）绝对值要高于模型8_5的系数（-0.0154）绝对值，模型8_6的T值（-8.1468）绝对值也高于模型8_5的T值（-7.5474）绝对值，这说明在不加入任何控制变量的情况下，对媒体治理和投资者保护进行回归检验，发现与机构投资者持股比例较高的上市公司相比，在机构投资者持股比例较低的上市公司中，媒体治理对投资者保护程度的影响关系更强。

模型8_7和模型8_8是在加入控制变量的情况下，媒体治理和投资者保护程度的研究结果，从结果中可以看出，在机构投资者持股较高的样本中，模型8_7的媒体治理（Media）的回归系数为-0.0057，T值为-2.6587，且在1%的水平下显著，在机构投资者持股较低的样本中，模型8_8的媒体治理（Media）的回归系数为-0.0136，T值为-3.9668，且在1%的水平下显著，这说明在加入所有控制

表 5-14　　　　　机构投资者持股比例不同的情况下，媒体治理和
投资者保护（Protect_2）的回归结果

变量	Protect_2			
	模型 8_5	模型 8_6	模型 8_7	模型 8_8
Media	−0.0154***	−0.0298***	−0.0057***	−0.0136***
	(−7.5474)	(−8.1468)	(−2.6587)	(−3.9668)
Share			−0.0766***	−0.0877***
			(−6.4766)	(−4.1286)
Inshare			−0.0044	0.0430
			(−0.3233)	(0.9917)
Eshare			−0.0074*	−0.0291***
			(−1.6830)	(−3.9185)
Dual			0.0109	0.0107
			(1.5490)	(1.2778)
Board			−0.0034***	−0.0090***
			(−3.4294)	(−5.0254)
Indd			−0.0392	−0.0416
			(−0.7523)	(−0.6468)
Size			−0.0075***	−0.0064*
			(−3.6096)	(−1.9288)
Roa			−0.5963***	−0.6670***
			(−5.5610)	(−6.1515)
Debt			0.0050	0.2218***
			(0.1299)	(8.7881)
Affiliation			−0.0204***	−0.0189***
			(−5.0416)	(−2.8760)
Deviation			−0.0008	−0.0029*
			(−0.6319)	(−1.6492)
Cash			−0.0263	−0.1530**
			(−0.5244)	(−2.2406)
Type			−0.0148***	−0.0436***
			(−2.9815)	(−5.6614)

续表

变量	模型 8_5	模型 8_6	模型 8_7	模型 8_8
Market			−0.0058 （−1.3294）	−0.0209** （−2.4661）
Industry	No	No	Yes	Yes
Year	No	No	Yes	Yes
C	0.1190*** （27.7414）	0.1788*** （28.6809）	0.3956*** （11.2930）	0.4687*** （7.3437）
R^2	0.0082	0.0094	0.1105	0.2907
调整 R^2	0.0080	0.0093	0.1059	0.2869
F统计量	71.1450	77.8968	24.1557	75.9197
P（F统计量）	0.0000	0.0000	0.0000	0.0000
样本	较高机构投资股样本	较低机构投资股样本	较高机构投资股样本	较低机构投资股样本
观测值	8 659	8 205	8 208	7 823

注：（）为T值，*、**、***分别代表0.1、0.05和0.01的显著性水平。

变量的情况下，无论是在机构投资者持股较高或较低的上市公司中，媒体治理均和投资者保护显著正相关，即媒体治理程度越高，投资者保护程度越高，也就是说，媒体治理能够提升投资者保护程度，并且通过模型8_7和模型8_8的系数对比发现，模型8_8的系数（−0.0136）绝对值要高于模型8_7的系数（−0.0057）绝对值，模型8_8的T值（−3.9668）绝对值也高于模型8_7的T值（−2.6587）绝对值，这说明在加入所有控制变量的情况下，对媒体治理和投资者保护进行回归检验，发现与机构投资者持股比例较高的上市公司相比，在机构投资者持股比例较低的上市公司中，媒体治理对投资者保护程度的影响关系更强。

从以上可以看出，当管理费用率作为投资者保护指标时，无论是加入控制变量还是不加入控制变量，在机构投资者持股较高或较低的上市公司中，媒体治理均能够提升投资者保护程度，并且与机构投资者持股比例较高的上市公司相比，在机构投资者持股比例较低的上市公司中，媒体治理对投资者保护程度的影响关系更强，从而验证假设5b。

另外，从解释力度 R^2 来看，模型8_5的 R^2 为0.0082，调整 R^2 为0.0080，模型8_7的 R^2 为0.1105，调整 R^2 为0.1059，与模型8_5相比，在增加了所有的控制变量之后，模型8_7的 R^2 和调整 R^2 也都变大，这一结果说明，与单变量回归模型相比，增加了所有控制变量之后，模型变量的解释力度上升了，这也进一步说明本研究在考察媒体治理和信息机制模型中所选择变量的合理性。模型 8_6 的 R^2 为 0.0094，调整 R^2 为 0.0093，模型 8_8 的 R^2 为 0.2907，调整 R^2 为 0.2869，与模型 8_6 相比，在增加了所有的控制变量之后，模型 8_8 的 R^2 和调整 R^2 也都变大，这一结果说明，与单变量回归模型相比，增加了所有控制变量之后，模型变量的解释力度上升了，这也进一步说明本研究在考察媒体治理和声誉机制模型中所选择变量的合理性。

表 5-15 给出的是在是否存在境外股的情况下，媒体治理和投资者保护（管理费用率，Protect_2）的回归结果。模型 8_9 和模型 8_10 是在不加入控制变量的情况下，媒体治理和投资者保护程度的研究结果，从结果中可以看出，在存在境外股的上市公司样本中，模型 8_9 的媒体治理（Media）的回归系数为 -0.0266，T 值为 -12.2140，且在 1% 的水平下显著，在不存在国有股的上市公司样本中，模型 8_10 的媒体治理（Media）的回归系数为 -0.0148，T 值为 -2.6213，且在 1% 的水平下显著，这说明在不加入任何控制变量的情况下，无论是在存在境外股的上市公司中，还是在不存在境外股的上市公司中，媒体治理均和投资者保护显著正相关，即媒体治理程度越高，投资者保护程度越强，也就是说，媒体治理能够提升投资者保护程度，并且通过模型 8_9 和模型 8_10 的系数对比发现，模型 8_9 的系数（-0.0266）绝对值要高于模型 8_10 的系数（-0.0148）绝对值，模型 8_9 的 T 值（-12.2140）绝对值也高于模型 8_10 的 T 值（-2.6213）绝对值，这说明在不加入任何控制变量的情况下，对媒体治理和投资者保护进行回归检验，发现与不存在境外股的上市公司相比，在存在境外股的上市公司中，媒体治理对投资者保护程度的影响关系更强。

表 5-15　**在是否存在境外股的情况下，媒体治理和投资者保护（Protect_2）的回归结果**

变量	模型 8_9	模型 8_10	模型 8_11	模型 8_12
	Protect_2			
Media	-0.0266***	-0.0148***	-0.0161**	-0.0094***
	(-12.2140)	(-2.6213)	(-2.0687)	(-4.6492)
Share			-0.0979*	-0.0937***
			(-1.6488)	(-7.2524)
Inshare			0.0787	-0.0176
			(1.3184)	(-2.1055)
Eshare			-0.0055	-0.0176***
			(-0.4249)	(-3.9881)
Dual			0.0515***	0.0066
			(2.5848)	(1.1600)

续表

变量	模型 8_9	模型 8_10	模型 8_11	模型 8_12
Board			0.0005	−0.0073***
			(0.1254)	(−7.6088)
Indd			−0.3061***	−0.0275
			(−2.7487)	(−0.6204)
Size			0.0104	−0.0073***
			(1.4452)	(−3.7206)
Roa			−0.7882***	−0.5786
			(−4.1423)	(−6.6763)
Debt			−0.0477*	0.1958***
			(−1.8746)	(8.6922)
Affiliation			−0.0295***	−0.0205***
			(−3.0922)	(−5.2207)
Deviation			−0.0165*	−0.0022**
			(−1.8860)	(−2.0182)
Cash			−0.0520	−0.0762
			(−0.3386)	(−1.6421)
Type			−0.0356**	−0.0301***
			(−2.1890)	(−6.4752)
Market			0.0246*	−0.0137***
			(1.8941)	(−2.7823)
Industry	No	No	Yes	Yes
Year	No	No	Yes	Yes
C	0.1160***	0.1564***	0.1056	0.4442***
	(9.5559)	(37.3284)	(0.6990)	(11.8993)
R²	0.0062	0.0118	0.2099	0.2349
调整 R²	0.0052	0.0117	0.1732	0.2328
F 统计量	6.2028	188.8720	5.7185	109.9581
P（F统计量）	0.0129	0.0000	0.0000	0.0000
样本	存在境外投资股样本	不存在境外投资股样本	存在境外投资股样本	不存在境外投资股样本
观测值	998	15 866	947	15 084

注：（）为 T 值，*、**、***分别代表0.1、0.05和0.01的显著性水平。

　　模型8_11和模型8_12是在加入所有控制变量的情况下，媒体治理和投资者保护程度（管理费用率，Protect_2）的研究结果，从结果中可以看出，在存在境外股的上市公司样本中，模型8_11的媒体治理（Media）的回归系数为-0.0161，T值为-2.0687，且在5%的水平下显著，在不存在境外股的上市公司样本中，模型8_12的媒体治理（Media）的回归系数为-0.0094，T值为-4.6492，且在1%的水平下显著，这说明在加入所有控制变量的情况下，无论是在存在境外股的上市公司中，还是在不存在境外股的上市公司中，媒体治理均和投资者保护显著正相关，即媒体治理程度越高，投资者保护程度越强，也就是说，媒体治理能够提升投资者保护程度，并且通过模型8_11和模型8_12的系数对比发现，模型8_11的系数（-0.0161）绝对值要高于模型8_12的系数（-0.0094）绝对值，这说明在加入所有控制变量的情况下，对媒体治理和投资者保护进行回归检验，发现与不存在境外股的上市公司相比，在存在境外股的上市公司中，媒体治理对投资者保护程度的影响关系更强。

　　从以上可以看出，当管理费用率作为投资者保护指标时，无论是加入控制变量还是不加入控制变量，在存在境外股和不存在境外股的上市公司样本中，媒体治理均能够提升投资者保护程度，并且与不存在境外股的上市公司相比，在存在境外股的上市公司中，媒体治理对投资者保护程度的影响关系更强，从而验证假设6b。

　　另外，从解释力度 R^2 来看，模型8_9的 R^2 为0.0062，调整 R^2 为0.0052，模型8_11的 R^2 为0.2099，调整 R^2 为0.1732，与模型8_9相比，在增加了所有的控制变量之后，模型8_11的 R^2 和调整 R^2 也都变大，这一结果说明，与单变量回归模型相比，增加了所有控制变量之后，模型变量的解释力度上升了，这也进一步说明本研究在考察媒体治理和信息机制模型中所选择变量的合理性。模型8_10的 R^2 为0.0118，调整 R^2 为0.0117；模型8_12的 R^2 为0.2349，调整 R^2 为0.2328。与模型8_10相比，在增加了所有的控制变量之后，模型8_12的 R^2 和调整 R^2 也都变大。这一结果说明，与单变量回归模型相比，增加了所有控制变量之后，模型变量的解释力度上升了，这也进一步说明本研究在考察媒体治理和声誉机制模型中所选择变量的合理性。

　　表5-16给出的是在是否存在国有股的情况下，媒体治理和投资者保护（大股东资金占用率，Protect_3）的回归结果。模型9_1和模型9_2是在不加入控制变量的情况下，媒体治理和投资者保护程度的研究结果。从结果中可以看出，在存在国有股的上市公司样本中，模型9_1的媒体治理（Media）的回归系数为-0.0030，T值为-6.9644，且在1%的水平下显著；在不存在国有股的上市公司样本中，模型9_2的媒体治理（Media）的回归系数为-0.0006，T值为-2.2367，且在5%的水平下显著。这说明在不加入任何控制变量的情况下，

无论是在存在国有股的上市公司中，还是在不存在国有股的上市公司中，媒体治理均和大股东资金占用率显著负相关，和投资者保护显著正相关，即媒体治理程度越高，投资者保护程度越强。也就是说，媒体治理能够提升投资者保护程度，并且通过模型9_1和模型9_2的系数对比发现，模型9_1的系数（−0.0030）绝对值要高于模型9_2的系数（−0.0006）绝对值，模型9_1的T值（−6.9644）绝对值也高于模型9_2的T值（−2.2367）绝对值。这说明在不加入任何控制变量的情况下，对媒体治理和投资者保护进行回归检验，发现与不存在国有股的上市公司相比，在存在国有股的上市公司中，媒体治理对投资者保护程度的影响关系更强。

表5-16　在是否存在国有股的情况下，媒体治理和投资者保护（Protect_3）的回归结果

	Protect_3			
变量	模型9_1	模型9_2	模型9_3	模型9_4
Media	−0.0030*** (−6.9644)	−0.0006** (−2.2367)	−0.0012** (−2.5399)	−0.0004 (−1.2291)
Share			0.0139*** (3.5520)	−0.0013 (−0.5918)
Inshare			−0.0006 (−0.3710)	−0.0014 (−1.4843)
Eshare			0.0013 (1.4997)	0.0009 (1.6189)
Balance			−0.0022*** (−2.9706)	−0.0001 (−0.1595)
Dual			0.0007 (0.5253)	−0.0006 (−1.3606)
Board			−0.0009*** (−4.1552)	−0.0005** (−2.2530)
Indd			−0.0240*** (−3.3308)	−0.0126* (−1.6523)
Size			0.0009** (2.3034)	0.0004 (1.5787)
Roa			−0.0757*** (−4.9052)	−0.0263*** (−3.1165)
Debt			0.0173*** (4.6434)	0.0092*** (3.4320)

续表

变量	模型 9_1	模型 9_2	模型 9_3	模型 9_4
Affiliation			0.0021 (2.4859)	0.0003 (0.5658)
Cash			−0.0005 (−0.0662)	0.0057 (1.4877)
Growth			−0.0012*** (−2.8799)	0.0000 (0.0827)
Type			−0.0010 (−0.7621)	0.0001 (0.1060)
Market			−0.0022** (−2.1495)	−0.0002 (−0.3372)
Industry	No	No	Yes	Yes
Year	No	No	Yes	Yes
C	0.0117*** (13.4243)	0.0039*** (8.3961)	0.0136 (1.5999)	0.0139** (1.8621)
R^2	0.0073	0.0007	0.1333	0.0927
调整 R^2	0.0071	0.0006	0.1284	0.0083
F统计量	57.1797	6.2951	26.8245	21.1762
P（F统计量）	0.0000	0.0121	0.0000	0.0000
样本	存在国家股样本	不存在国家股 样本	存在国家股样本	不存在国家股 样本
观测值	7 812	9 104	7 541	8 958

注：（）为 T 值，*、**、***分别代表 0.1、0.05 和 0.01 的显著性水平。

模型 9_3 和模型 9_4 是在加入控制变量的情况下，媒体治理和投资者保护程度的研究结果，从结果中可以看出，在存在国有股的上市公司样本中，模型 9_3 的媒体治理（Media）的回归系数为 −0.0012，T 值为 −2.5399，且在 5% 的水平下显著，在不存在国有股的上市公司样本中，模型 9_4 的媒体治理（Media）的回归系数为 −0.0004，T 值为 −1.2291，不显著，这说明在加入所有控制变量的情况下，在存在国有股的上市公司中，媒体治理均和大股东资金占用率显著负相关，和投资者保护显著正相关，即媒体治理程度越高，投资者保护程度越强，也就是说，媒体治理能够提升投资者保护程度，并且通过模型 9_3 和模型 9_4 的系数对比发现，模型9_3的系数（-0.0012）绝对值要高于模型9_4的系数（-0.0004）绝对值，模型9_3的T值（-2.5399）绝对值也高于模型9_4的T值（-1.2291）绝对值，这说明在加入所有控制变量的情况下，对媒体治理和投资者保护进行回归检验，发现与不存在国有股的上市公司相比，在存在国有股的上市公司中，媒体治理对投资者保护程度的影响关系更强。

从以上可以看出，将大股东资金占用率作为投资者保护指标时，无论是加入控制变量还是不加入控制变量，在存在国有股的上市公司样本中，媒体治理均能够提升投资者保护程度；不加入控制变量时，在不存在国有股的上市公司样本中，媒体治理能够提升投资者保护程度。并且与不存在国有股的上市公司相比，在存在国有股的上市公司中，媒体治理对投资者保护程度的影响关系更强，从而验证假设4c。

另外，从解释力度R^2来看，模型9_1的R^2为0.0073，调整R^2为0.0071，模型9_3的R^2为0.1333，调整R^2为0.1284，与模型9_1相比，在增加了所有的控制变量之后，模型9_3的R^2和调整R^2也都变大，这一结果说明，与单变量回归模型相比，增加了所有控制变量之后，模型变量的解释力度上升了，这也进一步说明本研究在考察媒体治理和信息机制模型中所选择变量的合理性。模型9_2的R^2为0.0007，调整R^2为0.0006，模型9_4的R^2为0.0927，调整R^2为0.0083，与模型9_2相比，在增加了所有的控制变量之后，模型9_4的R^2和调整R^2也都变大，这一结果说明，与单变量回归模型相比，增加了所有控制变量之后，模型变量的解释力度上升了，这也进一步说明本研究在考察媒体治理和声誉机制模型中所选择变量的合理性。

表5-17给出的是在机构投资者持股比例不同的情况下，媒体治理和投资者保护（大股东资金占用率，Protect_3）的回归结果。模型9_5和模型9_6是在不加入控制变量的情况下，媒体治理和投资者保护程度的研究结果，从结果中可以看出，在机构投资者持股较高的上市公司样本中，模型9_5的媒体治理（Media）的回归系数为-0.0009，T值为-3.6215，且在1%的水平下显著，在机构投资者持股较低的上市公司样本中，模型9_6的媒体治理（Media）的回归系数为-0.0017，T值为-3.8433，且在1%的水平下显著，这说明在不加入任何控制变量的情况下，无论是在机构投资者持股比例较高还是较低的上市公司中，媒体治理均和投资者保护显著正相关，即媒体治理程度越高，投资者保护程度越高，也就是说，媒体治理能够提升投资者保护程度，并且通过模型9_5和模型9_6的系数对比发现，模型9_6的系数（-0.0017）绝对值要高于模型9_5的系数（-0.0009）绝对值，模型9_6的T值（-3.8433）绝对值也高于模型9_5的T值（-3.6215）绝对值，这说明在不加入任何控制变量的情况下，对媒体治理和投资者保护进行回归检验，发现与机构投资者持股比例较高的上市公司相比，在机构投资者持股比例

较低的上市公司中，媒体治理对投资者保护程度的影响关系更强。

表 5-17　　　　在机构投资者持股比例不同的情况下，媒体治理和
投资者保护（Protect_3）的回归结果

变量	Protect_3			
	模型 9_5	模型 9_6	模型 9_7	模型 9_8
Media	−0.0009***	−0.0017***	−0.0005	−0.0010***
	(−3.6215)	(−3.8433)	(−1.0427)	(−3.4735)
Share			0.0005	0.0084**
			(0.1850)	(2.4108)
Inshare			−0.0013	−0.0024
			(−0.8770)	(−0.7825)
Eshare			−0.0002	0.0028***
			(−0.3719)	(3.0162)
Balance			−0.0004	−0.0009
			(−1.0481)	(−1.5130)
Dual			−0.0005	0.0003
			(−0.8522)	(0.3011)
Board			−0.0003**	−0.0012***
			(−1.9723)	(−4.2748)
Indd			−0.0078*	−0.0321***
			(−1.6696)	(−3.6001)
Size			0.0008***	0.0011***
			(2.7416)	(2.7399)
Roa			−0.0204**	−0.0575***
			(−2.1369)	(−4.7705)
Debt			0.0114**	0.0131***
			(2.4969)	(5.1186)
Affiliation			−0.0001	0.0024**
			(−0.3108)	(2.5501)
Cash			0.0073*	−0.0011
			(1.8324)	(−0.1478)

变量	模型 9_5	模型 9_6	模型 9_7	模型 9_8
Growth			−0.0006 （−0.8692）	−0.0005 （−1.1470）
Type			−0.0003 （−0.6835）	−0.0010 （−0.9244）
Market			−0.0005 （−0.7751）	−0.0015 （−1.3679）
Industry	No	No	Yes	Yes
Year	No	No	Yes	Yes
C	0.0041*** （8.1645）	0.0097*** （13.1082）	−0.0008 （−0.1383）	0.0206** （2.3128）
R^2	0.0025	0.0018	0.0555	0.1461
调整 R^2	0.0024	0.0017	0.0507	0.1415
F统计量	21.6541	14.8333	11.6436	31.3713
P（F统计量）	0.0000	0.0001	0.0000	0.0000
样本	较高机构投资股样本	较低机构投资股样本	较高机构投资股样本	较低机构投资股样本
观测值	8 662	8 254	8 572	7 927

注：（）为T值，*、**、***分别代表0.1、0.05和0.01的显著性水平。

模型9_7和模型9_8是在加入控制变量的情况下，媒体治理和投资者保护程度的研究结果，从结果中可以看出，在机构投资者持股较高的上市公司样本中，模型9_7的媒体治理（Media）的回归系数为−0.0005，T值为−1.0427，并未达到10%的水平的显著，在机构投资者持股较低的样本中，模型9_8的媒体治理（Media）的回归系数为−0.0010，T值为−3.4735，且在1%的水平下显著，这说明在加入所有控制变量的情况下，只有在机构投资者持股较低的上市公司中，媒体治理均和投资者保护显著正相关，即媒体治理程度越高，投资者保护程度越高，也就是说，媒体治理能够提升投资者保护程度，然后通过模型9_7和模型9_8的系数对比发现，模型9_8的系数（−0.0010）绝对值要高于模型9_7的系数（−0.0005）绝对值，模型9_8的T值（−3.4735）绝对值也高于模型9_7的

T值（－1.0427）绝对值，这说明在加入所有控制变量的情况下，对媒体治理和投资者保护进行回归检验，发现与机构投资者持股比例较高的上市公司相比，在机构投资者持股比例较低的上市公司中，媒体治理对投资者保护程度的影响关系更强。

从以上可以看出，当大股东资金占用率作为投资者保护指标时，在不加入控制变量时，在机构投资者持股比例较高和较低的上市公司中，媒体治理均能够提升投资者保护程度，而在加入控制变量之后，仅在机构投资者持股比例较低的上市公司中出现媒体治理能够提升投资者保护程度，并且与机构投资者持股比例较高的上市公司相比，在机构投资者持股比例较低的上市公司中，媒体治理对投资者保护程度的影响关系更强，从而验证假设5c。

另外，从解释力度 R^2 来看，模型 9_5 的 R^2 为 0.0025，调整 R^2 为 0.0024，模型 9_7 的 R^2 为 0.0555，调整 R^2 为 0.0507，与模型 9_5 相比，在增加了所有的控制变量之后，模型 9_7 的 R^2 和调整 R^2 也都变大，这一结果说明，与单变量回归模型相比，增加了所有控制变量之后，模型变量的解释力度上升了，这也进一步说明本研究在考察媒体治理和信息机制模型中所选择变量的合理性。模型 9_6 的 R^2 为 0.0018，调整 R^2 为 0.0017，模型 9_8 的 R^2 为 0.1461，调整 R^2 为 0.1415，与模型 9_6 相比，在增加了所有的控制变量之后，模型 9_8 的 R^2 和调整 R^2 也都变大，这一结果说明，与单变量回归模型相比，增加了所有控制变量之后，模型变量的解释力度上升了，这也进一步说明本研究在考察媒体治理和声誉机制模型中所选择变量的合理性。

表5-18给出的是在是否存在境外股的情况下，媒体治理和投资者保护（大股东资金占用率，Protect_3）的回归结果。模型 9_9 和模型 9_10 是在不加入控制变量的情况下，媒体治理和投资者保护程度的研究结果，从结果中可以看出，在存在境外股的上市公司样本中，模型 9_9 的媒体治理（Media）的回归系数为－0.0018，T值为－6.5443，且在1%的水平下显著，在不存在境外股的上市公司样本中，模型 9_10 的媒体治理（Media）的回归系数为－0.0008，T值为－1.7415，且在10%的水平下显著，这说明在不加入任何控制变量的情况下，无论是在存在境外股的上市公司中，还是在不存在境外股的上市公司中，媒体治理均和投资者保护显著正相关，即媒体治理程度越高，投资者保护程度越高，也就是说，媒体治理能够提升投资者保护程度，并且通过模型 9_9 和模型 9_10 的系数对比发现，模型 9_9 的系数（－0.0018）绝对值要高于模型 9_10 的系数（－0.0008）绝对值，模型 9_9 的 T值（－6.5443）绝对值也高于模型 9_10 的 T值（－1.7415）绝对值，这说明在不加入任何控制变量的情况下，对媒体治理和投资者保护进行回归检验，发现与不存在境外股的上市公司相比，在存在境外股的上市公司中，媒体治理对投资者保护程度的影响关系更强。

表5-18　　　　　　　　**在是否存在境外股的情况下，媒体治理和**
投资者保护（Protect_3）的回归结果

变量	模型9_9	模型9_10	模型9_11	模型9_12
		Protect_3		
Media	−0.0018***	−0.0008*	−0.0008***	−0.0004
	(−6.5443)	(−1.7415)	(−2.9582)	(−1.2203)
Share			0.0082	0.0059***
			(1.5675)	(2.6775)
Inshare			−0.0020	−0.0010
			(−0.8697)	(−1.2125)
Eshare			0.0006	0.0013**
			(0.9451)	(2.5050)
Balance			−0.0012	−0.0011***
			(−1.2068)	(−2.8459)
Dual			0.0003	0.0000
			(0.5615)	(0.0396)
Board			−0.0003**	−0.0008***
			(−2.0551)	(−5.1170)
Indd			−0.0041	−0.0204***
			(−0.7983)	(−3.9042)
Size			−0.0014**	0.0009***
			(−2.4917)	(3.3378)
Roa			0.0227	−0.0549***
			(0.8906)	(−6.1325)
Debt			0.0275***	0.0115***
			(2.8168)	(5.1801)
Affiliation			−0.0021***	0.0012**
			(−2.8880)	(2.2315)
Cash			−0.0035	0.0043
			(−0.6586)	(0.9462)
Growth			−0.0009*	−0.0006
			(−1.9228)	(−1.4530)

续表

变量	模型 9_9	模型 9_10	模型 9_11	模型 9_12
Type			0.0012 （0.9922）	−0.0006 （−1.0466）
Market			0.0011 （1.0462）	−0.0011 （−1.6168）
Industry	No	No	Yes	Yes
Year	No	No	Yes	Yes
C	0.0030*** （2.9220）	0.0077*** （15.3623）	0.0189** （2.2033）	0.0146*** （2.6099）
R^2	0.0032	0.0033	0.3768	0.1109
调整 R^2	0.0022	0.0032	0.3478	0.1084
F统计量	3.1645	52.0428	13.0187	44.9193
P（F统计量）	0.0756	0.0000	0.0000	0.0000
样本	存在境外投资股样本	不存在境外投资股样本	存在境外投资股样本	不存在境外投资股样本
观测值	998	15 918	970	15 529

注：（）为 T 值，*、**、*** 分别代表 0.1、0.05 和 0.01 的显著性水平。

模型 9_11 和模型 9_12 是在加入所有控制变量的情况下，媒体治理和投资者保护程度（大股东资金占用率，Protect_3）的研究结果，从结果中可以看出，在存在境外股的上市公司样本中，模型 9_11 的媒体治理（Media）的回归系数为 −0.0008，T 值为 −2.9582，且在 1% 的水平下显著，在不存在境外股的上市公司样本中，模型 9_12 的媒体治理（Media）的回归系数为 −0.0004，T 值为 −1.2203，并未达到 10% 的水平的显著，这说明在加入所有控制变量的情况下，只是在存在境外股的上市公司中，媒体治理均和投资者保护显著正相关，即媒体治理程度越高，投资者保护程度越高，也就是说，媒体治理能够提升投资者保护程度，在不存在境外股的上市公司中不显著，并且通过模型 9_11 和模型 9_12 的系数对比发现，模型 9_11 的系数（−0.0008）绝对值要高于模型 9_12 的系数（−0.0004）绝对值，这说明在加入所有控制变量的情况下，对媒体治理和投资者保护进行回归检验，发现与不存在境外股的上市公司相比，在存在境外股的上市公司中，媒体治理对投资者保护程度的影响关系更强。

从以上可以看出，当大股东资金占用率作为投资者保护指标时，在不加入控制变量的情况下，在存在境外股和不存在境外股的上市公司样本中，媒体治理均能够提升投资者保护程度，在加入控制变量之后，仅在存在境外股的上市公司中，媒体治理能够提升投资者保护程度，并且与不存在境外股的上市公司相比，在存在境外股的上市公司中，媒体治理对投资者保护程度的影响关系更强，从而验证假设6c。

另外，从解释力度 R^2 来看，模型9_9的 R^2 为0.0032，调整 R^2 为0.0022，模型9_11的 R^2 为0.3768，调整 R^2 为0.3478，与模型9_9相比，在增加了所有的控制变量之后，模型9_11的 R^2 和调整 R^2 也都变大，这一结果说明，与单变量回归模型相比，增加了所有控制变量之后，模型变量的解释力度上升了，这也进一步说明本研究在考察媒体治理和信息机制模型中所选择变量的合理性。模型9_10的 R^2 为0.0033，调整 R^2 为0.0032，模型9_12的 R^2 为0.1109，调整 R^2 为0.1084，与模型9_10相比，在增加了所有的控制变量之后，模型9_12的 R^2 和调整 R^2 也都变大，这一结果说明，与单变量回归模型相比，增加了所有控制变量之后，模型变量的解释力度上升了，这也进一步说明本研究在考察媒体治理和声誉机制模型中所选择变量的合理性。

从上述分析可以看出，本研究使用审计意见类型、管理费用率、大股东资金占用率作为投资者保护程度的指标，并在公司是否存在国有股的情况下，考察媒体治理和投资者保护程度的影响关系差异性，结果发现，在无论是否存在国有股的上市公司中，媒体治理均能够提升投资者保护程度（审计意见类型和管理费用率），在存在国有股的上市公司中，媒体治理能够提升投资者保护程度（大股东资金占用率），并且发现与不存在国有股的上市公司相比，在存在国有股的上市公司中，媒体治理对投资者保护程度（无论是哪一种指标）的影响关系更强；在公司机构持股比例不同的情况下，考察媒体治理与投资者保护程度的影响关系差异性，结果发现，在无论机构投资者持股较高或较低的上市公司中，媒体治理均能够提升投资者保护程度（审计意见类型和管理费用率），在机构投资者持股比例较低的上市公司中媒体治理能够提升投资者保护程度（大股东资金占用率），并且发现与机构投资者持股比例较高的上市公司相比，在机构投资者持股比例较低的上市公司中，媒体治理对投资者保护程度（无论是哪一种指标）的影响关系更强；在无论是否存在境外股的情况下，考察媒体治理与投资者保护程度的影响关系差异性，结果发现，在无论是否存在境外股的上市公司中，媒体治理均能够提升投资者保护程度（审计意见类型和管理费用率），而仅在存在境外股的上市公司中，媒体治理能够提升投资者保护程度（大股东资金占用率），并且发现与不存在境外股的上市公司相比，在存在境外股的上市公司中，媒体治理对投资者保护程度（无论是哪一种指标）的影响关系更强，从而验证假设4、假设5、假设6。

5.4 不同企业特征情景下，媒体治理和投资者保护研究

表5-19给出的是在不同企业性质的情况下，媒体治理和投资者保护程度（审计意见类型，Protect_1）之间的影响的差异性。模型10_1和模型10_2是在不加入控制变量的情况下，在不同企业性质的上市公司中，媒体治理和投资者保护程度的影响关系，模型10_1是考察国有企业中，媒体治理和投资者保护程度的回归结果，媒体治理（Media）的回归系数为0.2234，T值为10.5367，且在1%的水平上显著，模型10_2是考察非国有企业中，媒体治理和投资者保护程度的回归结果，媒体治理（Media）的回归系数为0.2149，T值为8.4455，且在1%的水平上显著，这说明在国有和非国有企业中，媒体治理均能够显著提升投资者保护程度，进一步考察发现，在国有企业中媒体治理的系数（0.2234）要高于非国有企业中媒体治理的系数（0.2149），国有企业媒体治理的T值（10.5367）也高于非国有企业媒体治理的T值（8.4455），这说明在不加入控制变量的情况下，与非国有企业相比，在国有企业中，媒体治理和投资者保护程度的关系更强。

表5-19 不同企业性质的情况下，媒体治理和投资者保护（Protect_1）的回归结果

变量	Protect_1			
	模型10_1	模型10_2	模型10_3	模型10_4
Media	0.2234*** （10.5367）	0.2149*** （8.4455）	0.1699*** （5.8070）	0.1251*** （3.8724）
Share			0.6325*** （3.4311）	1.8011*** （7.9002）
Inshare			0.8601*** （4.6432）	0.8508*** （4.4189）
Dual			−0.0782 （−0.9255）	−0.0048 （−0.0703）
Board			0.0265* （1.8238）	0.0050 （0.2512）
Indd			0.9704 （1.6382）	−0.4037 （−0.7212）
Audit			0.1168** （2.0426）	0.1741*** （2.8182）

续表

变量	模型 10_1	模型 10_2	模型 10_3	模型 10_4
Size			0.0162 （0.5141）	−0.0214 （−0.4898）
Roa			4.1859*** （9.6162）	3.3301*** （7.4617）
Debt			−1.3238*** （−6.5476）	−1.5392*** （−7.5200）
Cash			0.9319** （2.1658）	1.3587*** （3.5356）
Growth			0.0768 （1.2844）	−0.0448 （−1.4489）
Type			/	/
Market			0.0803 （1.4240）	0.1516** （2.1693）
Industry	No	No	Yes	Yes
Year	No	No	Yes	Yes
C	1.2001*** （39.8789）	1.1308*** （37.2721）	0.4456 （0.7024）	1.5752* （1.7302）
Mean dependent var	0.9291	0.9099	0.9453	0.9211
S.E. of regression	0.2544	0.2838	0.1905	0.2061
ALL	−0.2487	−0.2956	−0.1466	−0.1614
McFadden R^2	0.0282	0.0234	0.3090	0.4152
LR statistic	139.4505	103.1066	1229.2590	1632.9430
P（LR stat）	0.0000	0.0000	0.0000	0.0000
S.D. dependent var	0.2566	0.2863	0.2274	0.2696
样本	国有企业样本	民营企业样本	国有企业样本	民营企业样本
观测值	9 652	7 273	9 376	7 123

注：（）为Z值，*、**、***分别代表0.1、0.05和0.01的显著性水平。

模型 10_3 和模型 10_4 是在加入控制变量的情况下，在不同企业性质的上市公司中，媒体治理和投资者保护程度的影响关系，模型 10_3 是考察国有企业中，媒体治理和投资者保护程度的回归结果，媒体治理（Media）的回归系数为0.1699，T 值为 5.8070，且在 1% 的水平上显著，模型 10_4 是考察非国有企业中，媒体治理和投资者保护程度的回归结果，媒体治理（Media）的回归系数为0.1251，T 值为 3.8724，且在 1% 的水平上显著，这说明在国有和非国有企业中，媒体治理均能够显著提升投资者保护程度，进一步考察发现，在国有企业中媒体治理的系数（0.1699）要高于非国有企业中媒体治理的系数（0.1251），国有企业媒体治理的 T 值（5.8070）也高于非国有企业媒体治理的 T 值（3.8724），这说明在加入控制变量的情况下，与非国有企业相比，在国有企业中，媒体治理和投资者保护程度的关系更强。

从以上可以看出，当审计意见类型作为投资者保护指标时，无论是加入控制变量还是不加入控制变量，在国有企业和非国有企业中，媒体治理均能够提升投资者保护程度，并且与非国有企业相比，在国有企业中，媒体治理对投资者保护程度的影响关系更强，从而验证假设 7a。

另外，从 McFadden R^2 数值来看，模型 10_1 的 McFadden R^2 为 0.0282，模型10_3 的 McFadden R^2 为 0.3090，说明在考察国有企业样本时，加入控制变量之后，变量模型对投资者保护程度的解释力度增强，模型 10_2 的 McFadden R^2 为0.0234，模型 10_4 的 McFadden R^2 为 0.4152，说明在考察非国有企业样本时，加入控制变量之后，变量模型对投资者保护的解释力度增强，这也进一步说明本研究所选变量的合理性。

表 5-20 给出的是在处于不同市场化程度的情况下，媒体治理和投资者保护程度（审计意见类型，Protect_1）之间的影响的差异性。模型 10_5 和模型 10_6是在不加入控制变量的情况下，处于不同市场化程度下的上市公司中，媒体治理和投资者保护程度的影响关系，模型 10_5 是考察在处于市场化程度较高的地区的企业中，媒体治理和投资者保护程度的回归结果，媒体治理（Media）的回归系数为 0.2130，T 值为 11.3886，且在 1% 的水平上显著，模型 10_6 是考察在处于市场化程度较低地区的企业中，媒体治理和投资者保护程度的回归结果，媒体治理（Media）的回归系数为 0.2583，T 值为 7.8002，且在 1% 的水平上显著，这说明在处于市场化程度较高或者较低的企业中，媒体治理均能够显著提升投资者保护程度，进一步考察发现，在处于市场化程度较低地区的企业中的媒体治理的系数（0.2583）要高于处于市场化程度较高地区的企业中媒体治理的系数（0.2130），这说明在不加入控制变量的情况下，与处于市场化程度较高的企业相比，在处于市场化程度较低的企业中，媒体治理和投资者保护程度的关系更强。

表5-20 不同市场化程度的情况下，媒体治理和投资者保护（Protect_1）的回归结果

变量	Protect_1			
	模型 10_5	模型 10_6	模型 10_7	模型 10_8
Media	0.2130***	0.2583***	0.1401***	0.1851***
	（11.3886）	（7.8002）	（5.6706）	（4.1269）
Share			1.3051***	0.4383*
			（7.8184）	（1.6656）
Inshare			0.6324***	1.2850***
			（4.1884）	（5.0008）
Dual			0.0035	0.0011
			（0.0553）	（0.0103）
Board			0.0200	0.0290
			（1.4987）	（1.1679）
Indd			0.2522	0.5631
			（0.5060）	（0.8175）
Audit			0.1189**	0.1674**
			（2.4286）	（2.0358）
Size			−0.0199	0.0425
			（−0.6985）	（0.8363）
Roa			4.0164***	3.2980***
			（10.4509）	（6.7063）
Debt			−1.3255***	−1.9450***
			（−8.6878）	（−11.4850）
Cash			0.8811***	1.9989***
			（2.5935）	（3.5601）
Growth			−0.0270	0.1370**
			（−0.9089）	（2.1204）
Type			0.0630	0.2143**
			（1.3375）	（2.4107）
Market			/	/
Industry	No	No	Yes	Yes

续表

变量	模型 10_5	模型 10_6	模型 10_7	模型 10_8
Year	No	No	Yes	Yes
C	1.2396*** （50.0822）	0.9206*** （21.4363）	1.2566** （2.1921）	0.5841 （0.5777）
Mean dependent var	0.9299	0.8855	0.9430	0.9026
S.E. of regression	0.2533	0.3138	0.1873	0.2320
ALL	−0.2474	−0.3438	−0.1427	−0.1947
McFadden R²	0.0253	0.0339	0.3473	0.3905
LR statistic	173.1335	82.9820	1998.5850	832.0860
P（LR stat）	0.0000	0.0000	0.0000	0.0000
S.D. dependent var	0.2553	0.3185	0.2318	0.2966
样本	市场化程度 高样本	市场化程度 低样本	市场化程度 高样本	市场化程度 低样本
观测值	13 485	3 440	13 163	3 336

注：（ ）为 Z 值，*、**、***分别代表 0.1、0.05 和 0.01 的显著性水平。

模型 10_7 和模型 10_8 是在加入控制变量的情况下，处于不同市场化程度下的上市公司中，媒体治理和投资者保护程度的影响关系，模型 10_7 是考察在处于市场化程度较高的地区的企业中，媒体治理和投资者保护程度的回归结果，媒体治理（Media）的回归系数为 0.1401，T 值为 5.6706，且在 1%的水平上显著，模型 10_8 是考察在处于市场化程度较低地区的企业中，媒体治理和投资者保护程度的回归结果，媒体治理（Media）的回归系数为 0.1851，T 值为 4.1269，且在 1%的水平上显著，这说明在处于市场化程度较高和市场化程度较低地区的企业中，媒体治理均能够显著提升投资者保护程度，进一步考察发现，在处于市场化程度较低地区的企业中的媒体治理的系数（0.1851）要高于处于市场化程度较高地区的企业中媒体治理的系数（0.1401），这说明在不加入控制变量的情况下，与处于市场化程度较高地区的企业相比，在处于市场化程度较低地区的企业中，媒体治理和投资者保护程度的关系更强。

从以上可以看出，当审计意见类型作为投资者保护指标时，无论是加入控制变量还是不加入控制变量，在处于市场化程度较高或较低的企业中，媒体治理均能够提升投资者保护程度，并且与处于市场化程度较高的企业相比，在处于市场化程度较低的企业中，媒体治理对投资者保护程度的影响关系更强，从而验证假设8a。

另外，从McFadden R²数值来看，模型10_5的McFadden R²为0.0253，模型10_7的McFadden R²为0.3473，说明在考察处于市场化程度较高的样本时，加入控制变量之后，变量模型对投资者保护程度的解释力度增强，模型10_6的McFadden R²为0.0339，模型10_8的McFadden R²为0.3905，说明在考察处于市场化程度较低的样本时，加入控制变量之后，变量模型对投资者保护程度的解释力度增强，这也进一步说明本研究所选变量的合理性。

表5-21给出的是在处于垄断和非垄断行业内的企业中，媒体治理和投资者保护程度（审计意见类型，Protect_1）之间的影响的差异性。模型10_9和模型10_10是在不加入控制变量的情况下，处于垄断和非垄断行业的上市公司中，媒体治理和投资者保护程度的影响关系，模型10_9是考察在处于垄断行业内的企业中，媒体治理和投资者保护程度的回归结果，媒体治理（Media）的回归系数为0.2201，T值为12.9983，且在1%的水平上显著，模型10_10是考察在处于非垄断行业内的企业中，媒体治理和投资者保护程度的回归结果，媒体治理（Media）的回归系数为0.2458，T值为4.2038，且在1%的水平上显著，这说明在处于垄断和非垄断行业的企业中，媒体治理均能够显著提升投资者保护程度，进一步考察发现，在处于非垄断行业内的企业中的媒体治理的系数（0.2458）要高于处于垄断行业内的企业中媒体治理的系数（0.2201），这说明在不加入控制变量的情况下，与处于垄断行业内的企业相比，在处于非垄断行业内的企业中，媒体治理和投资者保护程度（审计意见类型，Protect_1）的关系更强。

表5-21 在垄断和非垄断行业的情况下，媒体治理和投资者保护（Protect_1）的回归结果

变量	Protect_1			
	模型10_9	模型10_10	模型10_11	模型10_12
Media	0.2201*** (12.9983)	0.2458*** (4.2038)	0.1143* (1.7792)	0.1558*** (7.0411)
Share			0.6917 (1.2534)	1.1178*** (7.8779)
Inshare			1.5483*** (2.9285)	0.7449*** (5.5279)
Dual			−0.3390* (−1.6954)	0.0188 (0.3399)
Board			−0.0069 (−0.1628)	0.0211* (1.7499)

续表

变量	模型 10_9	模型 10_10	模型 10_11	模型 10_12
Indd			3.1313	0.0681
			(1.4039)	(0.1724)
Audit			0.1363	0.1555***
			(0.7047)	(3.6571)
Size			0.1454**	−0.0115
			(2.2013)	(−0.4330)
Roa			1.7275	3.9332***
			(1.5460)	(12.2924)
Debt			−1.5239***	−1.4738***
			(−4.2536)	(−10.1728)
Cash			2.0956*	1.0925***
			(1.7355)	(3.7534)
Growth			−0.0306	0.0018
			(−0.2469)	(0.0665)
Type			0.1731	0.0919**
			(0.9392)	(2.1920)
Market			−0.0397	0.1646***
			(−0.2338)	(3.6860)
Industry	No	No	Yes	Yes
Year	No	No	Yes	Yes
C	1.2558***	1.1597***	−2.5182*	1.3437***
	(14.0857)	(52.6950)	(−1.7352)	( ) 2.5911
Mean dependent var	0.9434	0.9190	0.9655	0.9323
S.E. of regression	0.2291	0.2705	0.1536	0.2015
ALL	−0.2094	−0.2739	−0.1005	−0.1599
McFadden R²	0.0377	0.0260	0.3295	0.3545
LR statistic	21.7002	228.4341	126.1415	2673.5020
P（LR stat）	0.0000	0.0000	0.0000	0.0000
S.D. dependent var	0.2313	0.2729	0.1825	0.2513
样本	垄断企业样本	非垄断企业样本	垄断企业样本	非垄断企业样本
观测值	1 324	15 601	1 277	15 222

注：（ ）为Z值，*、**、***分别代表0.1、0.05和0.01的显著性水平。

　　模型 10_11 和模型 10_12 是在加入控制变量的情况下，处于垄断和非垄断行业的上市公司中，媒体治理和投资者保护程度（审计意见类型，Protect_1）的影响关系，模型 10_11 是考察在处于垄断行业内的企业中，媒体治理和投资者保护程度（审计意见类型，Protect_1）的回归结果，媒体治理（Media）的回归系数为 0.1143，T 值为 1.7792，且在 10% 的水平上显著，模型 10_12 是考察在处于非垄断行业内的企业中，媒体治理和投资者保护程度的回归结果，媒体治理（Media）的回归系数为 0.1558，T 值为 7.0411，且在 1% 的水平上显著，这说明无论处于垄断还是非垄断行业的企业中，媒体治理均能够显著提升投资者保护程度，进一步考察发现，处于非垄断行业内的企业中的媒体治理的系数（0.1558）要高于处于垄断行业内的企业中媒体治理的系数（0.1143），这说明在不加入控制变量的情况下，与处于垄断行业内的企业相比，在处于非垄断行业内的企业中，媒体治理和投资者保护程度（审计意见类型，Protect_1）的关系更强。

　　从以上可以看出，当审计意见类型作为投资者保护指标时，无论是加入控制变量还是不加入控制变量，无论处于垄断还是非垄断行业内的企业，媒体治理均能够提升投资者保护程度，并且与处于垄断行业内的企业相比，在处于非垄断行业内的企业中，媒体治理对投资者保护程度（审计意见类型，Protect_1）的影响关系更强，从而验证假设 9a。

　　另外，从 McFadden R^2 数值来看，模型 10_9 的 McFadden R^2 为 0.0377，模型 10_11 的 McFadden R^2 为 0.3295，说明在考察处于垄断行业内企业样本时，加入控制变量之后，变量模型对投资者保护程度的解释力度增强，模型 10_10 的 McFadden R^2 为 0.0260，模型 10_12 的 McFadden R^2 为 0.3545，说明在考察处于非垄断行业的企业样本时，加入控制变量之后，变量模型对投资者保护程度的解释力度增强，这也进一步说明本研究所选变量的合理性。

　　表 5-22 给出的是在不同企业性质的情况下，媒体治理和投资者保护程度（管理费用率，Protect_2）之间的影响的差异性。模型 11_1 和模型 11_2 是在不加入控制变量的情况下，在不同企业性质的上市公司中，媒体治理和投资者保护程度的影响关系，模型 11_1 是考察国有企业中，媒体治理和投资者保护程度的回归结果，媒体治理（Media）的回归系数为 -0.0298，T 值为 -9.2669，且在 1% 的水平上显著，模型 11_2 是考察非国有企业中，媒体治理和投资者保护程度的回归结果，媒体治理（Media）的回归系数为 -0.0189，T 值为 -8.5650，且在 1% 的水平上显著，这说明在国有和非国有企业中，媒体治理均能够显著降低管理费用率，提升投资者保护程度，进一步考察发现，在国有企业中媒体治理的系数（-0.0298）绝对值要高于非国有企业中媒体治理的系数（-0.0189）绝对值，国有企业媒体治理的 T 值（-9.2669）绝对值也高于非国有企业媒体治理的 T 值（-8.5650）绝对值，这说明在不加入控制变量的情况下，与非国有企业相比，在

国有企业中，媒体治理对管理费用率的影响程度更强，也即媒体治理和投资者保护程度的关系更强。

表5-22　在不同企业性质的情况下，媒体治理和投资者保护（Protect_2）的回归结果

变量	Protect_2			
	模型 11_1	模型 11_2	模型 11_3	模型 11_4
Media	−0.0298***	−0.0189***	−0.0136***	−0.0066***
	（−9.2669）	（−8.5650）	（−3.5319）	（−3.4182）
Share			−0.0443***	−0.1563***
			（−3.0911）	（−6.7755）
Inshare			−0.0101	−0.0139
			（−1.1744）	（−0.9875）
Eshare			−0.0048	−0.0274***
			（−1.1129）	（−3.3181）
Dual			0.0203**	0.0074
			（2.0981）	（1.0389）
Board			−0.0050***	−0.0104***
			（−6.0134）	（−4.5167）
Indd			−0.0916*	−0.0147
			（−1.7807）	（−0.2029）
Size			−0.0059***	−0.0146***
			（−3.3045）	（−3.2781）
Roa			−0.6102***	−0.6901***
			（−5.9905）	（−5.9417）
Debt			0.0288	0.2364***
			（1.2613）	（8.6283）
Affiliation			−0.0175***	−0.0302***
			（−4.5816）	（−4.2532）
Deviation			−0.0003	−0.0016
			（−0.0961）	（−1.3387）
Cash			−0.0416	−0.1234*
			（−0.7949）	（−1.7052）

续表

	Protect_2			
变量	模型 11_1	模型 11_2	模型 11_3	模型 11_4
Type			/	/
Market			-0.0225^{***} （-4.2119）	0.0056 （0.5826）
Industry	No	No	Yes	Yes
Year	No	No	Yes	Yes
C	0.1271^{***} （31.1110）	0.1810^{***} （25.6061）	0.4279^{***} （13.2217）	0.5716^{***} （6.5064）
R^2	0.0116	0.0088	0.1325	0.2987
调整 R^2	0.0115	0.0087	0.1286	0.2945
F统计量	113.0560	64.3101	33.5105	72.2387
P（F统计量）	0.0000	0.0000	0.0000	0.0000
样本	国有企业样本	民营企业样本	国有企业样本	民营企业样本
观测值	9 636	7 230	9 034	6 997

注：（ ）为 T 值，*、**、***分别代表 0.1、0.05 和 0.01 的显著性水平。

模型 11_3 和模型 11_4 是在加入控制变量的情况下，在不同企业性质的上市公司中，媒体治理和投资者保护程度的影响关系，模型 11_3 是考察国有企业中，媒体治理和投资者保护程度的回归结果，媒体治理（Media）的回归系数为 -0.0136，T 值为 -3.5319，且在 1%的水平上显著，模型 11_4 是考察非国有企业中，媒体治理和投资者保护程度的回归结果，媒体治理（Media）的回归系数为 -0.0066，T 值为 -3.4182，且在 1%的水平上显著，这说明在国有和非国有企业中，媒体治理均能够显著降低管理费用率，提升投资者保护程度。进一步考察发现，在国有企业中媒体治理的系数（-0.0136）绝对值要高于非国有企业中媒体治理的系数（-0.0066）绝对值，国有企业媒体治理的 T 值（-3.5319）绝对值也高于非国有企业媒体治理的 T 值（-3.4182）绝对值，这说明在不加入控制变量的情况下，与非国有企业相比，在国有企业中，媒体治理和管理费用率影响程度更高，也即媒体治理和投资者保护程度的关系更强。

从以上可以看出，当管理费用率作为投资者保护指标时，无论是加入控制变量还是不加入控制变量，在国有企业和非国有企业中，媒体治理均能够降低管理费用率，从而提升投资者保护程度，并且与非国有企业相比，在国有企业中，媒体治理对投资者保护程度的影响关系更强，从而验证假设 7b。

另外，从解释力度 R^2 来看，模型 11_1 的 R^2 为 0.0116，调整 R^2 为 0.0115，模型 11_3 的 R^2 为 0.1325，调整 R^2 为 0.1286，与模型 11_1 相比，在增加了所有的控制变量之后，模型 11_3 的 R^2 和调整 R^2 也都变大，这一结果说明，与单变量回归模型相比，增加了所有控制变量之后，媒体治理对投资者保护程度模型变量的解释力度上升了，这也进一步说明本研究在考察媒体治理和投资者保护程度模型中所选择变量的合理性。模型 11_2 的 R^2 为 0.0088，调整 R^2 为 0.0087，模型 11_4 的 R^2 为 0.2987，调整 R^2 为 0.2945，与模型 11_2 相比，在增加了所有的控制变量之后，模型 11_4 的 R^2 和调整 R^2 也都变大，这一结果说明，与单变量回归模型相比，增加了所有控制变量之后，媒体治理对投资者保护程度模型变量的解释力度上升了，这也进一步说明本研究在考察媒体治理和投资者保护程度模型中所选择变量的合理性。

表 5-23 给出的是在处于不同市场化程度的情况下，媒体治理和投资者保护程度（管理费用率，Protect_2）之间的影响的差异性。模型 11_5 和模型 11_6 是在不加入控制变量的情况下，处于不同市场化程度下的上市公司中，媒体治理和投资者保护程度的影响关系，模型 11_5 是考察在处于市场化程度较高的地区的企业中，媒体治理和投资者保护程度的回归结果，媒体治理（Media）的回归系数为 -0.0244，T 值为 -11.0355，且在 1% 的水平上显著，模型 11_6 是考察在处于市场化程度较低地区的企业中，媒体治理和投资者保护程度的回归结果，媒体治理（Media）的回归系数为 -0.0307，T 值为 -5.6875，且在 1% 的水平上显著，这说明在处于市场化程度较高或者较低的企业中，媒体治理均能够显著降低管理费用率，提升投资者保护程度，进一步考察发现，处于市场化程度较低地区的企业中的媒体治理的系数（-0.0307）绝对值要高于处于市场化程度较高地区的企业中媒体治理的系数（-0.0244）绝对值，这说明在不加入控制变量的情况下，与处于市场化程度较高的企业相比，在处于市场化程度较低的企业中，媒体治理和投资者保护程度的关系更强。

模型 11_7 和模型 11_8 是在加入控制变量的情况下，处于不同市场化程度下的上市公司中，媒体治理和投资者保护程度的影响关系，模型 11_7 是考察在处于市场化程度较高的地区的企业中，媒体治理和投资者保护程度的回归结果，媒体治理（Media）的回归系数为 -0.0092，T 值为 -4.3522，且在 1% 的水平上显著，模型 11_8 是考察在处于市场化程度较低地区的企业中，媒体治理和投资者保护程度的回归结果，媒体治理（Media）的回归系数为 -0.0113，T 值为 -2.2860，且在 5% 的水平上显著，这说明在处于市场化程度较高或者较低的企业中，媒体治理均能够显著提升投资者保护程度，进一步考察发现，在处于市场化程度较低地

表5-23　不同市场化程度的情况下，媒体治理和投资者保护（Protect_2）的回归结果

变量	模型11_5	模型11_6	模型11_7	模型11_8
		Protect_2		
Media	−0.0244*** (−11.0355)	−0.0307*** (−5.6875)	−0.0092*** (−4.3522)	−0.0113** (−2.2860)
Share			−0.0995*** (−7.6719)	−0.0616 (−1.5828)
Inshare			−0.0047 (−0.5320)	−0.0608*** (−2.7805)
Eshare			−0.0198*** (−4.3413)	−0.0157 (−1.5449)
Dual			0.0090 (1.5182)	0.0209 (1.1352)
Board			−0.0061*** (−5.8568)	−0.0091*** (−3.8872)
Indd			−0.0068 (−0.1511)	−0.1398 (−1.2262)
Size			−0.0095*** (−4.5553)	0.0055 (0.9590)
Roa			−0.5820*** (−6.0561)	−0.7057*** (−4.3205)
Debt			0.1837*** (7.2582)	0.1479*** (3.9235)
Affiliation			−0.0203*** (−5.0024)	−0.0205** (−2.2105)
Deviation			−0.0022 (−1.4054)	−0.0019 (−1.6099)
Cash			−0.0059 (−0.1170)	−0.3565*** (−3.6103)
Type			−0.0348*** (−6.8293)	−0.0095 (−0.7711)

续表

变量	模型 11_5	模型 11_6	模型 11_7	模型 11_8
Market			/	/
Industry	No	No	Yes	Yes
Year	No	No	Yes	Yes
C	0.1462*** （33.5658）	0.1826*** （18.8134）	0.4403*** （11.4934）	0.2986** （2.5134）
R^2	0.0111	0.0121	0.2259	0.2303
调整 R^2	0.0110	0.0118	0.2234	0.2204
F统计量	150.3525	41.9954	90.8004	23.2877
P（F统计量）	0.0000	0.0000	0.0000	0.0000
样本	市场化程度高样本	市场化程度低样本	市场化程度高样本	市场化程度低样本
观测值	13 440	3 426	12 798	3 233

注：（）为 T 值，*、**、***分别代表 0.1、0.05 和 0.01 的显著性水平。

区的企业中的媒体治理的系数（-0.0113）绝对值要高于处于市场化程度较高地区的企业中媒体治理的系数（-0.0092）绝对值，这说明在加入控制变量的情况下，与处于市场化程度较高的企业相比，在处于市场化程度较低的企业中，媒体治理和投资者保护程度的关系更强。

从以上可以看出，当管理费用率作为投资者保护指标时，无论是加入控制变量还是不加入控制变量，在处于市场化程度较高或较低的企业中，媒体治理均能够显著降低管理费用率，从而提升投资者保护程度，并且与处于市场化程度较高的企业相比，在处于市场化程度较低的企业中，媒体治理对管理费用率的降低程度更强，也即媒体治理和投资者保护程度的影响关系越强，从而验证假设 8b。

另外，从解释力度 R^2 来看，模型 11_5 的 R^2 为 0.0111，调整 R^2 为 0.0110，模型 11_7 的 R^2 为 0.2259，调整 R^2 为 0.2234，与模型 11_5 相比，在增加了所有的控制变量之后，模型 11_7 的 R^2 和调整 R^2 也都变大，这一结果说明，与单变量回归模型相比，增加了所有控制变量之后，媒体治理对投资者保护程度模型变量的解释力度上升了，这也进一步说明本研究在考察媒体治理和投资者保护程度模型中所选择变量的合理性。模型 11_6 的 R^2 为 0.0121，调整 R^2 为 0.0118，模型 11_8 的 R^2 为 0.2303，调整 R^2 为 0.2204，与模型 11_6 相比，在增加了所有的控制变量之后，模型 11_8 的 R^2 和调整 R^2 也都变大，这一结果说明，与单变量回归模型相比，增加了所有控制变量之后，媒体治理对投资者保护程度模型变量的解释力度上升了，这也进一步说明本研究在考察媒体治理和投资者保护程度模型中所选择变量的合理性。

表5-24给出的是在处于垄断和非垄断行业内的企业中，媒体治理和投资者保护程度（管理费用率，Protect_2）之间的影响的差异性。模型11_9和模型11_10是在不加入控制变量的情况下，处于垄断和非垄断行业的上市公司中，媒体治理和投资者保护程度的影响关系。模型11_9是考察在处于垄断行业内的企业中，媒体治理和投资者保护程度的回归结果，媒体治理（Media）的回归系数为-0.0158，T值为-3.2563，且在1%的水平上显著；模型11_10是考察在处于非垄断行业内的企业中，媒体治理和投资者保护程度的回归结果，媒体治理（Media）的回归系数为-0.0262，T值为-11.7775，且在1%的水平上显著，这说明在处于垄断和非垄断行业的企业中，媒体治理均能够显著降低管理费用率。提升投资者保护程度，进一步考察发现，在处于非垄断行业内的企业中的媒体治理的系数（-0.0262）绝对值要高于处于垄断行业内的企业中媒体治理的系数（-0.0158）绝对值，这说明在不加入控制变量的情况下，与处于垄断行业内的企业相比，在处于非垄断行业内的企业中，媒体治理对降低管理费用率的影响程度更强，即媒体治理和投资者保护程度的关系更强。

表5-24　在垄断和非垄断行业的情况下，媒体治理和投资者保护（Protect_2）的回归结果

变量	Protect_2			
	模型 11_9	模型 11_10	模型 11_11	模型 11_12
Media	-0.0158*** (-3.2563)	-0.0262*** (-11.7775)	-0.0058* (-1.8012)	-0.0101*** (-4.8296)
Share			0.0153 (0.4010)	-0.1021*** (-7.4507)
Inshare			0.0168 (1.0555)	-0.0091 (-1.0250)
Eshare			-0.0346*** (-3.2402)	-0.0168*** (-3.6942)
Dual			0.0057 (0.1985)	0.0117** (2.0145)
Board			-0.0042* (-1.7814)	-0.0070*** (-6.6482)

续表

变量	模型 11_9	模型 11_10	模型 11_11	模型 11_12
Indd			−0.1408 （−0.7788）	−0.0150 （−0.3530）
Size			−0.0106*** （−2.9964）	−0.0077*** （−3.5606）
Roa			−0.3033 （−1.1888）	−0.6210*** （−7.1669）
Debt			0.1852** （2.2004）	0.1780*** （7.9498）
Affiliation			−0.0380*** （−4.2514）	−0.0222*** （−5.5665）
Deviation			0.0043 （0.7432）	−0.0021* （−1.9194）
Cash			0.0276 （0.1231）	−0.0814* （−1.7821）
Type			−0.0828*** （−3.2961）	−0.0285*** （−6.1901）
Market			0.0280** （2.3229）	−0.0133** （−2.4798）
Industry	No	No	Yes	Yes
Year	No	No	Yes	Yes
C	0.1168*** （10.2403）	0.1560*** （37.1410）	0.4407*** （6.6042）	0.4273*** （11.3836）
R^2	0.0085	0.0111	0.2566	0.2126
调整 R^2	0.0077	0.0110	0.2413	0.2107
F统计量	11.2249	173.9335	16.8420	110.6413
P（F统计量）	0.0008	0.0000	0.0000	0.0000
样本	垄断企业样本	非垄断企业样本	垄断企业样本	非垄断企业样本
观测值	1 319	15 547	1 246	14 785

注：（　）为 T 值，*、**、***分别代表 0.1、0.05 和 0.01 的显著性水平。

模型 11_11 和模型 11_12 是在加入控制变量的情况下，处于垄断和非垄断行业的上市公司中，媒体治理和投资者保护程度的影响关系。模型 11_11 是考察在处于垄断行业内的企业中，媒体治理和投资者保护程度的回归结果，媒体治理（Media）的回归系数为 −0.0058，T 值为 −1.8012，且在 10% 的水平上显著；模型 11_12 是考察在处于非垄断行业内的企业中，媒体治理和投资者保护程度的回归结果，媒体治理（Media）的回归系数为 −0.0101，T 值为 −4.8296，且在 1% 的水平上显著，这说明在处于垄断和非垄断行业的企业中，媒体治理均能够显著降低管理费用率，提升投资者保护程度。进一步考察发现，在处于非垄断行业内的企业中的媒体治理的系数（−0.0101）绝对值要高于处于垄断行业内的企业中媒体治理的系数（−0.0058）绝对值，这说明在不加入控制变量的情况下，与处于垄断行业内的企业相比，在处于非垄断行业内的企业中，媒体治理对管理费用率的影响程度更大，即媒体治理和投资者保护程度的关系更强。

从以上可以看出，当管理费用率作为投资者保护指标时，无论是加入控制变量还是不加入控制变量，无论是处于垄断还是非垄断行业的企业中，媒体治理均能够降低管理费用率、提升投资者保护程度，并且与处于垄断行业内的企业相比，在处于非垄断行业内的企业中，媒体治理对投资者保护程度的影响关系更强，从而验证假设 9b。

另外，从解释力度 R^2 来看，模型 11_9 的 R^2 为 0.0085，调整 R^2 为 0.0077，模型 11_11 的 R^2 为 0.2566，调整 R^2 为 0.2413，与模型 11_9 相比，在增加了所有的控制变量之后，模型 11_11 的 R^2 和调整 R^2 也都变大，这一结果说明，与单变量回归模型相比，增加了所有控制变量之后，媒体治理对投资者保护程度模型变量的解释力度上升了，这也进一步说明本研究在考察媒体治理和投资者保护程度模型中所选择变量的合理性。模型 11_10 的 R^2 为 0.0111，调整 R^2 为 0.0110，模型 11_12 的 R^2 为 0.2126，调整 R^2 为 0.2107，与模型 11_10 相比，在增加了所有的控制变量之后，模型 11_12 的 R^2 和调整 R^2 也都变大，这一结果说明，与单变量回归模型相比，增加了所有控制变量之后，媒体治理对投资者保护程度模型变量的解释力度上升了，这也进一步说明本研究在考察媒体治理和投资者保护程度模型中所选择变量的合理性。

表 5-25 给出的是在不同企业性质的情况下，媒体治理和投资者保护程度（大股东资金占用率，Protect_3）之间的影响的差异性。模型 12_1 和模型 12_2 是在不加入控制变量的情况下，在不同企业性质的上市公司中，媒体治理和投资者保护程度的影响关系，模型 12_1 是考察国有企业中，媒体治理和投资者保护程度的回归结果，媒体治理（Media）的回归系数为 −0.0022，T 值为 −6.6869，且在 1% 的水平上显著，模型 12_2 是考察非国有企业中，媒体治理和投资者保护程度的回归结果，媒体治理（Media）的回归系数为 −0.0011，T 值为 −2.6646，且在

1%的水平上显著，这说明在国有和非国有企业中，媒体治理均能够显著降低大股东资金占用率，提升投资者保护程度。进一步考察发现，在国有企业中媒体治理的系数（−0.0022）绝对值要高于在非国有企业中媒体治理的系数（−0.0011）绝对值，国有企业媒体治理的T值（−6.6869）绝对值也高于非国有企业媒体治理的T值（−2.6646）绝对值，这说明在不加入控制变量的情况下，与非国有企业相比，在国有企业中，媒体治理对大股东资金占用率的影响程度更强，也即媒体治理和投资者保护程度的关系更强。

表5-25　在不同企业性质的情况下，媒体治理和投资者保护（Protect_3）的回归结果

变量	模型12_1	模型12_2	模型12_3	模型12_4
		Protect_3		
Media	−0.0022*** (−6.6869)	−0.0011*** (−2.6646)	−0.0014*** (−4.1086)	−0.0001* (−1.7572)
Share			0.0085*** (2.6942)	0.0018 (0.6248)
Inshare			−0.0015 (−1.5065)	−0.0011 (−0.8236)
Eshare			0.0005 (0.8359)	0.0026*** (3.1212)
Balance			−0.0013** (−2.3166)	−0.0003 (−0.5985)
Dual			0.0008 (0.6897)	−0.0006 (−1.0821)
Board			−0.0007*** (−4.4548)	−0.0009*** (−2.8106)
Indd			−0.0188*** (−3.8059)	−0.0215** (−2.0338)
Size			0.0010*** (2.9569)	0.0003 (0.8353)
Roa			−0.0432*** (−3.4443)	−0.0537*** (−4.3774)
Debt			0.0145*** (3.6920)	0.0123*** (4.5991)

变量	模型 12_1	模型 12_2	模型 12_3	模型 12_4
Affiliation			0.0015** (2.5310)	0.0000 (0.0141)
Cash			−0.0040 (−0.7805)	0.0116* (1.6673)
Growth			−0.0009 (−1.6335)	−0.0003 (−0.6342)
Type			/	/
Market			−0.0017** (−2.1204)	0.0003 (0.2876)
Industry	No	No	Yes	Yes
Year	No	No	Yes	Yes
C	0.0085*** (12.8281)	0.0062*** (9.1167)	0.0067 (1.0782)	0.0253** (2.3873)
R²	0.0056	0.0012	0.0938	0.1425
调整 R²	0.0055	0.0011	0.0897	0.1374
F统计量	54.5552	9.0038	22.9951	28.0104
P（F统计量）	0.0000	0.0027	0.0000	0.0000
样本	国有企业样本	民营企业样本	国有企业样本	民营企业样本
观测值	9 650	7 268	9 376	7 123

注：（ ）为 T 值，*、**、***分别代表0.1、0.05和0.01的显著性水平。

模型 12_3 和模型 12_4 是在加入控制变量的情况下，在不同企业性质的上市公司中，媒体治理和投资者保护程度的影响关系，模型 12_3 是考察国有企业中，媒体治理和投资者保护程度的回归结果，媒体治理（Media）的回归系数为 −0.0014，T 值为 −4.1086，且在 1% 的水平上显著，模型 12_4 是考察非国有企业中，媒体治理和投资者保护程度的回归结果，媒体治理（Media）的回归系数为 −0.0001，T 值为 −1.7572，且在 10% 的水平上显著，这说明在国有和非国有企业中，媒体治理均能够显著降低大股东资金占用率，提升投资者保护程度。进一步考察发现，在国有企业中媒体治理的系数（−0.0014）绝对值要高于非国有企业中媒体治理的系数（−0.0001）绝对值，国有企业媒体治理的 T 值（−4.1086）

绝对值也高于非国有企业媒体治理的T值（-1.7572）绝对值，这说明在不加入控制变量的情况下，与非国有企业相比，在国有企业中，媒体治理和大股东资金占用率影响程度更高，也即媒体治理和投资者保护程度的关系更强。

从以上可以看出，当大股东资金占用率作为投资者保护指标时，无论是加入控制变量还是不加入控制变量，在国有企业和非国有企业中，媒体治理均能够降低大股东资金占用率，从而提升投资者保护程度，并且，与非国有企业相比，在国有企业中，媒体治理对投资者保护程度的影响关系更强，从而验证假设7c。

另外，从解释力度 R^2 来看，模型12_1的 R^2 为0.0056，调整 R^2 为0.0055，模型12_3的 R^2 为0.0938，调整 R^2 为0.0897，与模型12_1相比，在增加了所有的控制变量之后，模型12_3的 R^2 和调整 R^2 也都变大，这一结果说明，与单变量回归模型相比，增加了所有控制变量之后，媒体治理对投资者保护程度模型变量的解释力度上升了，这也进一步说明本研究在考察媒体治理和投资者保护程度模型中所选择变量的合理性。模型12_2的 R^2 为0.0012，调整 R^2 为0.0011，模型12_4的 R^2 为0.1425，调整 R^2 为0.1374，与模型12_2相比，在增加了所有的控制变量之后，模型12_4的 R^2 和调整 R^2 也都变大，这一结果说明，与单变量回归模型相比，增加了所有控制变量之后，媒体治理对投资者保护程度模型变量的解释力度上升了，这也进一步说明本研究在考察媒体治理和投资者保护程度模型中所选择变量的合理性。

表5-26给出的是在处于不同市场化程度的情况下，媒体治理和投资者保护程度之间（大股东资金占用率，Protect_3）的影响的差异性。模型12_5和模型12_6是在不加入控制变量的情况下，处于不同市场化程度下的上市公司中，媒体治理和投资者保护程度的影响关系，模型12_5是考察在处于市场化程度较高的地区的企业中，媒体治理和投资者保护程度的回归结果，媒体治理（Media）的回归系数为-0.0011，T值为-4.4788，且在1%的水平上显著，模型12_6是考察在处于市场化程度较低地区的企业中，媒体治理和投资者保护程度的回归结果，媒体治理（Media）的回归系数为-0.0039，T值为-5.1487，且在1%的水平上显著，这说明在处于市场化程度较高和较低地区的企业中，媒体治理均能够显著降低大股东资金占用率，提升投资者保护程度。进一步考察发现，处于市场化程度较低地区的企业中的媒体治理的系数（-0.0039）绝对值要高于处于市场化程度较高地区的企业中媒体治理的系数（-0.0011）绝对值，这说明在不加入控制变量的情况下，与处于市场化程度较高的企业相比，在处于市场化程度较低的企业中，媒体治理和投资者保护程度的关系更强。

模型12_7和模型12_8是在加入控制变量的情况下，处于不同市场化程度下的上市公司中，媒体治理和投资者保护程度的影响关系，模型12_7是考察在处于市场化程度较高的地区的企业中，媒体治理和投资者保护程度的回归结果，媒

表5-26　不同市场化程度的情况下，媒体治理和投资者保护（Protect_3）的回归结果

	Protect_3			
变量	模型 12_5	模型 12_6	模型 12_7	模型 12_8
Media	−0.0011*** (−4.4788)	−0.0039*** (−5.1487)	−0.0005* (−1.9099)	−0.0018*** (−2.6751)
Share			0.0033 (1.5336)	0.0134** (2.1426)
Inshare			−0.0012 (−1.4882)	−0.0012 (−0.6344)
Eshare			0.0011** (1.9896)	0.0019 (1.5481)
Balance			−0.0014*** (−3.3802)	−0.0017 (−1.4883)
Dual			−0.0001 (−0.2471)	−0.0008 (−0.3947)
Board			−0.0009*** (−5.3551)	−0.0002 (−0.6920)
Indd			−0.0185*** (−3.1441)	−0.0180* (−1.8348)
Size			0.0008*** (3.0171)	0.0006 (0.8417)
Roa			−0.0485*** (4.6368)	−0.0520*** (−3.3462)
Debt			0.0121*** (4.7522)	0.0156*** (3.4253)
Affiliation			0.0014** (2.5374)	−0.0009 (−0.7363)
Cash			0.0043 (0.9149)	−0.0036 (−0.3495)
Growth			−0.0004 (−0.8311)	−0.0012*** (−3.1272)

续表

变量	模型 12_5	模型 12_6	模型 12_7	模型 12_8
Type			−0.0006 （−1.0211）	−0.0000 （−0.0194）
Market			/	/
Industry	No	No	Yes	Yes
Year	No	No	Yes	Yes
C	0.0060*** （12.7228）	0.0128*** （9.1289）	0.0130** （2.2595）	0.0128 （0.8170）
R²	0.0017	0.0101	0.1062	0.1411
调整 R²	0.0016	0.0098	0.1033	0.1302
F统计量	23.2149	35.0673	37.1147	12.8809
P（F统计量）	0.0000	0.0000	0.0000	0.0000
样本	市场化程度 高样本	市场化程度 低样本	市场化程度 高样本	市场化程度 低样本
观测值	13 479	3 439	13 163	3 336

注：（）为 T 值，*、**、***分别代表 0.1、0.05 和 0.01 的显著性水平。

体治理（Media）的回归系数为 −0.0005，T 值为 −1.9099，且在 10% 的水平上显著，模型 12_8 是考察在处于市场化程度较低地区的企业中，媒体治理和投资者保护程度的回归结果，媒体治理（Media）的回归系数为 −0.0018，T 值为 −2.6751，且在 1% 的水平上显著，这说明在处于市场化程度较高和较低地区的企业中，媒体治理均能够显著降低大股东资金占用率，从而提升投资者保护程度，进一步考察发现，在处于市场化程度较低地区的企业中的媒体治理的系数（−0.0018）绝对值要高于处于市场化程度较高地区的企业中媒体治理的系数（−0.0005）绝对值，这说明在加入控制变量的情况下，与处于市场化程度较高的企业相比，在处于市场化程度较低的企业中，媒体治理和大股东资金占用率的影响程度更大，也即媒体治理和投资者保护程度的关系程度更强。

从以上可以看出，当大股东资金占用率作为投资者保护指标时，无论是加入控制变量还是不加入控制变量，在处于市场化程度较高和较低的企业中，媒体治理均能够显著降低大股东资金占用率，从而提升投资者保护程度，并且，与处于市场化程度较高的企业相比，在处于市场化程度较低的企业中，媒体治理对大股东资金占用率的降低程度更强，也即媒体治理和投资者保护程度的影响关系更强，从而验证假设8c。

另外，从解释力度R²来看，模型12_5的R²为0.0017，调整R²为0.0016，模型12_7的R²为0.1062，调整R²为0.1033，与模型12_5相比，在增加了所有的控制变量之后，模型12_7的R²和调整R²也都变大，这一结果说明，与单变量回归模型相比，增加了所有控制变量之后，媒体治理对投资者保护程度模型变量的解释力度上升了，这也进一步说明本研究在考察媒体治理和投资者保护程度模型中所选择变量的合理性。模型12_6的R²为0.0101，调整R²为0.0098，模型12_8的R²为0.1411，调整R²为0.1302，与模型12_6相比，在增加了所有的控制变量之后，模型12_8的R²和调整R²也都变大，这一结果说明，与单变量回归模型相比，增加了所有控制变量之后，媒体治理对投资者保护程度模型变量的解释力度上升了，这也进一步说明本研究在考察媒体治理和投资者保护程度模型中所选择变量的合理性。

表5-27给出的是在处于垄断和非垄断行业内的企业中，媒体治理和投资者保护程度（大股东资金占用率，Protect_3）之间的影响的差异性。模型12_9和模型12_10是在不加入控制变量的情况下，处于垄断和非垄断行业的上市公司中，媒体治理和投资者保护程度的影响关系，模型12_9是考察在处于垄断行业内的企业中，媒体治理和投资者保护程度的回归结果，媒体治理（Media）的回归系数为0.0003，T值为0.6431，但并未达到在10%的水平上显著，模型12_10是考察在处于非垄断行业内的企业中，媒体治理和投资者保护程度的回归结果，媒体治理（Media）的回归系数为−0.0018，T值为−6.6712，且在1%的水平上显著，这说明只有在处于非垄断行业的企业中，媒体治理能够显著降低大股东资金占用率，提升投资者保护程度，进一步考察发现，处于非垄断行业内的企业中的媒体治理的系数（−0.0018）绝对值要高于处于垄断行业内的企业中媒体治理的系数（0.0003）绝对值，这说明在不加入控制变量的情况下，与处于垄断行业内的企业相比，在处于非垄断行业内的企业中，媒体治理对降低大股东资金占用率的影响程度更强，即媒体治理和投资者保护程度的关系更强。

模型12_11和模型12_12是在加入控制变量的情况下，处于垄断和非垄断行业的上市公司中，媒体治理和投资者保护程度的影响关系，模型12_11是考察在处于垄断行业内的企业中，媒体治理和投资者保护程度的回归结果，媒体治理（Media）的回归系数为−0.0002，T值为−0.4522，并未达到在10%的水平上显著，模型12_12是考察在处于非垄断行业内的企业中，媒体治理和投资者保护程度的回归结果，媒体治理（Media）的回归系数为−0.0008，T值为−2.9047，且在1%的水平上显著，这说明在处于非垄断行业的企业中，媒体治理能够显著降低大股东资金占用率，提升投资者保护程度，进一步考察发现，处于非垄断行业内的企业中的媒体治理的系数（−0.0008）绝对值要高于处于垄断行业内的企业中媒体

表 5-27　　　　　　在垄断和非垄断行业的情况下，媒体治理和
投资者保护（Protect_3）的回归结果

	Protect_3			
变量	模型 12_9	模型 12_10	模型 12_11	模型 12_12
Media	0.0003 （0.6431）	−0.0018*** （−6.6712）	−0.0002 （−0.4522）	−0.0008*** （−2.9047）
Share			0.0020 （0.7940）	0.0065*** （2.8458）
Inshare			0.0005 （0.3569）	−0.0014* （−1.6995）
Eshare			−0.0001 （−0.1542）	0.0016*** （2.8927）
Balance			−0.0003 （−0.3789）	−0.0012*** （−3.0456）
Dual			0.0007 （0.4373）	−0.0001 （−0.0965）
Board			0.0001 （0.2975）	−0.0008*** （−5.2283）
Indd			−0.0282* （−1.7084）	−0.0185*** （−3.4783）
Size			0.0002 （0.6854）	0.0007** （2.4110）
Roa			−0.0426 （−1.5702）	−0.0504*** （−5.5465）
Debt			0.0091* （1.6500）	0.0131*** （5.6934）
Affiliation			−0.0002 （−0.2041）	0.0010* （1.8022）
Cash			0.0202 （1.4027）	0.0026 （0.5787）
Growth			−0.0004 （−1.0080）	−0.0006 （−1.6050）

续表

变量	模型 12_9	模型 12_10	模型 12_11	模型 12_12
Type			−0.0034 （−1.5215）	−0.0005 （−0.8976）
Market			0.0007 （0.6364）	−0.0011 （−1.6356）
Industry	No	No	Yes	Yes
Year	No	No	Yes	Yes
C	0.0023*** （3.7512）	0.0077*** （15.3476）	0.0078 （0.9290）	0.0123** （2.2664）
R^2	0.0003	0.0034	0.1147	0.1110
调整 R^2	0.0002	0.0034	0.0962	0.1088
F 统计量	0.2686	53.7817	6.2261	51.2264
P（F 统计量）	0.6044	0.0000	0.0000	0.0000
样本	垄断企业样本	非垄断企业样本	垄断企业样本	非垄断企业样本
观测值	1 324	15 594	1 277	152 222

注：（ ）为 T 值，*、**、***分别代表 0.1、0.05 和 0.01 的显著性水平。

治理的系数（−0.0002）绝对值，这说明在不加入控制变量的情况下，与处于垄断行业内的企业相比，在处于非垄断行业内的企业中，媒体治理对大股东资金占用率的影响程度更大，即媒体治理和投资者保护程度的关系更强。

从以上可以看出，当大股东资金占用率作为投资者保护指标时，无论是加入控制变量还是不加入控制变量，仅在处于非垄断行业的企业中，媒体治理能够降低大股东资金占用率、提升投资者保护程度，并且与处于垄断行业内的企业相比，在处于非垄断行业内的企业中，媒体治理对大股东资金占用率的降低程度更强，即媒体治理和投资者保护程度的影响关系更强，从而验证假设9c。

另外，从解释力度 R^2 来看，模型 12_9 的 R^2 为 0.0003，调整 R^2 为 0.0002，模型 12_11 的 R^2 为 0.1147，调整 R^2 为 0.0962，与模型 12_9 相比，在增加了所有的控制变量之后，模型 12_11 的 R^2 和调整 R^2 也都变大，这一结果说明，与单变量回归模型相比，增加了所有控制变量之后，媒体治理对投资者保护程度模型变量的解释力度上升了，这也进一步说明本研究在考察媒体治理和投资者保护程度模型中所选择变量的合理性。模型 12_10 的 R^2 为 0.0034，调整 R^2 为 0.0034，模型 12_12 的 R^2 为 0.1110，调整 R^2 为 0.1088，与模型 12_10 相比，在增加了所有的控制变量之后，模型12_12的R²和调整R²也都变大，这一结果说明，与单变量回归模型相比，增加了所有控制变量之后，媒体治理对投资者保护程度模型变量的解释力度上升了，这也进一步说明本研究在考察媒体治理和投资者保护程度模型中所选择变量的合理性。

从上述分析结果可以看出，无论是在国有企业还是在非国有企业中，媒体治理均能够显著提升投资者保护程度（审计意见类型、管理费用率和大股东资金占用率），并且还发现，与非国有企业相比，在国有企业中，媒体治理和投资者保护程度的影响关系更强；无论在处于市场化程度较高地区的企业中，还是在处于市场化程度较低地区的企业中，媒体治理均能够显著提升投资者保护程度（审计意见类型、管理费用率和大股东资金占用率），并且与处于市场化程度较高地区的企业相比，在处于市场化程度较低地区的企业中，媒体治理和投资者保护程度的影响关系越强；在垄断和非垄断行业中，媒体治理能对审计意见类型和管理费用率显著起作用，即获取标准无保留意见以及降低管理费用率，而媒体治理对大股东资金占用率只能在非垄断行业中起到抑制作用，但是对于投资者保护程度的这三个指标（审计意见类型、管理费用率和大股东资金占用率）来说，与处于垄断行业的企业相比，在处于非垄断行业的企业中，媒体治理均表现出对投资者保护程度的影响的更强关系，从而验证假设7、假设8、假设9。

5.5 媒体治理在投资者保护方面的作用边界研究：调节效应

表5-28给出的是不同作用边界的情况下，媒体治理和投资者保护（审计意见类型，Protect_1）的回归结果。模型13_1和模型13_2是在媒体报道不同内容的情况下，媒体治理和投资者保护程度的影响关系，模型13_1是正面媒体治理（Media_1）和投资者保护程度（审计意见类型，Protect_1）的回归结果，正面媒体治理（Media_1）的回归系数为0.2149，T值为9.2427，且在1%的水平上显著，这说明正面媒体报道有助于获得标准无保留意见，提升投资者保护程度。模型13_2是负面媒体治理（Media_2）和投资者保护程度的回归结果，负面媒体治理（Media_2）的回归系数为−0.0442，T值为−1.4025，并未达到在10%水平上显著，这说明负面媒体治理并未表现出对投资保护程度的影响，通过比较发现，与负面媒体治理相比，正面媒体治理与审计意见类型的关系更紧密，也即正面媒体治理和投资者保护程度的影响关系更强，更能够提升投资者保护程度，从而验证假设10a。

模型13_3和模型13_4是不同性质的媒体治理和投资者保护程度（审计意见类型，Protect_1）的回归结果，模型13_4是中央媒体治理（Media_3）和投资者

表5-28　　在不同作用边界的情况下，媒体治理和投资者保护（Protect_1）的回归结果

变量	Protect_1					
	模型13_1	模型13_2	模型13_3	模型13_4	模型13_5	模型13_6
Media_1	0.2149***					
	（9.2427）					
Media_2		−0.0442				
		（−1.4025）				
Media_3			0.1599***			
			（5.5635）			
Media_4				0.1567***		
				（6.1267）		
Media_5					0.1730***	
					（7.7330）	
Media_6						−0.0056
						（−0.1436）
Share	1.0847***	1.0474***	1.0741***	1.0975***	1.0972***	1.0593***
	（7.8407）	（7.6818）	（7.8256）	（7.9633）	（7.9364）	（7.7625）
Inshare	0.7477***	0.8785***	0.8048***	0.7989***	0.7659***	0.8717***
	（5.7340）	（6.7888）	（6.2151）	（6.1544）	（5.9014）	（6.7346）
Dual	0.0007	−0.0064	−0.0002	−0.0022	0.0000	−0.0055
	（0.0124）	（−0.1190）	（−0.0031）	（−0.0414）	（−0.0001）	（−0.1035）
Board	0.0205*	0.0253**	0.0233**	0.0228*	0.0222*	0.0253**
	（1.7286）	（2.1698）	（1.9777）	（1.9412）	（1.8784）	（2.1692）
Indd	0.2866	0.3860	0.3093	0.3505	0.3228	0.3844
	（0.7097）	（0.9691）	（0.7746）	（0.8725）	（0.8040）	（0.9652）
Audit	0.1411***	0.1270***	0.1345***	0.1371***	0.1414***	0.1286***
	（3.3740）	（3.0846）	（3.2485）	（3.3015）	（3.3936）	（3.1211）
Size	−0.0303	0.0550**	0.0076	−0.0042	−0.0128	0.0494**
	（−1.2067）	（2.3072）	（0.3033）	（−0.1682）	（−0.5157）	（2.0098）
Roa	3.7331***	3.8192***	3.7940***	3.7999***	3.7844***	3.8320***
	（12.1113）	（12.2783）	（12.1947）	（12.2835）	（12.2188）	（12.3230）

续表

变量	模型 13_1	模型 13_2	模型 13_3	模型 13_4	模型 13_5	模型 13_6
Debt	−1.4473*** (−10.4320)	−1.4941*** (−10.7390)	−1.4828*** (−10.5802)	−1.4662*** (−10.5341)	−1.4560*** (−10.4778)	−1.4940*** (−10.7046)
Cash	1.1377*** (3.9640)	1.1729*** (4.0390)	1.1311*** (3.9204)	1.1481*** (3.9881)	1.1270*** (3.9300)	1.1658*** (4.0215)
Growth	0.0033 (0.1229)	−0.0101 (−0.3735)	−0.0036 (−0.1324)	−0.0002 (−0.0092)	0.0021 (0.0778)	−0.0088 (−0.3248)
Type	0.0846** (2.0570)	0.0750* (1.8342)	0.0779* (1.9030)	0.0806* (1.9697)	0.0807* (1.9684)	0.0747* (1.8280)
Market	0.1622*** (3.7255)	0.1576*** (3.6576)	0.1558*** (3.6006)	0.1606*** (3.7124)	0.1610*** (3.7084)	0.1578*** (3.6615)
Industry	Yes	Yes	Yes	Yes	Yes	Yes
Year	Yes	Yes	Yes	Yes	Yes	Yes
C	1.4336*** (2.8546)	−0.0371 (−0.0768)	0.7754 (1.5486)	0.9797* (1.9524)	1.0950** (2.2024)	0.0521 (0.1043)
Mean dependent var	0.9348	0.9348	0.9348	0.9348	0.9348	0.9348
S.E. of regression	0.1979	0.1995	0.1989	0.1986	0.1983	0.1995
ALL	−0.1552	−0.1579	−0.1569	−0.1567	−0.1559	−0.1580
McFadden R²	0.3560	0.3445	0.3486	0.3498	0.3529	0.3442
LR statistic	2 829.8050	2 738.4170	2 771.7260	2 780.5480	2 805.1630	2 736.1940
P（LR stat）	0.0000	0.0000	0.0000	0.0000	0.0000	0.0000
S.D. dependent var	0.2468	0.2468	0.2468	0.2468	0.2468	0.2468
样本	全样本	全样本	全样本	全样本	全样本	全样本
观测值	16 499	16 499	16 499	16 499	16 499	16 499

注：（ ）为 Z 值，*、**、***分别代表 0.1、0.05 和 0.01 的显著性水平。

保护程度的回归结果，中央媒体治理（Media_3）的回归系数为 0.1599，T 值为 5.5635，且在 1% 的水平上显著，地方媒体治理（Media_4）的回归系数为 0.1567，T 值为 6.1267，且在 1% 的水平上显著，这表示无论是中央媒体治理还是地方媒体治理，均与审计意见类型显著正相关，均能够提升投资者保护程度。通过对比发现，中央媒体治理（Media_3）的系数（0.1599）绝对值高于地方媒体治理（Media_4）的系数（0.1567）绝对值，这说明与地方媒体治理相比，中央媒体治理对审计意见类型的影响程度更强，也即更能够提升投资者保护程度，从而验证假设11a。

模型13_5和模型13_6是不同类型的媒体治理和投资者保护程度（审计意见类型，Protect_1）的回归结果，模型13_5是政策导向型媒体治理（Media_5）和投资者保护程度的回归结果，政策导向型媒体治理（Media_5）的回归系数为0.1730，T值为7.7330，且在1%的水平上显著，市场导向型媒体治理（Media_6）的回归系数为−0.0056，并未达到在10%的水平上显著，这表示只有政策导向型媒体治理与审计意见类型显著正相关，能够提升投资者保护程度。通过对比发现，政策导向型媒体治理（Media_5）的系数（0.1730）的绝对值高于市场导向型媒体治理（Media_6）的系数（−0.0056）的绝对值，而且政策导向型媒体治理的显著性水平也高于市场导向型媒体治理，这说明与市场导向型媒体治理相比，政策导向型媒体治理对审计意见类型的影响程度更强，也即更能够提升投资者保护程度，从而验证假设12a。

表5−29给出的是在不同作用边界的情况下，媒体治理和投资者保护（管理费用率，Protect_2）的回归结果。模型14_1和模型14_2是在媒体报道不同内容的情况下，媒体治理和投资者保护程度的影响关系，模型14_1是正面媒体治理（Media_1）和投资者保护程度（管理费用率，Protect_2）的回归结果，正面媒体治理的（Media_1）的回归系数为−0.0108，T值为−5.5407，且在1%的水平上显著，这说明正面媒体报道有助于降低管理费用率，提升投资者保护程度。模型14_2是负面媒体治理（Media_2）和投资者保护程度的回归结果，负面媒体治理（Media_2）的回归系数为−0.0011，T值为−0.3480，并未达到在10%水平上显著，这说明负面媒体治理并未表现出对投资保护程度的影响。通过比较发现，与负面媒体治理相比，正面媒体治理与管理费用率的关系更紧密，也即正面媒体治理和投资者保护程度的影响关系更强，更能够提升投资者保护程度，从而验证假设10b。

模型14_3和模型14_4是不同性质的媒体治理和投资者保护程度（管理费用率，Protect_2）的回归结果，模型14_3是中央媒体治理（Media_3）和投资者保护程度的回归结果，中央媒体治理（Media_3）的回归系数为−0.0102，T值为−4.3580，且在1%的水平上显著，地方媒体治理（Media_4）的回归系数为−0.0084，T值为−3.8431，且在1%的水平上显著，这表示无论是中央媒体治理还是地方媒体治理，均与管理费用率显著负相关，均能够提升投资者保护程度。通过对比发现，中央媒体治理（Media_3）的系数（−0.0102）绝对值高于地方媒体治理（Media_4）的系数（−0.0084）绝对值，这说明与地方媒体治理相比，中央媒体治理对管理费用率的影响程度更强，也更能够提升投资者保护程度，从而验证假设11b。

表 5-29　在不同作用边界的情况下，媒体治理和投资者保护（Protect_2）的回归结果

变量	模型 14_1	模型 14_2	模型 14_3	模型 14_4	模型 14_5	模型 14_6
			Protect_2			
Media_1	−0.0108*** (−5.5407)					
Media_2		−0.0011 (−0.3480)				
Media_3			−0.0102*** (−4.3580)			
Media_4				−0.0084*** (−3.8431)		
Media_5					−0.0104*** (−5.0104)	
Media_6						0.0023 (0.7913)
Share	−0.0923*** (−7.2790)	−0.0901*** (−7.1650)	−0.0923*** (−7.2832)	−0.0920*** (−7.2575)	−0.0933*** (−7.3483)	−0.0897*** (−7.1154)
Inshare	−0.0120 (−1.4761)	−0.0182** (−2.2492)	−0.0140* (−1.7240)	−0.0145* (−1.7921)	−0.0119 (−1.4588)	−0.0186** (−2.3219)
Eshare	−0.0177*** (−4.1606)	−0.0190*** (−4.4591)	−0.0185*** (−4.3328)	−0.0180*** (−4.2407)	−0.0178*** (−4.1753)	−0.0191*** (−4.4895)
Dual	0.0117** (2.0517)	0.0117** (2.0368)	0.0117** (2.0425)	0.0118** (2.0526)	0.0117** (2.0516)	0.0117** (2.0356)
Board	−0.0069*** (−7.1597)	−0.0071*** (−7.3958)	−0.0070*** (−7.2691)	−0.0070*** (−7.2487)	−0.0069*** (−7.2134)	−0.0072*** (−7.4082)
Indd	−0.0381 (−0.8967)	−0.0420 (−0.9875)	−0.0383 (−0.9001)	−0.0398 (−0.9364)	−0.0389 (−0.9146)	−0.0429 (−1.0077)
Size	−0.0066*** (−3.3797)	−0.0107*** (−5.9948)	−0.0079*** (−4.2107)	−0.0079*** (−4.1048)	−0.0070*** (−3.6588)	−0.0113*** (−6.0876)
Roa	−0.6114*** (−7.2992)	−0.6187*** (−7.3785)	−0.6138*** (−7.3317)	−0.6160*** (−7.3609)	−0.6142*** (−7.3419)	−0.5188*** (−7.3870)

变量	模型 14_1	模型 14_2	模型 14_3	模型 14_4	模型 14_5	模型 14_6
Debt	0.1767*** (8.1951)	0.1778*** (8.2370)	0.1777*** (8.2371)	0.1771*** (8.2133)	0.1767*** (8.1944)	0.1777*** (8.2302)
Affiliation	−0.0205*** (−5.4698)	−0.0204*** (−5.4303)	−0.0205*** (−5.4513)	−0.0205*** (−5.4765)	−0.0204*** (−5.4491)	−0.0202*** (−5.3998)
Deviation	−0.0022** (−2.0813)	−0.0022** (−1.9950)	−0.0022** (−2.0400)	−0.0022** (−2.0461)	−0.0022** (−2.0777)	−0.0022** (−1.9956)
Cash	−0.0729 (−1.6212)	−0.0755* (−1.6689)	−0.0728 (−1.6145)	−0.0740 (−1.6418)	−0.0726 (−1.6137)	−0.0758* (−1.6792)
Type	−0.0306*** (−6.8015)	−0.0304*** (−6.7397)	−0.0304*** (−6.7423)	−0.0306*** (−6.7800)	−0.0305*** (−6.7640)	−0.0303*** (−6.7262)
Market	−0.0135*** (−2.8357)	−0.0136*** (−2.8566)	−0.0134*** (−2.7967)	−0.0136*** (−2.8601)	−0.0136*** (−2.8565)	−0.0137*** (−2.8644)
Industry	Yes	Yes	Yes	Yes	Yes	Yes
Year	Yes	Yes	Yes	Yes	Yes	Yes
C	0.4276*** (11.7375)	0.4982*** (14.4926)	0.4510*** (12.7456)	0.4491*** (12.3267)	0.4373*** (12.1716)	0.5102*** (13.9862)
R^2	0.2228	0.2212	0.2222	0.2220	0.2227	0.2213
调整 R^2	0.2207	0.2192	0.2201	0.2200	0.2207	0.2192
F统计量	109.1088	108.1453	108.7181	108.6375	109.0787	108.1558
P（F统计量）	0.0000	0.0000	0.0000	0.0000	0.0000	0.0000
样本	全样本	全样本	全样本	全样本	全样本	全样本
观测值	16 031	16 031	16 031	16 031	16 031	16 031

注：（）为 T 值，*、**、***分别代表 0.1、0.05 和 0.01 的显著性水平。

模型 14_5 和模型 14_6 是不同类型的媒体治理和投资者保护程度（管理费用率，Protect_2）的回归结果，模型 14_5 是政策导向型媒体治理（Media_5）和投资者保护程度的回归结果，政策导向型媒体治理（Media_5）的回归系数为 −0.0104，T 值为 −5.0104，且在 1%的水平上显著，市场导向型媒体治理（Media_6）的回归系数为 0.0023，并未达到在 10%的水平上显著，这表示只有政策导向型媒体治理起到降低管理费用率的作用，能够提升投资者保护程度。通过对比发现，政策导向型媒体治理（Media_5）的系数（-0.0104）绝对值高于市场导向型媒体治理（Media_6）的系数（0.0023）绝对值，而且政策导向型媒体治理的显著性水平也高于市场导向型媒体治理，这说明与市场导向型媒体治理相比，政策导向型媒体治理对管理费用率的影响程度更强，也更能够提升投资者保护程度，从而验证假设 12b。

表 5-30 给出的是在不同作用边界的情况下，媒体治理和投资者保护（大股东资金占用率，Protect_3）的回归结果。模型 15_1 和模型 15_2 是在媒体报道不同内容的情况下，媒体治理和投资者保护程度的影响关系，模型 15_1 是正面媒体治理（Media_1）和投资者保护程度（管理费用率，Protect_2）的回归结果，正面媒体治理（Media_1）的回归系数为 -0.0011，T 值为 -4.4242，且在 1% 的水平上显著，这说明正面媒体报道有助于降低大股东资金占用率，提升投资者保护程度。模型 15_2 是负面媒体治理（Media_2）和投资者保护程度的回归结果，负面媒体治理（Media_2）的回归系数为 0.0006，T 值为 1.4327，并未达到在 10% 水平上显著，这说明负面媒体治理并未表现出对投资保护程度的影响，通过比较发现，与负面媒体治理相比，正面媒体治理与大股东资金占用率的关系更紧密，也即正面媒体治理和投资者保护程度的影响关系更强，更能够提升投资者保护程度，从而验证假设 10c。

表 5-30　在不同作用边界的情况下，媒体治理和投资者保护（Protect_3）的回归结果

	Protect_3					
变量	模型 15_1	模型 15_2	模型 15_3	模型 15_4	模型 15_5	模型 15_6
Media_1	-0.0011*** (-4.4242)					
Media_2		0.0006 (1.4327)				
Media_3			-0.0012*** (-3.3076)			
Media_4				-0.0006*** (-2.1649)		
Media_5					-0.0008*** (-2.9808)	
Media_6						-0.0003 (-1.0202)
Media_1	-0.0011*** (-4.4242)					

变量	模型 15_1	模型 15_2	模型 15_3	模型 15_4	模型 15_5	模型 15_6
Media_2		0.0006				
		(1.4327)				
Media_3			−0.0012***			
			(−3.3076)			
Media_4				−0.0006***		
				(−2.1649)		
Media_5					−0.0008***	
					(−2.9808)	
Media_6						−0.0003
						(−1.0202)
Share	0.0060***	0.0064***	0.0060***	0.0061***	0.0059***	0.0062***
	(2.8765)	(3.0329)	(2.8254)	(2.8910)	(2.8152)	(2.9534)
Inshare	−0.0012	−0.0019**	−0.0013*	−0.0015**	−0.0013*	−0.0018**
	(−1.5586)	(−2.5052)	(−1.7588)	(−2.0435)	(−1.7163)	(−2.3638)
Eshare	0.0014***	0.0012**	0.0013***	0.0013***	0.0014***	0.0013**
	(2.8090)	(2.4891)	(2.6595)	(2.6713)	(2.7316)	(2.5412)
Balance	−0.0010***	−0.0010***	−0.0010***	−0.0010***	−0.0010***	−0.0010***
	(−2.7549)	(−2.7256)	(−2.7000)	(−2.7119)	(−2.6755)	(−2.7170)
Dual	−0.0001	−0.0001	−0.0001	−0.0001	−0.0001	−0.0001
	(−0.1448)	(−0.1608)	(−0.1534)	(−0.1492)	(−0.1480)	(−0.1612)
Board	−0.0007***	−0.0008***	−0.0008***	−0.0008***	−0.0008***	−0.0008***
	(−5.1405)	(−5.3259)	(−5.2019)	(−5.2411)	(−5.2062)	(−5.2743)
Indd	−0.0193***	−0.0198***	−0.0193***	−0.0196***	−0.0195***	−0.0196***
	(−3.8532)	(−3.9683)	(−3.8385)	(−3.9164)	(−3.8871)	(−3.9237)
Size	0.0009***	0.0003***	0.0007***	0.0006***	0.0007***	0.0005**
	(3.5009)	(1.4239)	(3.1019)	(2.5835)	(2.9680)	(2.0817)
Roa	−0.0498***	−0.0504***	−0.0501***	−0.0504***	−0.0502***	−0.0506***
	(−5.6911)	(−5.7849)	(−5.7327)	(−5.7728)	(−5.7481)	(−5.7968)
Debt	0.0128***	0.0129***	0.0129***	0.0129***	0.0128***	0.0129***
	(5.7859)	(5.8183)	(5.8248)	(5.8125)	(5.7968)	(5.8316)

续表

变量	模型 15_1	模型 15_2	模型 15_3	模型 15_4	模型 15_5	模型 15_6
Affiliation	0.0010** (1.9702)	0.0010** (2.0452)	0.0010** (1.9784)	0.0010** (1.9787)	0.0010** (1.9810)	0.0010** (1.9809)
Cash	0.0038 (0.8900)	0.0034 (0.8000)	0.0038 (0.8974)	0.0036 (0.8538)	0.0038 () 0.8809	0.0036 (0.8327)
Growth	−0.0006** (−1.6752)	−0.0005 (−1.4849)	−0.0006 (−1.6311)	−0.0006 (−1.5912)	−0.0006* (−1.6483)	−0.0006 (−1.5314)
Type	−0.0005 (−0.8646)	−0.0005 (−0.8524)	−0.0005 (−0.8301)	−0.0005 (−0.8605)	−0.0005 (−0.8423)	−0.0005 (−0.8498)
Market	−0.0010 (−1.6245)	−0.0010 (−1.6215)	−0.0010 (−1.5843)	−0.0010 (−1.6326)	−0.0010 (−1.6345)	−0.0010 (−1.6109)
Industry	Yes	Yes	Yes	Yes	Yes	Yes
Year	Yes	Yes	Yes	Yes	Yes	Yes
C	0.0118** (2.2219)	0.0211*** (4.2073)	0.0137*** (2.6106)	0.0158*** (3.0183)	0.0143*** (2.7408)	0.0181*** (3.4863)
R^2	0.1116	0.1107	0.1113	0.1108	0.1111	0.1105
调整 R^2	0.1093	0.1083	0.1090	0.1084	0.1088	0.1082
F统计量	48.0845	47.6162	47.9276	47.6640	47.8494	47.5483
P（F统计量）	0.0000	0.0000	0.0000	0.0000	0.0000	0.0000
样本	全样本	全样本	全样本	全样本	全样本	全样本
观测值	16 499	16 499	16 499	16 499	16 499	16 499

注：（）为 T 值，*、**、***分别代表 0.1、0.05 和 0.01 的显著性水平。

模型 15_3 和模型 15_4 是不同性质的媒体治理和投资者保护程度（大股东资金占用率，Protect_3）的回归结果，模型 15_3 是中央媒体治理（Media_3）和投资者保护程度的回归结果，中央媒体治理（Media_3）的回归系数为 −0.0012，T 值为 −3.3076，且在 1%的水平上显著，地方媒体治理（Media_4）的回归系数为 −0.0006，T 值为 −2.1649，且在 1%的水平上显著，这表示无论是中央媒体治理还是地方媒体治理，均与大股东资金占用率显著负相关，均能够提升投资者保护程度。通过对比发现，中央媒体治理（Media_3）的系数（−0.0012）的绝对值高于地方媒体治理（Media_4）的系数（−0.0006）的绝对值，这说明与地方媒体治理相比，中央媒体治理对大股东资金占用率的影响程度更强，也即更能够提升投资者保护程度，从而验证假设11c。

模型15_5和模型15_6是不同类型的媒体治理和投资者保护程度（大股东资金占用率，Protect_3）的回归结果，模型15_5是政策导向型媒体治理（Media_5）和投资者保护程度的回归结果，政策导向型媒体治理（Media_5）的回归系数为 - 0.0008，T 值为 - 2.9808，且在 1% 的水平上显著，市场导向型媒体治理（Media_6）的回归系数为 - 0.0003，T 值为 - 1.0202，并未达到在 10% 的水平上显著，这表示只有政策导向型媒体治理起到降低大股东资金占用率的作用，能够提升投资者保护程度。通过对比发现，政策导向型媒体治理（Media_5）的系数（ - 0.0008）绝对值高于市场导向型媒体治理（Media_6）的系数（ - 0.0003）的绝对值，而且政策导向型媒体治理的显著性水平也高于市场导向型媒体治理，这说明与市场导向型媒体治理相比，政策导向型媒体治理对大股东资金占用率的影响程度更强，也即更能够提升投资者保护程度，从而验证假设12c。

从以上分析可以看出，在审计意见类型、管理费用率和大股东资金占用率作为投资者保护程度指标时，正面媒体治理能够显著提升投资者保护程度，而且与负面媒体治理相比，正面媒体治理和投资者保护程度的影响关系更强；无论是中央媒体治理还是地方媒体治理，均能够显著提升投资者保护程度，而且与地方媒体治理相比，中央媒体治理对投资者保护程度的关系更强；政策导向型媒体治理能够显著提升投资者保护程度，而且与市场导向型媒体治理相比，政策导向型媒体治理与投资者保护程度的关系更强，从而验证假设10、假设11、假设12。

第6章 结论、不足与展望

6.1 主要结论

投资者保护不仅影响着公司获得外部融资的难易程度和公司价值，而且还决定着一国资本市场的兴衰成败。投资者保护的主流观点是强调市场机制、法律机制、管制机制、文化机制的作用。尽管媒体在投资者保护中起着重要作用，但是现有研究主要是以西方成熟的市场经济国家为背景，鲜有文献关注转轨经济背景下的媒体对投资者保护的治理效应。本书系统地研究媒体治理对投资者保护的影响机制、参与主体及边界条件，并基于我国2004—2013年沪深A股非金融上市公司数据，实证检验转轨经济背景下媒体的治理效应，拓展和深化媒体治理与投资者保护的现有研究。本书研究的重要观点总结如下。

1.理论研究观点

理论研究观点主要包括：

（1）媒体治理对投资者保护的影响主要通过两种机制：①信息机制，媒体通过权威而又独立的媒体报道，使投资者形成正确的投资理念，克服"理性的无知"带来的后果；②声誉机制，媒体的声誉机制通过三种路径发挥作用：促使政治家（政府官员等）完善和有效实施相关法律法规、影响公司董事和经理人的社会声誉和公众形象、迫使公司董事和经理人维持"好"声誉。

（2）媒体监督具有公共品的性质，那么如何克服"搭便车"问题是媒体发挥治理效应的另一个不可回避的重要问题。现代社会存在的激励相容的组织或个体，成为媒体实施公司治理角色的"买单者"，这些组织或个体包括：机构投资者、以营利为目的的媒体、包括证监会和证券交易所在内的监管当局、民间组织或行业协会等。

（3）媒体治理在投资者保护方面的作用会受到以下情景的限制：①媒体的偏见，在传播信息的过程中，媒体基于自身利益的考虑，其释放的信息具有自身的特质性和有偏性，从而会导致媒体偏见；②媒体的独立性，是指媒体是否保持独立，其独立程度将影响媒体治理作用的发挥。

2. 实证研究观点

实证研究观点主要包括：

（1）媒体治理对投资者保护程度有显著正向影响，即媒体治理程度越高，投资者保护程度越强。

（2）媒体治理对投资者保护的影响主要是通过信息机制和声誉机制发挥作用的，但相对于声誉机制而言，信息机制发挥的作用要更强一些。

（3）与不存在国有股的上市公司相比，在存在国有股的上市公司中，媒体治理和投资者保护程度的关系更强。

（4）与机构投资者持股比例较高的上市公司相比，在机构投资者持股比例较低的上市公司中，媒体治理对投资者保护程度的影响更强。

（5）与不存在境外持股的上市公司相比，媒体治理对境外持股上市公司投资者保护的正向影响更强。

（6）媒体治理对国有企业和非国有企业投资者保护都有积极影响，但与非国有企业相比，媒体治理对国有企业投资者保护程度的影响关系更强。

（7）与处于市场化程度较高环境中的企业相比，在处于市场化程度较低环境中的企业中，媒体治理和投资者保护程度的影响关系更强。

（8）与处于垄断行业的企业相比，在处于非垄断行业内的企业中，媒体治理对投资者保护程度的影响更强。

（9）正面报道和负面报道都对投资者保护有积极影响，但与负面媒体治理相比，正面媒体治理和投资者保护程度的影响关系更强。

（10）中央媒体和地方媒体均能显著提升投资者保护程度，但与地方媒体相比，中央媒体对投资者保护程度的正向影响更强。

（11）市场导向型媒体和政策导向型媒体都对投资者保护有积极影响，但与市场导向型媒体相比，政策导向型媒体对投资者保护程度的正向影响更强。

3. 政策启示

政策启示主要包括：

（1）研究成果显示，媒体治理在投资者保护中扮演着重要作用，因此，上市公司的监管机构应该关注媒体的功能，并将其纳入到投资者的保护体系中来。

（2）监管机构在发挥媒体的治理效应时，应特别关注媒体的属性，比如，中央媒体报道、政策导向型媒体报道，其治理效应可能要更强。

（3）由于媒体的治理效应对于不同类型企业而言也存在差异，比如，对于国有企业或处在市场化程度较低区域的企业而言，媒体发挥的治理作用可能更大，这可能也意味着媒体治理可以作为市场化机制、政府干预等的替代机制发挥作用。

（4）为了更有效地发挥媒体在资本市场中的作用，建议通过剥离转制或整体转制等方式进一步推进新闻媒体的市场化改革，还原媒体通过信息扩散和声誉机制而发挥舆论监督功能的本质。

6.2　理论启示与实践价值

本研究成果的学术价值主要体现在：研究成果明晰了媒体治理对投资者保护的影响机制（声誉机制或信息机制）、介入主体（机构投资者、境外投资者、追求盈利的媒体、监管当局、民间组织或行业协会）和影响边界（媒体性质、企业性质等），以及转轨经济背景下媒体的治理效应，这拓展和深化了媒体治理与投资者保护的相关理论研究。

本研究成果的应用价值和社会影响主要体现在：我国的公司治理建设主要侧重于立法方面，并且尚处于不断完善之中。本研究结论意味着，加强媒体的监督作用可以很好地推进公司治理建设。实际上，诸如基金黑幕的揭露、蓝田造假案的披露等，都已经表明我国媒体治理的重要作用。不过，我国公司发展方面的许多问题也限制了媒体作用，比如公司股权结构不合理；从媒体自身来说，经营环境竞争不充分，所有权不合理等，也可能会抑制媒体治理对投资者保护的效应。同时，本研究证实媒体治理有助于投资者保护程度的提升，这说明媒体对企业起到了有效的治理效应，因此，投资者要想确保自己的利益不受侵犯，就要积极引入外界媒体的介入，使其更好地发挥监督作用，从而更好地提升投资者保护程度；研究指出，企业高管对自身声誉的重视程度能够提升投资者保护程度，这说明企业投资者要想让高管更好地为企业服务，减少他们的机会主义行为，就需要制定一些和高管声誉有关的政策，一方面，声誉的提升有助于促进高管的努力程度，另一方面，一旦高管出现损害投资者利益的行为，企业投资者将对高管的声誉进行惩罚性公布，从而迫使高管改正自己的行为，转变为更好地为投资者服务；研究指出，媒体的正面报道对投资者保护的影响程度更大，这可能是由于正面报道有助于高管的声誉提升，帮助他们维护好自身的声誉，从而使得他们不会做出有损于投资者利益的行为，而负面报道虽然也能对投资者起到保护作用，但是负面报道对高管声誉造成的危害比较大，一旦声誉受损，将会对他们未来的发展造成不可估计的损失，这就进一步挫伤了高管的积极性，因此，媒体应适量对企业的负面新闻进行报道。对于企业来讲，要想保证投资者利益不受侵害，不仅需要和外界媒体共同合作，监督企业高管行为，还需要制定和高管声誉相关联的规章制度，当企业高管的行为有助于投资者利益时，应对高管提出声誉奖励，一旦高管行为有损于投资者利益，应当及时对其进行声誉处罚；对于政府机构来说，在制定投资者保护政策方面，加大媒体对企业监督机制的引导，这样对于投资者保护程度的提升势必起到事半功倍的效果。

6.3 不足及展望

本书存在的不足主要体现在：

（1）本书主要使用《中国重要报纸全文数据库》中关于上市公司报道的标题部分内容，抽取的数据内容包括报道数量、正面报道数量、负面报道数量、中央媒体报道数量、地方媒体报道数量、政策导向型媒体报道数量、市场导向型媒体报道数量等信息。未来可以进一步挖掘信息披露内容部分内容，使用爬虫方法和内容分析法，深入分析媒体报道对投资者保护的影响。

（2）本书重点分析了媒体对投资者保护的监督作用，没有关注各方媒体之间可能存在的衍生效应。比如，对于某家公司而言，各家媒体之间的报道又有什么联系，是否形成联合监督，还是也可能会有媒体之间"冲突"。

（3）本书重点分析了媒体对公司的监督作用，这是站在媒体角度分析其对公司行为的影响，受限于完成课题预定研究内容，没有考虑上市公司的主动性行为，比如，上市公司可以通过媒体管理来引导媒体舆论，甚至还可以通过投放广告等方式进行媒体公关等，这些内容也可以在未来做进一步研究。

参考文献

[1]　AHERN K R, SOSYURA D. Who writes the news? corporate press releases during merger negotiations[J]. Journal of Finance, 2014, 69(1): 241-291.

[2]　AKERLOF G. The market for lemons[J]. Quarterly Journal of Economics, 1970, 84(3): 488-500.

[3]　ALCHIAN A A, DEMSETZ H. Production, information costs, and economic organization[J]. American Economic Review, 1972, 62: 772-795.

[4]　ANG J S, COLE R A, LIN J W. Agency cost and ownership structure[J]. The Journal of Finance, 2000, 55(1): 81-106.

[5]　BECKER G S, MURPHY K M. A simple theory of advertising as a good or bad[J]. Quarterly Journal of Economics, 1993, 108(4): 941-964.

[6]　BENTHAM C G. Urban problems and public dissatisfaction in the metropolitan areas of England[J]. Regional Studies, 1983, 17(5): 339-346.

[7]　BERKOWITZ D, PISTOR K, RICHARD J F. Economic development, legality and the transplant effect[J]. European Economic Review, 2003, 47(1): 165-195.

[8]　BERLE A A, MEANS G C. The modern corporation and private property[J]. Economic Journal, 1932, 20(6): 25-49.

[9]　BESLEY T, PRAT A. Handcuffs for the grabbing hand? the role of the media in political accountability[J]. American Economic Review, 2006, 96(3): 720-736.

[10]　BESLEY R, BURGESS R. Does media make government more responsive? theory and evidence from Indian famine relief policy[D]. LSE Working Paper, 2000.

[11]　BESLEY T J, COATE S. Lobbying and welfare in a representative democracy[J]. Review of Economic Studies, 2001, 68(1): 67-82.

[12]　BIDDLE G C, HILARY G, VERDI R S. How does financial reporting quality relate to investment efficiency?[J]. Journal of Accounting and Economics 2009, 48: 112-131.

[13]　BLACK B, KRAAKMAN R, TARASSOVA A. Russian privatization and corporate governance: what went wrong?[J]. Stanford Law Review, 2000, 52(6): 1731-1807.

[14]　CAMPBELL K. Ownership structure and the operating performance of Hungarian firms[J]. Working Paper, 2002.

[15]　CHEFFINS B R. Does law matter? the separation of ownership and control in the United Kingdom[J]. Journal of Legal Studies, 2001, 30(2): 459-501.

[16] CHEN C,PANTZALIS C,PARK J C. Press coverage and stock prices deviation from fundamental value[J]. The Journal of Financial Research,2009,36(2):175-214.

[17] CHO K R.Foreign Banking Presence and banking market concentration:the case of Indonesia[J]. Journal of Development Studies,1990,27(1):98-110.

[18] CHOI S,HASAN I.Ownership,governance,and bank performance:Korean experience [J]. Financial Markets Institutions & Instruments,2005,14(4):215-242.

[19] COASE R H.The problem of social cost[J]. The Journal of Law and Economics, 1960,56(4):1-44.

[20] CORE J E, GUAY W R, LARCKER D F. The power of the pen and executive compensation[J]. General Information 2008,88(1):1-25.

[21] CRAVEN B M,MARSTON C L.Investor relations and corporate governance in large UK companies[J]. Corporate Governance:An International Review,1997,5(3): 137-151.

[22] DAOUK H,LEE C,NG D. Capital market governance:how do security laws affect market performance?[J]. Journal of Corporate Finance,2006,12(3):593.

[23] DE ANGELO H,DE ANGELO L,GILSON S C.Rerception and the politics of finance: junk bonds and the regulatory seizure of First Capital Life[J]. Journal of Financial Economics,1996,44(2):475-517.

[24] DEFOND M L,HUNG M. Investor protection and corporate governance:evidence from worldwide CEO turnover[J]. Journal of Accounting Research,2004,42(2): 269-312.

[25] DEMIRGÜE-KUNT A,MAKSIMOVIC V.Law,finance,and firm growth[J]. Journal of Finance,1998,53(6):2107-2137.

[26] DJANKOV S,MCLEISH C,NENOVA T,et al.Who owns the media?[J]. The Journal of Law and Economics,2001,46(2):341-383.

[27] DJANKOV S, GANSER T, MCLIESH C, et al. The effect of corporate taxes on investment and entrepreneurship[J]. American Economic Journal:Macroeconomics, American Economic Association,2010,2(3):31-64.

[28] DYCK A, ZINGALES L. Private benefits of control:an international comparison[J]. Social Science Electronic Publishing,2002,59(2):537-600.

[29] DYCK A, ZINGALES L. Control premiums and the effectiveness of corporate governance systems[J]. General Information,2004,16(2-3):51-72.

[30] DYCK A,VOLCHKOVA N,ZINGALES L. The corporate governance role of the media: evidence from Russia[J]. The Journal of Finance,2008,63(3):1093-1135.

[31] DYCK A, ZINGALES L. The corporate governance role of the media[J]. SSRN Electronic Journal,2002,63(3):1093-1135.

［32］ DYCK A, ZINGALES L. Private benefits of control: an international comparison［J］. The Journal of Finance, 2004, 59(2): 537-600.

［33］ ELLER M. Foreign direct investment in the financial sector and economic growth in central and Eastern Europe: the crucial role of the efficiency channel［J］. Emerging Markets Review, 2006, 7: 300-319.

［34］ FAMA E F, Jensen M C. Separation of ownership and control［J］. Journal of Finance, 1983, 26(2): 301-325.

［35］ FAMA E F. Banking in the theory of finance［J］. Journal of Monetary Economics, 1980, 6(80): 39-57.

［36］ FAMA E F. Agency Problem and the theory of firm［J］. Journal of Political Economy, 1980, 88(4): 288-307.

［37］ FAMA E F. Efficient capital markets: a review of theory and empirical work［J］. The Journal of Finance, 1970, 25(5): 383-417.

［38］ FANG L H, PERESS J. Media coverage and the cross_section of stock returns［J］. Journal of Finance, 2009, 59(5): 2023-2052.

［39］ FARRELL K A, WHIDBEE D A. Monitoring by the financial press and forced CEO turnover［J］. Journal of Banking & Finance, 2002, 26(12): 2249-2276.

［40］ FOMBRUN C, VAN RIEL C. The reputational landscape［J］. Corporate Reputation Review, 1997, 1(1): 5-13.

［41］ FUDENBERG D, LEVINE D K. Maintaining a reputation when strategies are imperfectly observed［J］. Review of Economic Studies, 1992, 59(3): 561-579.

［42］ GLAESER E, JOHNSON S, SHLEIFER A. Coase versus the coasians［J］. Quarterly Journal of Economics, 2001, 116(3): 853-899.

［43］ HERMES N, LENSINK R. Foreign bank presence, domestic bank performance and financial development［J］. Journal of Emerging Market Finance, 2003, 3(2): 207-229.

［44］ JENSEN M, MECKLING W. Theory of the firm: managerial behavior, agency costs and ownership structure［J］. Journal of Financial Economics, 1976, 3: 305-360.

［45］ JENSEN M C. The modern industrial revolution, exit, and the failure of internal control systems［J］. The Journal of Finance, 1993, 48(3): 831-880.

［46］ JOE J R. Why press coverage of a client influences the audit opinion［J］. Journal of Accounting Research, 2003, 41(1): 109-133.

［47］ JOE J R, LOUIS H, ROBINSON D. Managers' and investors' responses to media exposure of board ineffectiveness［J］. Journal of Financial & Quantitative Analysis, 2009, 44(3): 579-605.

［48］ KHANNA T, PALEPU K. Emerging market business groups, foreign investors, and corporate governance[J]. Nber Working Papers,1999.

[49] KLAPPER L F,SARRIA-ALLENDE V,SULLA V. Small and medium_size enterprise financing in Eastern Europe[D]. WBPR Working Paper,2002.

[50] KREPS D, WILSON R. Reputation and imperfect information [J]. Journal of Economic Theory,1982,27(2):253-279.

[51] LA PORTA R,SILANES F,SHLEIFER A.The economic consequences of legal origins [J]. Journal of Economic Literature,2008,46(2):285-232.

[52] LA PORTA R, SILANES F, SHLEIFER A, et al. Investor protection and corporate governance[J]. Journal of Financial Economics,2000,58(12):3-27.

[53] LA PORTA R,SILANES F,et al.Corporate ownership around the world[J]. Journal of Finance,1999,54(2):471-516.

[54] LOPEZ-DE-SILANES F.What works in securities laws[J]. Journal of Finance,2006, 61(1):1-32.

[55] LA PORTA R,SILANES F,et al.Legal determinants of external finance[J]. Journal of Finance,1997,52:1131-1150.

[56] LA PORTA R, SILANES F, et al. Investor protection and corporate valuation [J]. Journal of Finance,2002,57:1147-1170.

[57] LA PORTA R,SILANES F,et al.Law and finance[J]. Journal of Political Economy, 1998,106(6):1113-1155.

[58] LEUZ C,NANDA D,WYSOCKI P.Investor protection and earnings management:an international comparison[J]. Journal of Financial Economics,2003,69(3): 505-527.

[59] LIU B,MCCONNELL J J. The role of the media in corporate governance:do the media influence managers' decisions to abandon acquisition attempts?[J]. Social Science Electronic Publishing,2012,110(1):1-17.

[60] MILLER J F. Opportunities and obstacles for good work in nursing[J]. Nursing Ethics,2006,13(5):471-487.

[61] MURPHY K J. Executive compensation[J]. Harvard Business Review,1999,3(2): 2485-2563.

[62] RAJAN R,ZINGALES L.Saving capitalism from the capitalists,random house,New York[J]. Economic Notes,2003,35(2):219-225.

[63] ROSENBERG J.User,vendor CTP perspectives[J]. Editor & Publisher,1999,132 (50):42.

[64] SEN A.Development as freedom[M]. NewYork:Oxford University Press,1999.

[65] SHILLER R J.Irrational exuberance[M]. Princeton:Princeton University Press,2005.

[66] SHLEIFER A, VISHNY R W. A survey of corporate governance [J]. Journal of

Finance,1997,52(2):737-783.

[67] SHLEIFER A,VISHNY R W. Corruption[J]. Quarterly Journal of Economics,1993, 108(3):599-617.

[68] STIGLER G J.The theory of economic regulation[J]. General Information,1971,2 (2):3-21.

[69] STULZ R M, WILLIAMSON R. Culture, openness and finance [J]. Journal of Financial Economics,2003,70:313-349.

[70] SZTOMPKA E.Biodegradation of engine oil in soil[J]. Acta Microbiologica Polonica, 1999,489:185-196.

[71] TETLOCK,MACSKASSY.More than words:quantifying language to measure firm's fundamentals[J]. Journal of Finance,2008,63(3):1437-1467.

[72] WANG Q, WONG T J, XIA L. State ownership, the institutional environment, and auditor choice:evidence from China[J]. Journal of Accounting and Economics, 2008,46:112-134.

[73] XU J,THOMAS H R,FRANCIS R W. A review of processes and technologies for the recycling of lithiumion secondary batteries[J]. Journal of Power Sources,2008,177 (2):512-527.

[74] 薄仙慧,吴联生. 盈余管理、信息风险与审计意见[J]. 审计研究,2011(1):90-97.

[75] 曹越,胡新玉,刘文溪,等. 媒体报道、市场化进程与高管薪酬[J]. 中南财经政法大学学报,2016(3):97-105.

[76] 陈冬华,章铁生,李翔. 法律环境、政府管制与隐性契约[J]. 经济研究,2008(3):60-72.

[77] 陈国进,赵向琴,林辉. 上市公司违法违规处罚和投资者利益保护效果[J]. 财经研究, 2005(8):48-58.

[78] 陈海声,梁喜. 投资者法律保护、两权分离与资金占用——来自2006年中国公司法调整前后上市公司控制权发生转移后的并购数据[J]. 南开管理评论,2010,13(5):53-60.

[79] 陈红,邓少华,尹树森."大数据"时代背景下媒体的公司治理机制研究——基于信息透明度的实证检验[J]. 财贸经济,2014,35(7):72-81.

[80] 陈晶璞,李艳萍. 媒体关注度视角的环境绩效与财务绩效关系研究——基于中国上市公司的经验证据[J]. 财会通讯,2014(27):106-108.

[81] 陈运森,谢德仁. 董事网络、独立董事治理与高管激励[J]. 金融研究,2012(2): 168-182.

[82] 程敏. 制度环境、现金股利政策和投资者保护——来自A股和H股上市公司的经验证据 [J]. 会计与经济研究,2009,23(2):61-72.

[83] 醋卫华,李培功. 媒体监督公司治理的实证研究[J]. 南开管理评论,2012(1):33-42.

[84] 戴亦一,潘越,陈芬. 媒体监督、政府质量与审计师变更[J]. 会计研究,2013(10):89-95.

[85] 戴亦一,潘越,刘思超. 媒体监督、政府干预与公司治理:来自中国上市公司财务重述视

角的证据[J]. 世界经济,2011(11):121-144.

[86] 邓俊,欧阳爱平. 媒体关注对上市公司信息披露质量的影响[J]. 商业会计,2012(23):81-82.

[87] 丁启军. 行政垄断行业的判定及改革[J]. 财贸研究,2010,21(5):77-83.

[88] 樊纲,王小鲁. 消费条件模型和各地区消费条件指数[J]. 经济研究,2004(5):13-21.

[89] 樊纲,王小鲁,朱恒鹏. 中国市场化指数:各地区市场化相对进程2006年报告[M]. 北京:经济科学出版社,2007.

[90] 方军雄. 信息公开、治理环境与媒体异化——基于IPO有偿沉默的初步发现[J]. 管理世界,2014(11):95-104.

[91] 方军雄,洪剑峭,李若山. 我国上市公司审计质量影响因素研究:发现和启示[J]. 审计研究,2004(6):35-43.

[92] 冯伟,刘开林,刘强. 银行业引进境外战略投资者对提升绩效的影响——基于面板数据的实证研究[J]. 山西财经大学学报,2008,30(2):85-90.

[93] 高平,朱志标. 信息不对称与投资者保护研究——基于投资者关系管理视角[J]. 财会通讯,2010(14):9-10.

[94] 韩晴,王华. 独立董事责任险、机构投资者与公司治理[J]. 南开管理评论,2014,17(5):54-62.

[95] 贺建刚,魏明海. 控制权、媒介功用与市场治理效应:基于财务报告重述的实证研究[J]. 会计研究,2012(4):36-43.

[96] 贺建刚,魏明海. 利益输送、媒体监督与公司治理:五粮液案例研究[J]. 管理世界,2008(10):141-150.

[97] 胡兴荣. 新闻哲学[M]. 北京:法律出版社,2005.

[98] 黄建中. 证券市场的博弈机制与投资者保护[J]. 财经问题研究,2009(4):59-65.

[99] 黄雷,叶勇,李明. 工商管理专业实践教学存在问题与对策分析[J]. 攀枝花学院学报,2012,29(4):76-78.

[100] 黄世忠. 市场经济条件下会计基本理论与方法[M]. 北京:中国财政经济出版社,1999.

[101] 黄晓蓓,郑建明. 媒体关注、分析师跟进与业绩预告违规[J]. 对外经济贸易大学学报,2015(3):141-150.

[102] 姜付秀,支晓强,张敏. 投资者利益保护与股权融资成本——以中国上市公司为例的研究[J]. 管理世界,2008(2):117-125.

[103] 姜国华,徐信忠,赵龙凯. 公司治理和投资者保护研究综述[J]. 管理世界,2006(6):161-170.

[104] 姜凌,许润发. 媒体监督、董事会结构与高管薪酬[J]. 华南农业大学学报:社会科学版,2014(3):97-106.

[105] 金立印. 企业声誉、行业普及率与服务保证有效性——消费者响应视角的实验研究[J]. 管理世界,2009(7):115-125.

[106] 孔东民,刘莎莎,应千伟. 公司行为中的媒体角色:激浊扬清还是推波助澜?[J]. 管理世界,2013(7):145-162.

[107] 蓝文永. 公司信息披露机制对投资者保护作用的探讨分析[J]. 会计之友,2009(9):92-93.

[108] 雷宇. 声誉、债务与会计稳健性——信任视角的一项经验研究[J]. 财经研究,2012(5):123-133.

[109] 李冬昕,宋乐. 媒体的治理效应、投资者保护与企业风险承担[J]. 审计与经济研究,2016(3):83-91.

[110] 李明,叶勇. 媒体负面报道对控股股东掏空行为影响的实证研究[J]. 管理评论,2016,28(1):73-82.

[111] 李培功. 媒体报道偏差的经济学分析[J]. 经济学动态,2013(4):145-152.

[112] 李培功,沈艺峰. 媒体的公司治理作用:中国的经验证据[J]. 经济研究,2010(4):14-27.

[113] 李青原,王永海. 产品市场竞争、资产专用性与债务治理[C]. 中国会计学会学术年会,2007.

[114] 李寿喜. 产权、代理成本和代理效率[J]. 经济研究,2007(1):102-113.

[115] 李淑华. 上市公司年度报告审计意见之实证研究——统计特征及其信息含义[J]. 中国内部审计,1998(8):1-34.

[116] 李维安,李滨. 机构投资者介入公司治理效果的实证研究——基于CCGINK的经验研究[J]. 南开管理评论,2008,11(1):4-14.

[117] 李小荣,罗进辉. 媒体关注与公司现金股利支付[J]. 经济理论与经济管理,2015,35(9):68-85.

[118] 李焰,王琳. 媒体监督、声誉共同体与投资者保护[J]. 管理世界,2013(11):130-143.

[119] 李焰,秦义虎. 媒体监督、声誉机制与独立董事辞职行为[J]. 财贸经济,2011(3):36-41.

[120] 刘立国,杜莹. 公司治理与会计信息质量关系的实证研究[J]. 中国商贸,2003(2):28-36.

[121] 刘文军. 审计师的地理位置是否影响审计质量?[J]. 审计研究,2014(1):79-87.

[122] 刘志远,李海英. 机构持股与中小投资者保护[J]. 上海金融,2009(3):63-67.

[123] 柳木华. 大众传媒对会计舞弊的监督:一项经验研究[J]. 证券市场导报,2010(8):43-50.

[124] 卢碧. 管理者异质性视角下的媒体关注与盈余管理研究[J]. 中南财经政法大学研究生学报,2013(1):81-92.

[125] 卢碧. 研究盈余管理的新途径——基于媒体治理的视角[J]. 财政监督,2012(14):8-10.

[126] 陆正飞,王雄元,张鹏. 国有企业支付了更高的职工工资吗?[J]. 经济研究,2012(3):

28-39.

[127] 罗进辉. 媒体报道的公司治理作用——双重代理成本视角[J]. 金融研究,2012(10):
153-166.

[128] 牛枫. 媒体监督、公司IPO与投资者保护——来自深圳中小板上市公司的经验证据[J].
山西财经大学学报,2016,38(1):44-54.

[129] 牛枫. 有偏的媒体报道具有公司治理作用吗？——基于双汇"瘦肉精"事件的案
例研究[J]. 会计之友,2015(12):112-115.

[130] 潘功胜,温信祥,于东智,等. 渣打银行的新兴市场发展路径[J]. 国际金融研究,2008
(3):27-35.

[131] 彭桃英,汲德雅. 媒体监督、内部控制质量与管理层代理成本[J]. 财经理论与实践,
2014,35(2):61-65.

[132] 权小锋,吴世农. 媒体关注的治理效应及其治理机制[J]. 财贸经济,2012(5):59-67.

[133] 冉明东,贺跃. 媒体关注、制度环境与审计收费[J]. 中南财经政法大学学报,2014(3):
123-130.

[134] 冉明东,王成龙,吕敏康. 媒体治理对注册会计师收费的影响机理研究[J]. 财经论丛,
2016,205(3):54-61.

[135] 饶育蕾,王攀. 媒体关注度对新股表现的影响——来自中国股票市场的证据[J]. 财务
与金融,2010(3):1-7.

[136] 任广乾. 市场竞争、横向监督与信贷契约治理——基于比较制度实验的研究[J]. 南开
管理评论,2014,17(1):51-60.

[137] 申慧慧,吴联生,肖泽忠. 环境不确定性与审计意见:基于股权结构的考察[J]. 会计研
究,2010(12):57-64.

[138] 沈艺峰,肖珉,黄娟娟. 中小投资者法律保护与公司权益资本成本[J]. 经济研究,2005
(6):115-124.

[139] 石凡,陆正飞,张然. 引入境外战略投资者是否提升了公司价值——来自H股公司的经
验证据[J]. 经济学(季刊),2009,8(1):231-248.

[140] 石谦,赵静梅. 论国有企业的优势[J]. 理论与改革,2001(2):71-72.

[141] 宋玉,李卓. 机构投资者持股比例与公司信息的相关性研究——来自中国证券市场的经
验证据[J]. 中大管理研究,2006,1(2):115-134.

[142] 宋子博,谭添. 媒体关注具有治理功能吗？——基于已有研究的理论综述[J]. 财政监
督,2015(11):20-23.

[143] 苏汾. 媒体报道与公司治理改善[J]. 经济论坛,2015(5):64-66.

[144] 唐雪松,周晓苏,马如静. 政府干预、GDP增长与地方国企过度投资[J]. 金融研究,
2010(8):99-112.

[145] 陶莹,董大勇. 媒体关注与企业社会责任信息披露关系研究[J]. 证券市场导报,2013
(11):20-26.

[146] 田高良,司毅,韩洁,等. 媒体关注与税收激进——基于公司治理视角的考察[J]. 管理科学,2016,29(2):104-121.

[147] 汪丽,徐志坚,吴春燕. 业绩波动、媒体关注与企业研发强度——基于中国制造业上市公司的实证研究[J]. 北京社会科学,2014(5):110-115.

[148] 王帆. 企业社会责任的媒体负面报道影响了会计信息质量吗[J]. 财贸研究,2016(3):148-156.

[149] 王克敏,陈井勇. 股权结构、投资者保护与公司绩效[J]. 管理世界,2004(7):127-133.

[150] 王克敏,王志超. 高管控制权、报酬与盈余管理——基于中国上市公司的实证研究[J]. 管理世界,2007(7):111-119.

[151] 王明琳,徐萌娜,王河森. 利他行为能够降低代理成本吗?——基于家族企业中亲缘利他行为的实证研究[J]. 经济研究,2014(3):144-157.

[152] 王鹏. 投资者保护、代理成本与公司绩效[J]. 经济研究,2008(2):68-82.

[153] 王新安,张春梅. 媒体报道、会计信息透明度与管理者在职消费行为关系研究[J]. 统计与信息论坛,2016,31(3):97-103.

[154] 王艳艳,于李胜. 法律环境、审计独立性与投资者保护[J]. 财贸经济,2006(5):32-38.

[155] 王跃堂,陈世敏. 脱钩改制对审计独立性影响的实证研究[J]. 审计研究,2001(3):2-9.

[156] 王跃堂,涂建明. 上市公司审计委员会治理有效性的实证研究——来自沪深两市的经验证据[J]. 管理世界,2006(11):135-143.

[157] 王治安,蓝文永,刘键. 信息披露机制发挥投资者保护功能的机理分析[J]. 宏观经济研究,2008(12):34-37.

[158] 吴超,薛有志. 媒体报道、承销商声誉与IPO首日换手率[J]. 系统工程理论与实践,2016,36(1):15-26.

[159] 吴磊磊,陈伟忠,刘敏慧. 公司章程和小股东保护——来自累积投票条款的实证检验[J]. 金融研究,2011(2):160-171.

[160] 吴念鲁. 重新考量国有商业银行改革——对引进境外战略投资者及上市的评析[J]. 广东金融学院学报,2006,21(2):3-6.

[161] 武常岐,钱婷. 集团控制与国有企业治理[J]. 经济研究,2011(6):93-104.

[162] 伍中信,徐小航. 媒体治理、内部控制对国企投资的影响[J]. 财会月刊,2015(36):3-7.

[163] 肖淑芳,彭智佳,刘颖. 媒体监督的公司治理作用——基于股权激励公司的经验研究[J]. 北京理工大学学报:社会科学版,2014,16(1):46-51.

[164] 肖彦,张莉. 论引入战略投资者后我国商业银行财务状况的优化[J]. 中国管理信息化,2008(1):102-105.

[165] 肖作平,黄璜. 媒体监督、所有权性质和权益资本成本[J]. 证券市场导报,2013(12):14-20.

［166］谢盛纹．最终控制人性质、审计行业专业性与控股股东代理成本——来自我国上市公司的经验证据［J］．审计研究，2011（3）：64－73．

［167］谢雅璐，王冲．媒体治理、信息不对称与股价暴跌风险［J］．山西财经大学学报，2014，36（7）：36－47．

［168］谢永珍，朱彩婕．董事会治理对内部控制重大缺陷修复影响的验证——基于媒体监督的调节作用［J］．山东大学学报：哲学社会科学版，2016，1（2）：61－69．

［169］谢志明．政府和媒体监管对企业环境管理行为的影响［J］．求索，2014（9）：70－74．

［170］熊艳，李常青，魏志华．媒体"轰动效应"：传导机制、经济后果与声誉惩戒——基于"霸王事件"的案例研究［J］．管理世界，2011（10）：125－140．

［171］修宗峰，杜兴强．幸福感、社会资本与代理成本［J］．中国工业经济，2011（7）：107－117．

［172］徐莉萍，辛宇，祝继高．媒体关注与上市公司社会责任之履行——基于汶川地震捐款的实证研究［J］．管理世界，2011（3）：135－143．

［173］徐莉萍，辛宇．媒体治理与中小投资者保护［J］．南开管理评论，2011（6）：36－47．

［174］徐珊，黄健柏．媒体治理与企业社会责任［J］．管理学报，2015，12（7）：1072．

［175］许楠，闫妹姿．媒体关注度和企业社会责任对企业绩效的影响研究［J］．湖北社会科学，2013（7）：82－85．

［176］许小年．银行改革：开放是途径［N］．城市金融报，2005－09－27．

［177］薛有志，吴超，周杰．代理成本、信息不对称与 IPO 前媒体报道［J］．管理科学，2014（5）：80－90．

［178］闫邹先，尚秋芬．防范合谋的激励机制研究综述［J］．河北地质大学学报，2008，31（3）：57－61．

［179］姚铮，汤彦峰．商业银行引进境外战略投资者是否提升了公司价值——基于新桥投资收购深发展的案例分析［J］．管理世界，2009（S1）：94－102．

［180］严晓宁．媒体在上市公司治理中的角色和功能［J］．经济管理，2008（9）：72－76．

［181］杨德明．媒体具有治理功能么？——基于审计视角的研究［C］．中国管理学年会——会计与财务分会场，2011．

［182］杨德明，刘静，赵璨．媒体监督与财务丑闻——针对紫鑫药业的案例研究［J］．中大管理研究，2012（4）：36－56．

［183］杨德明，赵璨．媒体监督、媒体治理与高管薪酬［J］．经济研究，2012（6）：116－126．

［184］姚益龙，梁红玉，宁吉安．媒体监督影响企业绩效机制研究——来自中国快速消费品行业的经验证据［J］．中国工业经济，2011（9）：151－160．

［185］叶康涛，陆正飞，张志华．独立董事能否抑制大股东的"掏空"？［J］．经济研究，2007（4）：101－111．

［186］叶勇，李明，张瑛．媒体关注对代理成本的影响［J］．软科学，2013，27（2）：45－49．

［187］游家兴．沉默的螺旋：媒体情绪与资产误定价［J］．新产经，2012（9）：13．

［188］于忠泊，田高良，齐保垒．媒体关注的公司治理机制——基于盈余管理视角的考察［J］．

管理世界,2011(9):127-140.

[189] 于忠泊,叶琼燕,田高良. 外部监督与盈余管理——针对媒体关注、机构投资者与分析师的考察[J]. 山西财经大学学报,2011,33(9):90-99.

[190] 原红旗,李海建. 会计师事务所组织形式、规模与审计质量[J]. 审计研究,2003(1):32-37.

[191] 岳希明,李实,史泰丽. 垄断行业高收入问题探讨[J]. 中国社会科学,2010(3):77-93.

[192] 曾亚敏,张俊生. 税收征管能够发挥公司治理功用吗?[J]. 管理世界,2009(3):143-151.

[193] 曾焱鑫. 外部治理机制、媒体监督与融资约束效应[J]. 财会通讯,2014(3):57-60.

[194] 曾焱鑫. 媒体监督、短期市场反应与股价变动——制度环境的角度[J]. 财会通讯,2013(36):76-78.

[195] 翟胜宝,杨德明. 媒体能监督、治理国有企业高管在职消费吗?——基于我国媒体产权性质和市场竞争视角的研究[C]. 第六届海峡两岸会计学术研讨会分会场讨论,2014.

[196] 张春丽. 证券交易中的个人投资者保护——以公共利益理念的回归为核心[J]. 法学,2011(6):126-133.

[197] 张慧敏,陈德球. 治理环境、董事会效率与投资者关系管理[J]. 山西财经大学学报,2009,31(9):71-79.

[198] 张龙平,吕敏康. 媒体意见对审计判断的作用机制及影响——基于新闻传播学理论的解释[J]. 审计研究,2014(1):53-61.

[199] 张敏,冯虹茜,张雯. 机构持股、审计师选择与审计意见[J]. 审计研究,2011(6):82-88.

[200] 张艳,王秀丽. 媒体关注是否影响创业板上市公司的IPO盈余管理?[J]. 新会计,2012(7):4-6.

[201] 张育军. 做中国多层次资本市场建设的排头兵——2004年5月27日在中小企业板块启动仪式上的讲话[J]. 证券市场导报,2004(6):8-9.

[202] 张宗新,朱伟骅. 我国上市公司信息披露质量的实证研究[J]. 南开经济研究,2007(1):45-59.

[203] 章铁生. 证券监管、地方政府与投资者保护[J]. 财政研究,2008(11):44-46.

[204] 章铁生. 证券民事诉讼与投资者保护[J]. 财政研究,2009(11):58-61.

[205] 郑国坚,林东杰,林斌. 大股东股权质押、占款与企业价值[J]. 管理科学学报,2014,17(9):72-87.

[206] 郑国坚,林东杰,张飞达. 大股东财务困境、掏空与公司治理的有效性——来自大股东财务数据的证据[J]. 管理世界,2013(5):157-168.

[207] 郑也夫. 信任与社会秩序[J]. 学术界,2001(4):30-40.

[208] 郑志刚,丁冬,汪昌云. 媒体的负面报道、经理人声誉与企业业绩改善——来自我国上市公司的证据[J]. 金融研究,2011(12):163-176.

[209] 郑志刚,许荣,徐向江,等. 公司章程条款的设立、法律对投资者权力保护和公司治

理——基于我国A股上市公司的证据[J]. 管理世界,2011(7):141-153.

[210] 郑志刚. 法律外制度的公司治理角色———个文献综述[J]. 管理世界,2007(9):136-147.

[211] 郑志刚. 声誉制度理论及其实践评述[J]. 经济学动态,2002(5):73-77.

[212] 周文然. 基于公司治理视角的媒体监督机制研究[J]. 特区经济,2013(9):233-234.

[213] 朱学义,谭雪萍. 媒体监督、非效率投资与企业价值——来自中国制造业上市公司的证据[J]. 审计与经济研究,2014,11(6):43-51.

索 引